U0032415

思想 REFLEXION 48

重訪張灝與林毓生

編輯委員會

總 編 輯：錢永祥

編輯委員：王智明、白永瑞、汪宏倫、林載爵
　　　　　周保松、陳正國、陳宜中、陳冠中

聯絡信箱：reflexion.linking@gmail.com

網址：www.linkingbooks.com.tw/reflexion/

目　次

病毒、封控、使照亮：
複盤中國三年新冠「病毒」封控史

甄　彥‥‥‥‥‥‥‥‥‥‥‥‥‥‥‥‥‥‥‥‥‥‥‥‥‥‥‥‥‥1

三年病毒封控所涉及的直接而根本的問題是什麼？就社會變化的走向上看，其實質究竟是什麼？

重訪張灝與林毓生

前言‥‥‥‥‥‥‥‥‥‥‥‥‥‥‥‥‥‥‥‥‥‥‥‥‥‥‥‥‥72

密涅瓦的智慧貓頭鷹：
林毓生、張灝與台灣自由主義的傳承

蕭高彥‥‥‥‥‥‥‥‥‥‥‥‥‥‥‥‥‥‥‥‥‥‥‥‥‥‥‥‥‥73

林毓生、張灝兩位先生，在其師殷海光思想的啟蒙下，援引冷戰自由主義以及同時期其他重要的理論資源，分析自由主義理念以及在華人社會實現的歷史問題，各自完成了思想研究的重大里程碑，成為台灣第二代自由主義者的代表。

意義危機、幽暗意識與儒家自由主義：
重訪張灝的思想世界

曾國祥‥‥‥‥‥‥‥‥‥‥‥‥‥‥‥‥‥‥‥‥‥‥‥‥‥‥‥‥‥97

以「成德意識」為直接表現的傳統儒家，必須透過在本質上蘊含著幽暗意識的政治理性，來調節成德意識對於飽滿的道德理性的無盡求索，如此，「儒家自由主義」作為一種倡議高調民主的致善論自由主義，始有可能。

林毓生對憲政民主道路的堅持

丘慧芬‥‥‥‥‥‥‥‥‥‥‥‥‥‥‥‥‥‥‥‥‥‥‥‥‥‥‥‥127

我們可以毫無疑問的說，林毓生對憲政民主的堅持，也正是因為這樣的民主在文明與道德層面上都已經展現出對保障社會與個人的正面意義。

幽暗意識與超越意識：張灝先生思想核心與思想資源

丘為君 · 141

張灝先生史學的特色，在於他對時代危機之起源與本質的關注和深層考掘。具體來說，他帶有保守主義特徵的幽暗意識理論，是他對當代人類文明最大的烏托邦主義運動——中國共產主義運動，的深層反思。

合力推動自由主義理念的轉轍：
記殷海光、林毓生和張灝三位師生的志業

顧忠華 · 161

本文是以殷海光、林毓生和張灝三位師生作為主軸，並以他們接續推動自由主義理念的轉轍，來論證殷海光起頭的「功業」。

林毓生思想的社會啟蒙意義

唐光華 · 179

林毓生先生於1980年代所發表的文章，在三十多年後的今天，無論是對台灣或中國未來的發展，仍然有重要的啟蒙價值。

公共哲學

前言
周保松 · 190

公共哲學的理念

周保松 · 191

推動我去從事公共哲學最重要的原因，主要不是抽象的理念，而是具體的人——那些在各種思想交流場合遇到的人。

政治哲學公共性中的個體性證成（或曰個體性宣言）

諶洪果 · 215

離開公共性的個體性是盲目的，離開個體性的公共性是空洞的。進而言之，脫離個體性的公共性乃是偽公共性，而脫離公共性的個體性則根本不能稱其為個體性。

哲學如何面對公共：在威權主義下讀鄂蘭

戴遠雄 · 235

鄂蘭擺脫西方哲學史裡長期以來「蔑視政治」的觀點，把公共領域和哲學家強調的真理劃分開來，這樣才足以明白政治之根本意涵在於人們參與和捍衛公共領域本身，而不在於哲學家或者掌握真理之學者統治人們。

思想評論

從革命史觀到領袖史觀：劉小楓「聖王革命」論批判

榮 劍 · 265

如何評價毛的豐功偉績，是劉小楓近20年來一直念茲在茲的重大主題，他所謂的「百年共和之義」，實際上歸結為「我們的憲政所面臨的最大難題之一是如何評價毛澤東」，或者說，「誰是現代中國之父？」

康老老矣，康生再生：文革前、文革中的康生

丁學良 · 299

康既深知中國帝王專制傳統文化，又在蘇聯大清洗中觀摩到史達林操作紅色利劍砍殺黨政軍系統骨幹分子的各種手法，還精通以馬列主義意識形態話語權恐嚇窒息知識界的技巧。

杜導正是誰？

吳 思 · 311

《炎黃春秋》發表了大量當事人的回憶反思和學者的研究探討，將一個民族的歷史記憶啟動了，立體化了，全面化了，因果關係也更清晰了。

偶然性：中國革命問題研究的新視角： 讀周錫瑞《意外的聖地：陝甘革命的起源》

楊宏雨、石一琨····································321

《意外的聖地：陝甘革命的起源》一書從方法論層面打破中國革命史研究中長期存在的必然性的思維定勢，通過對偶然性因素的研究和呈現，來還原中國革命歷史應有的曲折和被熨平的褶皺。

致讀者····································343

病毒、封控、使照亮：

複盤中國三年新冠「病毒」封控史

甄彥

謹以此文祭悼涉新冠、涉封控逝者的亡靈

引言：目的，材料與方法

(一)寫作目的

2020初至2022年末的新冠病毒防疫封控，對中國的影響廣泛而巨大。國人在長達三年的時間內，基本行動、生活高度不確定，憑由外力主導，整個社會也因病毒出沒、清零防控而遭受反覆的封控—放開、停擺—起動的震盪。無論是個人體驗與感受、社會運作及結構、內部外部之關係，都遭受到了重大的衝擊。然而這一切好像都在被刻意地迴避、遺忘，更不必說直面、審視，我們甚至對三年中國新冠病毒封控的大致過程、基本情況都缺乏較清晰的認識。職是之故，筆者欲借此文做一複盤之嘗試。

大致而言，本文所欲進行的歷史複盤，將緊扣「黨和政府所實施的病毒防疫、社會封控」與「民眾及社會反映」這一對關係來展開。防疫封控即便假設純粹是為了防止新冠病毒傳播擴散，但其直接的封控實施對象則是社會和民眾，是對社會流動、公民基本生活與行動自主、自由權利的暫時性依法限制管控，社會和民眾是封控

所產生的不便或次生性災害的直接承受者。因此,那怕是在最合理、合法、科學的情況下,社會封控性防疫,必然要與民眾和社會利益及權利(而且是最基本的利益和權利)產生緊張和矛盾。

坊間有云,「中國人是真聽話,真怕死;外國人是真不聽話,真不怕死」。不錯,由於國家體制及歷史文化習慣等因素,中國民眾對於中央和地方政府所實施的病毒防疫和社會封控,粗略而言是相當配合的,但這並不意味著國人在不同條件和時間下,對封控的看法總是正面的,無條件服從的。人們對封控的看法不僅並非整齊劃一,而且隨著封控時間的推移,民眾的反應與看法,更是在不斷變化。所以,本文對三年防疫封控史的複盤,並非是對自然、客觀之新冠病毒封控史的梳理、再現,而是對「封控權力主體與被封控客體對象」之間相互糾纏歷史的複盤。因此,本複盤所要關注的基本問題是:不同地區、不同時間段的封控是如何實施、推進的;封控的具體走向、發展趨勢如何;社會和民眾的感受、反應如何,有怎樣的變化,並對新冠封控最後的突然脆斷有怎樣的影響等。而這一切又主要欲通過民眾的反應來加以呈現。因為國家權力是如何進行防疫、社會封控的,既幽暗又清晰。我們並不清楚權力操作的內部情況,所以其晦暗幽深。但其基本作法無非是說為了封阻、消滅病毒而對民眾和社會實施嚴格的管控,儘管在不同時間、不同地域,具體政策、管控程度有所不同,國家公布的各版防疫政策或一些要求也時顯差異,的確存在一定的「政策調整」,但這些都影響不了對(動態)清零、嚴格封控之總方針、總政策的貫徹執行。所以權力是如何進行防疫封控的,似又一目了然,所不斷變化起伏者,根本上只是被封控民眾的感受與認識。就此而言,本文所複盤者又可視為中國三年新冠病毒封控之社會情感/思想史。

（二）材料與方法

　　材料。本文所選取的材料均來自網路，而且絕大部分是通過微信朋友圈所獲得的國內民間性資訊，它們往往既是被廣泛傳播的事實，也可能是「謠言」（傳言），但其廣泛的傳播，恰也傳達了廣泛的個人和社會情感態度，而這一切都很難從官方正規媒體獲得。本複盤也涉及極少量的「境外」資訊，不過它們都通過了「境內」的二手、三手或更多手的傳播，並非筆者翻牆所得。這肯定會影響本複盤的資訊豐富性，但客觀上也強化了相關資訊作為國內社會情感反映的性質。

　　另外，三年新冠防疫封控材料可謂海量，筆者並不具備數字化分析的能力，本複盤的材料基本得自筆者的日常關心，因此不僅有限且更難免個人化。為彌補這一缺陷，也為了給讀者以可供參考並審視本複盤的參照物，特重點推薦五個相關的網路「日誌」樣本。它們是方方武漢封城日記，余亮上海封城日記，新疆張新民「六斤江湖」微信公眾號，新疆的「牧雲還鄉」公號，微信公眾號「燕梳樓」。前四者所記大致屬於親身所在地的封城見聞、所感，「燕梳樓」則是一網路熱點評論公號。之所以推薦它們，主要考慮的是覆蓋面和代表性。五個樣本合起來大致可以覆蓋整個中國三年封控所涉區域和全過程，其中公眾號「燕梳樓」的相關資訊尤其全面豐富，傳播面相當廣。另外它們的思想傾向、價值立場、寫作風格、影響力也不同，集合在一起，具有較廣泛的人群代表性。

　　方法。現有關於三年疫情防控的總結性文字大都簡單，多近於「大事記」，大致可分為兩類：一是官方性的「從一個勝利走向另一個勝利」的永遠正確，另一是民間性的「一個悲情接另一個悲情」的感傷憤懣。兩者情感基調雖不同，但在封控歷史的分段進程上，

則大同小異。《經濟觀察報》的〈新冠肺炎三年大事記2019.12-2022.
12〉（以下簡稱〈經觀大事記〉），則是一兼具兩者特色的代表性
大事記。按其所述，三年中國新冠疫情防控分為六大階段：

一、武漢：2019.12-2020.4；二、復工復產：2020.4-2021.7；三、
Delta和「動態清零」2021.7-2021.12；四、Omicron，上海、深圳與
河南2021.12-2022.6；五、更緊的態勢2022.6-2022.11；六、優化防
控2022.11-

不談具體內容，此一概括簡單明瞭，而且也大致符合中國三年
新冠病毒防控的基本過程，具有參考價值。但是很顯然，它把「中
國」視為一個抽象的單一性存在，沒有反映出幅員廣大的中國三年
封控歷史的複雜錯綜、進程不一。鑒於此，本文則將採取線性梳理
與主題考察相結合的方式進行複盤，以爭取歷史再現與性質把握之
結合。對於一般廣為人知的事項，以性質分析為主，而對人們不大
瞭解，尤其是那些很可能引起爭論的所謂「負能量」資訊，則多以
羅列事實為主。

最後還須交代的是，本複盤自然要追求可靠、真實，但是所涉
及的許多資訊，本身都難以還原性考證，只能依據情理判斷其真偽，
少量資訊甚至真偽難辨。不過，從歷史走向的呈現或所發揮的實際
功能來看，它們是否能夠還原考證或判斷真偽，可能並不是很重要。
不過筆者將儘量選擇那些今天仍然可以在網路上得到印證的材料，
而放棄一些雖更能說明問題但卻難以再回查的材料。與此相關，本
文注釋也難以皆備。有的因為本身就是網路傳聞，最初來源並不確
定（其中尤以圖片、音視頻為突出），所以無法注釋出來源；還有
一些被廣泛知曉或很容易在網路上複查的資訊，為行文簡便故，一
般也不加注釋；但對那些受眾面較小或易引起懷疑或爭論的資訊，
則盡可能地給出資訊源注釋，不過為節省篇幅故，網址均略。

一、武漢與新疆：縮影與標竿

　　一般印象中，武漢是新冠及三年封控開始之地，然而本文卻將它與新疆相並列，似無道理。但就三年防疫之「封控權力主體與被封控客體對象」之相互糾纏歷史演變這一主題言，只有將這兩者放在一起討論，才能從一開始就洞察三年新冠封控的歷史。

(一)方方日記：武漢及中國封控演變史之縮影

　　三年防疫封控，具有全國及世界影響的日誌非方方武漢封城日記莫屬。它不僅獲得了廣泛的閱讀，經常一篇日記的點擊量就達千萬之上，而且從其開始發布起就引發了爭論，越到後來爭論越激烈。一段時間內，方方日記幾乎成了無條件擁護政府的「愛國者」與主張公開真相、追查責任、批評防疫問題者兩派集中的交戰場地。這無疑極大地推動了方方日記的影響，但卻嚴重遮蔽了它作為武漢封城客觀歷史紀錄這一重要意義。

　　方方日記起筆於2020年1月25日大年初一，即武漢正式封城的第三天。在這之前，新冠病毒大約已在武漢存在了四、五十天，疫情經歷了發現、蔓延、擴散、成疫的過程；相應，社會層面對病毒的認識也經歷了這樣的過程：只有個別醫生、醫院所知——發現SarsII的消息傳出、越傳越廣——李文亮等八個吹哨人被訓誡，中央台闢謠——病毒蔓延的傳言越演越烈，省、國家調查組「人不傳人」的結論得出——疫情終於大規模暴發，香港著名傳染病學專家管軼被疫情嚇走，鍾南山出馬，「人傳人」的事實終於被官方承認。疫情推進至此，武漢和全國都陷入於焦慮、恐慌，人們期待著國家的作為。武漢封城前的林林總總，不只是簡單的病毒初現、逐漸擴散之

過程，實際上它還奠定了一個內在博弈結構，即「官方對疫情、封控等相關資訊的管控」與「民眾對真相及責任追討之訴求」兩者間的矛盾和緊張。此一結構不僅推動、主導了方方日記的書寫，而且也奠定了整個三年中國新冠封控之輿論場的基本性質，而方方日記本身，則也成了武漢封城與三年封控的縮影。

60篇方方封城日記雖是每日成篇的記錄性書寫，但細讀卻會發現它具有一種敘事結構、思考認識逐漸展開的有機完整性。限於篇幅此處不做詳細分析，僅以方方日記中所有的「疫情情況」（感染率、住院率、死亡率、清零目標）、「封控的不斷展開與推進」（封控強度）、「感覺認識」（情緒起伏）這三個變量來加以檢析。比較這三個變量我們會發現，封控的強度和長度與情緒的變化起伏密切相關，強度越強、封控的時間越久，情緒就越為焦慮、不滿、沮喪；而疫情情況雖然也是一個較重要的參數，但卻並不具主導性。試看表一：

表一：疫情情況、封控強度、感覺認識之變動相關性

日期記號 封城第N天	疫情情況	封控強度	感覺認識
1.26-2.3 第4-12天	恐怖的感染人數、醫療壓力巨大；醫生擔心防控隔離力度不夠，批評把病人留給社區	開始封城，居民居家但還可出門；超市正常營業；自發志願者互助隊形成、運作；缺乏口罩等物資	走出最初的恐慌不再六神無主；呼籲堅持居家；焦慮方艙不夠，無法及時隔離感染者；樂觀估計拐點不久會到來

2.4-2.7 第13-16天	病毒傳染力強、死亡率不高,醫療擠兌為高死亡率主因;傳聞廣播報導說疫情將很快緩解;李文亮死訊;被感染的醫護人員多在疫情早期受感染;局面比前期大為改觀	關閉超市之傳言恐慌,政府闢謠;防控方式不斷調整,社區和單位的關懷細緻入微;有病可以自行就醫,員警也提供幫助;專家原說拐點到元宵節可出現,但通知說還要再關14天;武漢市民駕車為李文亮送行	已顯出封城、居家的疲態,但仍視病毒為敵人,絕對與政府保持一致,配合政府的每一項行動,並努力幫助政府說服不理解的人們;為方艙辯護,相信方艙條件會逐步改善;繼續呼籲大家堅持居家;仍然憧憬拐點或許不久會到來
2.9-2.11 第18-20天	病毒蔓延勢頭明顯衰弱,醫生估計疫情可能在10十天左右發生逆轉;死亡率已然高位,死亡者離自己越來越近	嚴格的社區封閉令下達,所有人不能外出;舉國支援顯威力,方艙擴容,床位增量,援軍抵達,有效隔離,工作有序,市民以堅韌之力配合封控。無數呼救無門的老百姓,到處被驅趕的武漢人;一殯葬館的女性員工大罵	對死者臨死前的深淵般痛苦和絕望的感知;時至今日,絕不能恐慌或是崩潰,將繼續堅持,全力配合政府,關門閉戶;方艙並沒有那麼可怕;生活那麼艱難,但辦法還是有的;相信轉機隨時可能出現,期待拐點更快到

		官僚主義；更多呼救、叫罵的視頻出現	來，儘快解封
2.12-2.15 第21-24天	疫情繼續向好，囂張的病毒似乎呈現出疲軟；但湖北確診人數卻因存量因素而成倍暴增；死亡的消息依然傳來	每家3或5天可一人外出採購食品；代替超市的團購群出現；官員作風好轉，抗疫封控不力而被及時追責的情況出現；但一些公務員下沉基層，似乎來旅遊、作秀；新冠病人有呼救就有人管，但一切為抗疫讓路，其他病人得不到救治而死，甚至自殺；更多的非人道的野蠻封控：司機長期困在高速上、一人感染全家大門被封死、有病的孩子餓死家中	開始以計算封城天數的方式開啟日記；無奈而「坦然」地接受嚴格封閉令；似乎看到了拐點，但人們更加沉悶，對生活的擔憂更大了；呼籲實行人道主義的管控

　　表一是1月26號至2月15號（封城第4天至第24天）方方日記的提煉，它清楚地呈現出被封控者隨著封控強度的增加與時間的推移，

由開始驚魂甫定、積極配合、憧憬拐點，到生活日益不便、困難，情緒逐漸疲憊、接受但卻無奈、不滿。接下來的日記限於篇幅雖未具體展示，但總體演變傾向與表一同。隨著疫情逐漸向好直至完全控制，但嚴格封控卻依然進行，強度有增無減，堅持追求「清零」，違法、無情、荒唐的封控事項也更為頻發；而民眾的生活乃至生存愈發困難，情緒也更為激動、憤怒。終於到了封城的第33、34天，方方憤怒地指出：「『不惜一切代價』，本質上不是科學決策」；有人說「我們不惜一切代價」不要以為你是那個「我們」，你只是那個「代價」！而再往後推進到3月16號，封城的第54天，方方終於大聲喊出：「你隔離的是病毒，不是隔離湖北人！」[1]而且她似乎在以撲克牌暗示，封控已經異化為政治操弄，而千千萬萬的武漢人，則成了犧牲品。並再次質問：是誰造成武漢疫情防控的耽擱，給病毒擴散提供了時間？「將九百萬人禁足在家，是個奇觀，絕不可以自豪」！

　　肯定或否定方方的人都視她為啟蒙者，但由上述觀，毋寧說她是一個被啟蒙者，一個被不斷異化、政治化的病毒封控所啟蒙、使照亮（en-light）的普普通通的中國人，只是她比一般國人多幾分人道主義的情懷、思考的習慣、直面現實的敏銳與勇氣而已。一個要求較高的讀者，讀方方日記可能會有所遺憾，她最終似乎也沒有將問題上升到國家權力與公民基本權利關係的高度來認識。但從武漢封城史、三年新冠封控史的角度來說，恰恰是普通人的視角，使得方方日記更富真實歷史呈現的價值，使得這一「進行時」的逐日記錄，成為一個經由個人代筆而成的集「客觀封城史」、「親身體驗史」、「思想情緒變化史」於一體的歷史紀錄。它不僅濃縮了武漢

1　注意，方方用的是「你」而非「你們」。

封城的整個過程，而且也象徵性地濃縮了整個三年中國新冠封控的歷史：新冠封控逐漸由防控病毒異化為變相軟禁全民、封控社會的歷史，權力控制社會之本質逐漸袒露的歷史，民眾從積極配合、到焦慮、反感、抵制的歷史。[2]然而當年就在方方的認識發生質變之時，社會對她的攻擊也變得更猛烈，圍繞方方日記的爭論也更趨激烈，拒絕加入「武漢保衛戰」勝利大合唱的方方，也被更深地抹黑為「恨國黨」，西方「甩鍋」中國的代表。

(二)新疆：運動式封控的表率

一般印象中，在2020年4月武漢解封至次年7月之長達一年多的時間內，中國風景這邊獨好，而新冠病毒卻在國外肆虐不已，制度優劣一目瞭然。對此，官方和民間的看法相近。然而，情況並非全然如此，這種普遍樂觀的氛圍，不僅使人們忽略了武漢封控的代價，更遮蔽了2020年的新疆運動式病毒封控。

新疆，中國最大的省份，約占中國陸地面積的六分之一，總人口兩千萬，綠洲地形使各區域之間的距離相距甚遠，除去醫療平均水準可能較內地發達地區稍差點外，新疆可說是具有防控病毒擴散的天然優越性，按說它應該不必太過緊張。然而實際情況則完全相反，幾乎從一開始，新疆就成了全國封控最嚴厲的省份。2020年1月24日武漢開始封城，新疆隨即風聲鶴唳、聞風而動，形成了「武漢肺炎，新疆封控」之黑色幽默。

2020年2月1號喀什發布告全體居民書，對外地來喀什者進行嚴

2　不僅如此，在一些更具體的事項上，方方日記也與整個三年封控頗有對應。如追求真相的訴求，中西醫何者更為有效的爭論，進口藥品引進之爭等。

格管控：從湖北回喀什者，抵達後統一送至集中醫學觀察點觀察20天，經評估無異常後轉送至居住地所在村（社區）進行34天的居家觀察，期間同住人員和居家觀察者本人都不得外出（合計共54天，恐為世界之最）；疆外非湖北省的其他省市回喀什市者及從疆內各疫區返回喀什者，都須送至集中醫學觀察點觀察20天，評估無異常後再進行14天的居家觀察，期間同住人員和居家觀察本人都不得外出；疆內非疫區來喀什者，轉送至居住地進行14天居家觀察，期間同住人員和居家觀察本人都不得外出。接著就是火車停運，公路交通檢查，飛機航班銳減，排查近期來喀什的外地人口，送至臨時隔離點隔離。

再來看伊寧市：自2020年2月17日14:00起，全市各單位（部門）、行業、社區等均實行「最嚴格的封閉制度和督查措施」，全轄區全部居民的門都會貼上「居家休息，祝您健康」的提示語。全體居民不能出門，必須嚴格遵循。如果強行撕開提示語，警務人員將追究責任，情形嚴重的進行相應的處置。社區幹部保障大家的日常生活，但只負責配送日常必需用品。每日的生活必備品例如米麵油、菜、肉等必須儲備一周，並且不允許購買多種多樣的物品，外界訂單一律不配送。幹部半夜或清晨都會敲門，一定要開門配合工作！家中有孤寡老人，重大疾病，透析化療，孕產婦，殘疾人等特殊群體的向社區報備，並且每個幹部會帶著二維碼入戶，掃碼加友進群。

當然不止於喀什、伊犁兩地，而是全疆統一行動，省會烏魯木齊自然會做出表率，緊擰防控發條。當時就有新疆朋友說：「疫恐」比「暴恐」的安檢更恐怖。暴恐安檢只要看身分證、刷臉就可以進非自己社區，而現在非本社區人員，一律不得入內。

「最嚴格的封閉制度和督查措施」，給人們帶來了極大的困擾或傷害。例如2020年2月17日央視發表〈非防控重點區只抓防控是懶

政〉，「伊寧超話」網站同日發布了「新疆無差別隔離熱貼」，全
文轉引了央視熱評，其下人們紛紛留言倒苦水：

> 伊寧1月24日起至今，一直居家隔離無法出門，沒有紅頭文件，
> 二十多天了，也沒有文件，天天說等上面通知。所有人都被強
> 制軟禁在家，甚至今天每家家門都被貼上封條；（我）1月17
> 日到北京，1月31號被居家隔離，2月17號得到通知，再封15天；
> 封城20多天零疑似確診還是全城封城；在外返疆人員，一律隔
> 離14天；感染只是機率問題，但沒有錢也會沒有命；在一個沒
> 有確診病例的州，居家隔離19天，賓館集中隔離7天，機票改來
> 改去都花了一千多；離疫區十萬八千里，連政府網站都打不開。
> 15天不讓出門，出門就拘留，全州停擺，不知道怎麼回內地復
> 工；新疆真的是嚴格得不行，社區都出不去。再不賺錢真的是
> 要破產了；新疆這次真的太過分了，所有措施幾乎都與國內脫
> 節，封城20多天零疑似、零確診還是全城封鎖。一千多條評論
> 至少有五分之一是反映新疆問題的，已經很能說明新疆的情況
> 了。[3]

　　新冠病毒終於姍姍而至超級全域封控的新疆。2020年7月16號
官方宣布發現1例確診，到7月20號全疆共新增本土47例，除喀什的
一例外，其餘均在烏魯木齊[4]。7月17號零點開始，烏魯木齊全市範
圍「實施為期7天的6個一刀切」：1. 各個社區、園區實施全封閉，

3　伊寧超話。本段除括弧中的文字外，基本是原話摘錄。由於是網路
　　多人留言，所以不同條目用「；」號隔開，後文均如此。

4　西域都護，〈為何北京爆發疫情不封城，烏魯木齊卻「封城」？〉，
　　風聞社區，2020年7月20日。

生病及其他特殊情況由社區負責協助辦理，生活配送。2. 停止公共交通，最大限度減少公共交通發車量。3. 生產經營單位人員就地吃住、減少流動。4. 自治區、烏魯木齊市機關、社區24小時值守，開始全封閉。5. 外地來烏人員在賓館凍結7天，免費吃住。6. 商場、酒店原則上關門。[5]

　　然而，這一封不是7天，而是4、50天。2020年8月20日烏魯木齊市新冠肺炎疫情防控工作第34場新聞發布會，在全市已連續4天無確診的情況下，仍然要求「咬緊牙關，一鼓作氣，堅持不懈」。8月24日烏魯木齊公布市委書記、市長等黨政主要負責同志電話，說「必須堅持貫徹執行習近平同志為核心的黨中央決策部署，按照自治區黨委工作安排」，「全力以赴打贏疫情防控攻堅戰」。直到8月28號，一個無疫情社區的出行通知還是：「每戶一個人憑藉人的出入證（藍牌子），加上車的出行證，可以在新市區範圍內上班和活動，不能跨區活動；出行不參加任何聚會……婚喪從簡，20人以上報區縣指揮部批准；無證強行外出的，可以按一鍵報警器報警。」[6]

　　當然烏魯木齊封控，他地也要跟上。例如克拉瑪依無一新冠，也「經歷了33天的居家隔離」。家門不僅被貼封條，而且單元門外面地下，也被鑿上洞，插入鋼筋封閉。而這還不算什麼，2020年1月時，克拉瑪依一些住戶的家門就被直接從外面反鎖。張新民由此感慨，「如果單從隔離手段來看，如今待遇還不如精神病」。這樣的作法顯然「給火災逃生造成極大的隱患」，不由使當地人聯想到了1994年造成325人死亡、132人受傷的「12 8」慘劇，當年禮堂南

5　網路帖子，〈烏魯木齊封城了嗎〉，2020年7月18。

6　網路帖子，〈明天2020.8.29出行通知〉，2020年8月28日。

側的太平門就是被鎖死的。[7]

　　面對這種長時間的嚴厲封控，人們不得不接受，還有一些疆人
認為完全必要，否則以新疆尤其是南疆的醫療條件，新冠一旦傳染
開來，情形不可想像。然而新冠傳染的後果如何尚不得而知，但長
時間最嚴厲社會封控的影響卻實實在在。不妨再摘錄一些來自當年
「烏魯木齊超話」的文字加以說明：

> 7月14號以來的基層的效率低下，無差別的全疆封控，休克式封
> 控。關閉超市、市場、藥店等商家，阻礙物資運輸，部分瓜果、
> 蔬菜出不去，城市吃不上，快遞業務接近於完全停滯。居民購
> 買蔬菜只有盲盒形式，物價大幅上漲，部分內部人員從中賺取
> 差價，部分物價上漲達100%。群眾就醫出現困難，叫不動救護
> 車，社區有空車、有人手的情況下，也不送急診。防疫作風虛
> 浮，半夜叫醒居民吃藥並錄製視頻、志願者睡在樓道等；對疫
> 情資訊不公開、不透明。7月10就有傳言，7月15日上午依然通
> 報全疆沒有出現病例。等到浙江發布消息後，下午改稱天山區
> 發現一例確證；全民核酸後，依然將低風險、無病例城市封閉
> 達30天以上。居民無法下樓，社會經濟遭到破壞，陷於停滯；
> 部分外地遊客在離疆、離烏政策明確的情況下，依然在酒店滯
> 留達20天以上。部分集中隔離點人員，早在20多天、30天以前
> 接觸過確診或一密仍然被拉去隔離。部分社區工作人員態度惡
> 劣，以居民領導自居，甚至制定自己的懲罰措施，無視法制原
> 則，將集中隔離稱作懲罰手段威脅居民，將集中隔離點排查防

7　張新民，〈新疆疫情隔離有感：勿以惡小而為之〉，微博公號，「張
　　新民攝影」，2020年8月29日。

控疫情的性質變更為拘留場所。防疫怪象百出，社區內社會矛盾劇增；對言論自由進一步壓制；我們發出的聲音太微弱，可能什麼都不能影響也什麼都不能改變，但請大家活著，並且要記得；封戶30天已經夠難受了，政府又送來了「滿月禮物」——膠帶封門；為父親生病而趕回烏市，但卻被落地隔離，一直等待審批。父親一直在醫院等了25天病逝，終於換來可以走的通知；爺爺在病床上一直念叨我們什麼時候回來，卻沒能等到我們回去看最後一眼。做了所有能做的努力，給伊犁疫情防控指揮部打電話，哽咽著說完情況，收到的只是冷冷的不要回來，回來隔離14天，我們在家已經隔離37天，核酸做了好幾遍，我們自己開車回去不給任何人添麻煩，這樣也不行嗎。這片讓我曾熱愛的土地現在讓我傷心透頂，心裡堵到無以排解，以淚洗面，吃藥入眠，痛苦無法言說。

今天的xj也沒有什麼新聞。封控狀態下去不了醫院的孕婦沒有成為新聞；誤食塑膠玩具去不了醫院的孩子沒有成為新聞；社區發放中藥逼迫民眾服用沒有成為新聞；買不到蔬菜和生活必需品，甚至是衛生紙這件事也沒有成為新聞；大片的水果爛在地裡乾著急的農民沒有成為新聞；擅自下樓被社區銬在樓梯旁邊的人沒有成為新聞；一城病例全省封鎖沒有成為新聞；累倒在基層的幹部沒有成為新聞。不過還有些事情成為了新聞：社區幹部發放藥品的擺拍視頻、xj的白天有多長成為了新聞；xj的美景成為了新聞。[8]

8　烏魯木齊超話空間「烏魯木齊我們發出的聲音太微弱」主標題下網友的留言，發布時間約在2020年8月內。

　　當然，網上的抱怨、不滿、傾訴遠不止這些，就連胡錫進都感覺問題太大撰文商榷，為新疆民眾發聲，讓一些「新疆人眼淚奪眶而出」。[9]

　　新疆人好不容易在2020年8月底熬過了這場「無感染」或「一地病例」全疆居家的封控，雖然每天都要去做核酸，生活畢竟開始恢復，被凍結的旅遊也重新開放。但是，僅僅一個多月後喀什又出現疫情：10月24日疏附縣發現一例無症狀，中小學、幼稚園宣布停課到10月30號。24號核酸追蹤，又查出164人陽性無症狀，全市立即進入嚴格封控狀態，居民不准出家門，外地遊客就地管控。[10]時值棉花採摘季節，因防疫棉花無法採摘，即便是並無接觸的機採也不允許，棉花價一天天往下掉，棉農憂心不已。[11]

　　相比2020全年密集而陣發性的有無確診都嚴防嚴控的高度緊張，2021年新疆的情況相對平和（直到是年10月伊犁再次發現確診止）。而且後來一段時間「一地確診全疆封控」的情況也有所改變，不過每天的全員核酸功課必做（一段時間逐漸調整為三天或一週一次），各地核酸結果依然不被互相承認（直到馬興瑞替代陳全國出任自治區第一書記後，各地核酸結果才開始互認）。最有意思的是疆外的遊客，在享受新疆美景、美食的同時，隨時可能因為其所在地出現確診而面臨被隔離的風險。行動快者、幸運者或許可以逃出，

9　胡錫進，〈烏魯木齊市剛剛宣布從23日起逐步調整部分無疫情社區的防控政策〉（2020年8月24日）文後留言。更詳細的情況還可參閱網文，〈新疆，面對疫情我想對你說〉，2020年8月27日。

10　參閱網文〈有驚無險南疆行〉（之一至之十），2022年12月6-13號。作者為一廣州遊客，網名「冰糖燕窩」。

11　參閱今日頭條上網民「美麗人生_31854」2020年11月7號的帖子。

否則就將接受隔離的關照。[12]

　　以上所述為新疆2020-2021年的情形，類似情況不僅以後在新疆不斷重演，而且也逐漸推向内地推進，到2022年後成為中國病毒封控的普遍模式，並且對最終的突然解封產生了重大影響。

　　新冠在武漢露出獠牙，迅速橫掃中國、席捲全球，但卻在與它本無直接關係的新疆那裡，遇見了最極端、最齊一、最嚴酷無情的對手。如此極端的窒息式封控，為什麼最早在新疆出現？雖然武漢封城後，全國也同時開始封城抗疫，對武漢、湖北抵達人員之違法管控的相關消息也時有傳出，但當時除了疫情嚴重的湖北、武漢，全國沒有任何另外一個地方如新疆這般。胡錫進早在2020年8月就給出了答案：「新疆是個很特殊的自治區，反恐消耗了當地的大量精力，在很長時間裡成為了全自治區的實際工作重心，想必這會對新疆各地的工作風格產生一些潛移默化的牽動和影響。在面對新冠疫情這樣的衝擊時，這個原因大概也會影響它的防控組織方式。」胡錫進說得比較模糊、籠統，不止是反恐風格潛移默化的問題，而是2009年以後尤其2016年年底開始的大規模、高強度的反恐治疆，在疫情前新疆就已經完成了完整、嚴密的網格化社會的打造：每個片區、每個街道、每個村莊都被分割成相對獨立的單元，社區、街道、商場、機關、醫院、學校等所有處所，都必須身分證、刷臉實名進

12　有關2021年10月伊犁疫情防控的迅急行動、霹靂措施，乃至各種令人瞠目結舌的做法，網上傳聞頗多。例如可參閱烏魯木齊都市網，〈擴散！烏魯木齊、阿勒泰、吐魯番、博州、喀什、哈密等地最新出行政策提示來了！〉，2021年5月26號。公眾號「旅行雷達」文章，〈突發疫情！有人連夜狂飆出疆，遊客滯留，暫不能離開〉，2021年10月4號；2021年10月4號張機、雞蛋的網文〈狂奔伊犁八小時〉和babytree的〈2021年國慶伊犁新冠疫情倒楣記〉等。

入，實行無死角、全監控的常備性反恐警務化管理；每條街道每三到五百米就建一個「便民警務室」，基層組織也依此而進行改組、重建。然後再將這些切割治理的單位，連接成片、結構成面，並予以由上到下的嚴格垂直性管理。為此，幹部下沉基層，完備社區基層反恐、服務組織建設（乃至政府所建的平價菜店，也按街道、社區單元分布）；全疆公務員定期輪流到南疆等駐村、入戶、包戶、對口、結對扶貧、幫困；並在不同層級，進行常態化的去極端化教育、反恐演練。當然，所有這些之外，還須思想高度統一，因此嚴格警務化管控輿論，清查各級「兩面人」，去除所有「極端化思想」的溫床，杜絕一切暴力恐怖的苗頭。經過這樣新型反恐化的社會全面治理與建設，新疆終於成了全國最安全、最齊一、最有執行力的省區。這一切正好可以用來與新冠病毒一決高下，病毒與恐怖主義一樣詭異多變、神出鬼沒。正如一位大名鼎鼎的反「三股勢力」急先鋒崔紫劍先生所言：「抗疫與反恐，在新疆，有的時候其實是同一件事情」。[13]

二、Delta病毒的破防與疆式封控的拓展

2021年7月Delta病株侵入，中國大部分地區約一年多的相對平靜被打破，廣州、南京、青島等地先後被攻陷，不過因為大都被快速撲滅，並未引起太多關注，直到2021年10月的青島，正如燕梳樓所謂：「此次青島事件再一次給我們敲響了警鐘……秋風漸寒」。[14]但檢讀此號之前的涉疫文章，其所傳遞出的總體資訊仍然是：中國

13　崔紫劍，〈只不過，新疆的希望不是你罷了〉，2020年8月29號。
14　燕梳樓，〈青島「爆雷」，給我們的深刻教訓〉，2020年10月13號。

防疫的迅速、果斷，大規模核酸檢測的有效及時。這也是當時多數國人的看法。不過，「藉助於」Delta的力量，國人在這時才得知，美麗的邊疆小城瑞麗居然從2020年初起，已經歷過了五輪封城：

> 疫情，無情地劫掠著這個城市，一遍又一遍，榨乾了城市的最後一絲生機，吞噬著無數人剛剛燃起的希望。讓很多人在希望中等待，又在等待中感受著無盡的折磨和煎熬。無情的病毒，一次次襲來，五次封城，已經讓這個城市自然與人文、歷史和現實、邊疆和內地、中國和緬甸，發生了無數的錯位。一次封城，就有一次嚴重的情感和物質的失去，一次抗疫經歷，就有一次怨氣層層的疊加。公務人員習慣了長期的邊疆線上堅守，也在這種勞累中經受了更加嚴酷的一輪又一輪磨難；老百姓也在一次次的折磨裡耗盡了維持生活的所需，當又一次疫情來臨時，這個城市的百姓終於再一次無奈地成為被動生活的接受者，缺少了歌聲，缺少了希望，缺少了維持生計的經營延續……一輪又一輪的疫情支出，已經讓這個城市不堪重負。儘管幾次疫情都會有盡心盡職的幹部被免職處理，但平心而論，捉襟見肘的財政和人困馬乏的折騰以及承擔了艱巨的國門防護責任，讓這個小城無法再承受其重。於是，百姓的抱怨，隨時而起；政府的謹慎，越加小心，噩夢和虛幻此起彼伏，這個小城，正承受著千載難遇的大劫難。[15]

今天重讀這些文字，作者對瑞麗人民的深情仍感熾熱，強壓的憤懣依然欲沖決而出，其對一次次封控給瑞麗民眾所帶來的不斷增長的災難與憤怒之情的表述，如同一部高度濃縮了的方方日記。而

---

15 戴榮里，〈瑞麗需要祖國的關愛〉，2022年10月28日。

瑞麗官方的反應則是「闢謠」,「文章資料過期,暫不需要援助」。
雖然作者強硬回應:「想阻止我發聲,免開尊口!」但此怒斥確乎
成絕響。

如果說瑞麗還是遙遠的地方,然而到了2021、22年之交,凜冽
的寒風就撲面而來。2021年12月23至次年1月21日,燕梳樓一氣發表
了九篇抗疫、防控主題的文章。涉及西安、鄭州、天津、濮陽、許
昌、禹州、廣州等多地。重讀這寫文章,引起人們注意的主要不是
病毒的突然蔓延、烽火四起,而是疫情的遲遲難以撲滅,防疫的亂
象、嚴控的冷酷、民生的艱難、核酸的造假等等。其中尤以西安最
為突出。

西安全面封城,非必要不准離開,全市3574所學校全部停課,
41個中高風險地區全部施行封閉式管理,每戶兩天只允許一人外出
採購;因為全市居民同一掃碼致一碼通掃崩,一齊核酸將錄入系統
崩癱,一齊搶購把超市搶光;被新冠和出血熱重壓、擠兌的醫療系
統,密集核酸的次生傳播;被暴打的不堪封控饑餓出門買饅頭的小
夥子,因封閉買不到菜而偷拿住戶的菜被開除的四位保潔阿姨,跋
涉數千里逃回家鄉的「鐵人三項」農民工,無法進入醫院而流產的
孕婦和死去的嬰兒,失去父親的女孩,等等等等,不一而足。[16]

不僅是西安,由Delta病株引發的疫情區域還有鄭州、禹州、天

16　此段的相關資訊可集中參閱燕梳樓的2021年12月23日、2022年1月3
　　日、2022年1月4日、2022年1月7日等四篇文章。更多的相關資訊,
　　還可參閱江雪的〈長安十日〉(2022年1月),野草地的〈親身經
　　歷過西安荒誕防疫,發生什麼都不意外〉(2022年1月5日),維羅
　　陽光的〈過度防疫,不是任性而是愚蠢〉(2021年11月1號)等網
　　文。當然,更詳細的描述、更多的消息,主要是通過微博、抖音等
　　發布,並通過網路微信朋友圈迅速傳播,而且往往很快就被刪除。

津、寧波、深圳、上海浦東、浙江金華、河南周口、北京、伊犁、銀川、蘭州、天水、黑河、常州、上饒、石家莊、成都、大連、西寧、哈爾濱等多地,可說是已席捲全中國,細想極恐。年頭越來越近,年味兒越來越濃。但疫情像開盲盒一般,讓所有的城市瑟瑟發抖,而且回家過年都可能會被視為「惡意返鄉」,將被拘捕。

河南濮陽醫生「道上的兄弟」,以新冠敲詐餐館被拘;廣州金域醫學檢驗集團股份有限公司鄭州地區負責人張某東,故意傳播病毒。[17]河南鄭州一個中年人「流調(流行病學調查)」所顯示的辛酸之痛還未忘卻,北京朝陽一搬運工流調所顯示的艱辛,又令國人震撼、唏噓不已。疫情以來,無數人的生活暴露在公眾面前,有普通的出租司機,有兩點一線的全職媽媽,也有為了生活奔波於全職路場的年輕女孩……難道真的厄運專找苦命人?當然也有四處購物享受人生者。在平行的時間裡,不同的命運在同一個夜幕下折疊了,折疊成無數個你和我。[18]

綜上,圍剿病毒徹底清零的選擇,僅就控制新冠病毒廣泛蔓延這一點而言,至少在2021年10月前後就已大面積失效,與之相伴的是,以新疆為標竿的不惜一切代價追求阻絕病毒、徹底清零、嚴格防控、全員管控的作法,也越來越普遍。或許並非偶然,大約在同期,一些地方[19]乃至商務部先後發布「家庭應急物資儲備建議清單」通知,儘管胡錫進說不要想歪了。10月底中國政法大學教授李宏勃的文章〈無論任何情形,防疫都不應突破法治底線〉問世並在網上

---

17 正是從這起事件開始,視為國人保護者的鐘南山,開始迅速滑下神壇。

18 以上所述請參閱燕梳樓2021年12月23日至2022年1月23日諸文,筆者的介紹其中不少直接使用了原文。

19 如江西(2021年10月20日),北京(2021年11月2日)。

廣泛傳播，然而12月初黨中央「動態清零」總方針正式提出，它既堅定地向世人宣告堅持過往清零的防控政策，但「動態」二字實際又承認了清零的不可能。[20]從社會心理學角度看，這種表述的內在緊張，或許恰恰隱含性地暴露了社會對嚴格封控的日益不滿與中央堅定信念之間的矛盾，而這種矛盾到幾個月之後的上海封城，就更為大規模地顯現。

三、拉鋸：「共存」還是「清零」

2022年12月中和月底，新冠病毒新變種Omicron毒株分別在天津和香港現身，並接次擴散到深圳、吉林、上海、廣州、河南等地，很快就傳遍了大半個中國。[21]毒性更小但傳播速度更快、更詭異的Omicron與「動態清零」總方針相博弈，在大陸形成了一場長達一年左右的愈演愈烈的兇猛風暴。按〈經觀大事記〉，整個抗擊Omicron年史分為三階段：一、2021.12-2022.6；二、2022.6-2022.11；三、2022.11-。這一劃分雖簡單、抽象，但也不無可參照性，本節將重點梳理第一階段的情況。

---

20 2021年12月7日，全國疫情防控工作電視電話會議召開，中共中央政治局委員、國務院副總理孫春蘭出席會議強調指出：「總書記親自指揮部署疫情防控工作，確定了『外防輸入、內防反彈』總策略、『動態清零』總方針」。

21 一般印象認為，Omicron肆虐中國，香港是源頭，由香港傳到深圳、上海，再由上海擴散到整個中國內地。其實，不僅天津發現Omicron在香港之前，而且早在1月9日，天津就已經開始全員核酸、封城、轉運，8號官方所發布的消息就稱，「病例至少已經傳播了三代，並可能在社區裡已經持續傳播了一段時間」。不過，深圳、上海的傳染源是來自香港，而且後來國內多地的最初病例，也多來自上海。

(一)上海封城：「第三條道路」嘗試的挫敗與「公民性」抗爭規模性初現

1.「第三條道路」嘗試的挫敗

　　Omicron的散播是全國性的，但在人們的一般觀感中，2022上半年的中國抗疫，相當程度上都被集中、化約為上海一地之事，致使有所謂「大上海保衛戰」之說。這樣的化約，既帶有相當的遮蔽和扭曲性，而且由於將錯綜複雜的上海防疫、封控，籠統地歸為一個主體——「上海」，致使即便僅是想準確把握上海本身的情況都很困難。因此，或許首先需要重新釐清相關的基本時間節點。

　　此波上海疫情大致可分成三個階段：2022年2月至3月6日上海華亭賓館破防之前，Omicron幾次偷襲未果，被精準阻截。華亭失守後至3月28日宣布封控浦東之前為另一階段，此階段包含著這樣幾個重要的時間點：3月6-10日華亭感染源擴散，Omicron開始在上海多點散播，被廣為稱讚的「精準防控」面臨嚴重危機。11、12號中小學、幼稚園、各類培訓機構全部停止線下活動，非必要不離滬，來滬、離滬人員，均需持48小時核酸檢測陰性報告，疫情防控全面升級，14號全部客運暫停。但15號上海官方發布消息，仍稱現在沒有封城，也不必封城；兩天後張文宏預言，「今冬是防疫新冠的『最後一個嚴冬』」。18、20號上海完成第一輪全員核酸，並在此前後劃分了幾個高風險封控區。至3月26日，整個3月上海已累積確診陽性12527例，其中無症狀感染者12167例，高達97%。27日晚上海宣布3月28-4月1日起封控浦東，然後4月1-5日封控浦西，結果是4月1號全域封城停擺。至此，上海開始了長達兩月之久的全域靜默封控管理。

　　與3月上海時間線明暗相對的是中央的動態。2022年3月15日，國務院聯防聯控機制新聞發布會言：中國多地迎戰嚴峻疫情，「動

態清零」總方針行之有效。17日習近平總書記主持中央政治局常委會，「分析新冠肺炎疫情形勢，部署從嚴抓好疫情防控工作」。18日國家衛健委強調「堅持『動態清零』總方針」。22日中央派員到上海，檢查督促防疫工作。3月30日，深圳特區報文章評論：「動態清零還是與病毒共存，本質上是制度之爭、國力之爭、治理能力之爭、甚至文明之爭」。4月2號孫春蘭由吉林趕赴上海「調研疫情防控工作」（一直坐鎮上海至5月1號止）。3號起全國各地的醫護人員「緊急馳援」上海，「解放軍也派出力量赴上海」。6號國家衛健委重申「繼續堅持『動態清零』總方針不猶豫不動搖」。同日，「『中央指示上海要態度堅決果斷』！上海黨報頭版：各級領導沒有理由再拖延、躲閃」！5月5號習近平再次主持召開中央政治局常務委員會會議並指示：「毫不動搖堅持『動態清零』總方針，堅決同一切歪曲、懷疑、否定我國防疫方針政策的言行作鬥爭」。

對照上述兩個時間線，明顯可以看出，在究竟應該如何防疫的問題上，一段時間內上海意願與中央決策的確存在差異，乃至博弈，直到4月6號也只是在最高層面兩者才完全重合。

再來看相對應的輿論動態。相對而言，2021年1月重大網路輿論熱點現象較少，但整個2月，國人的注意力都集中於徐州豐縣「鐵鍊女」的官民攻防上，就連被熱炒的冬奧會、古愛凌奪金以及後來的俄烏開戰，都沒能引開國人的注意力。[22]而此時上海精準防控仍有

22　或許有必要將輿論觀察點前移。自2019年12月底武漢疫情成局後，圍繞著病毒性質的真相與否，社會就發生了不同的爭論，之後隨著武漢疫情得以化解，疫情在歐美及世界其他地區快速擴散，有關病毒來源與「中國模式」兩大問題的爭論就更為激烈，趨向白熱化。而且必須承認的是，由於客觀上相對為實、主觀上又被放大了的中外疫情的對照，一段時間內似乎「愛國派」的聲音佔據了上風，世

效操作，但香港疫情則規模爆發。3月上海Omicron失控，網路涉滬消息開始增多，但討論多集中於究竟應該採取什麼方式抗疫之爭，所謂的「負面新聞」在整個3月都很少。然而，全域封控剛起，大量涉滬防疫「負面資訊」就接踵而至，而且多集中於4、5兩月，尤以4月最密。[23]

　　將上述三組時間節點相對照，應該明瞭的另一點是，廣為流傳的所謂上海防疫從「優等生變為劣等生」和「精準防控失敗」之說，並不準確，似是而非。因為絕大多數所謂「負面新聞」都發生在全

(續)——

> 界離不開中國的聲音，也更為高漲。類似的走向同樣表現在美國打壓中國、美國大選等重大輿論事件上。相較之下，要求追查武漢疫情擴散真相、追責的聲音，則相對零散而微弱。就是像陳春秀被人冒名頂替失去上大學的機會這類更易引起共情的事件，雖然在網民的共同努力下促使真相浮現，但其熱度也有限。然而，進入2021年後，網路輿情逐漸反轉，容易引起人們共情事關基本生存、生命權益的熱點事件逐漸增多，並與越來越頻發的涉疫情資訊相互疊加。譬如2021年3月29日一包鋼員工跳入高溫鋼爐自殺；4月5日河北滄州大貨車司機金德強被檢查站強行罰款兩千元服毒自殺；6月陝西秦嶺扶貧造假事件；河北邢臺強迫農民灑水割麥風波等等。7月下旬暴雨侵襲河南，7月30日雨水倒灌鄭州地鐵五號線，導致18人死亡。慘劇被網路幾乎同時直播，然而，當地官方卻一味封鎖消息，掩蓋真相，並強行阻止罹難親屬和群眾前往事發地送花、悼念，引發網民的持續憤怒。而暴雨善後還未結束，鄭州疫情再起，嚴格的封控又使得民眾陷入更普遍的生活困難中。而此刻，Delta病株也開始在國內多地規模爆發，以西安為代表的各種令人震驚的防控操作、讓人傷痛的狀況頻發。不難想像，這種多重悲劇疊加的輿論生態，會給國人帶來怎樣的壓力。而民間性、官民對立性的輿論衝突，到「鐵鍊女」風波之後，不僅與疫情封控並行或交錯起伏，而且隨著時間的推移，似乎也越來越與後者相融匯，糾纏、撕扯著國人的神經。

23 相關資訊可參閱青年志，〈上海封控三十日〉（2022年4有28日）一文；另外燕梳樓、一寸灰兩個公號，也有不少相關討論和記載。

面封控之後，而且直接原因並非由病毒而是嚴厲封控、快速清零。
例如4月1號全域封控後不幾日，就傳出不少轉運、方艙亂象的資訊。
諸如大批嬰幼兒被強與父母分開，集中於缺少看護的方艙；夜半強
行被拉去集中隔離，但隔離點卻拒絕接收；漏雨、髒亂差的臨時隔
離點或方艙等等。此類亂像並非因為真正的病人激增、醫療擠兌，
而是因為要按照上級部署快速或規定日清零，但又沒有足夠符合收
治條件的方艙所致，更何況不少被緊急轉運者，連無症狀的「陽人」
都不是。[24]食品短缺，質次價高，外省援助被大量浪費等現象，亦
是因為突然全域封控，停滯了原有運轉良好的市場供應體系。「2500
萬人的大城市，需求千差萬別。如果你覺得所有物資都可以滿足所
有人的需求，那麼你大概會相信，市場經濟立刻就可以轉軌為計劃
經濟了」。[25]所以至少在4月，隨著封控的延長、強度的增加，以權
謀利、粗暴執法、弄虛作假的現象也越來越頻發，並伴隨著市民的
不滿、抵制和反抗。難怪有人感慨，封城前後兩重天。「上海現在
的主要問題是吃不上飯和看不上病，而不是新冠」。[26]

　　封城以後的上海，不再是上海的上海，而是中國的上海，北京
的上海。「學生」還是那個「學生」，但「上海先生」已然換成了
「北京將軍」，做奧數的高手，轉身被徵為戰場新兵，焉能不敗？
儘管承受「動態清零」考驗的肉身仍是上海，但榮辱、優劣又與其
何干？欲更好地理解這點，或許可引入同期的香港做一對比。

24　詳細分析可參閱陳東華，〈為什麼越封越多——上海封城和武漢封
　　城的最大區別〉，2022年4月17日。

25　任大剛，〈封控以來，上海亂象頻出，這座城市究竟怎麼了〉，2022
　　年4月7日。

26　羅書華，〈上海市民：上海現在的主要問題是吃不上飯和看不上病，
　　而不是新冠〉，2022年4月20日。

　　2022年2月Omicron在香港規模爆發，疫情進入緊急狀態，3月初日均陽性確診數連續達5萬多，很快確證陽性日死亡數也突破250人，社會恐慌，醫療擠兌。是否應該採用內地封城、清零的方法來對付Omicron呢？2月14日《環球時報》發文，〈香港疫情再度嚴峻！中央關鍵時刻出手支援〉；2月19日中央支持的香港方艙醫院開建；2月28日中央援港防控專家組抵港；3月1日香港首個方艙醫院建成交付使用；3月7日中央援港防控專家組組長梁萬年指出，香港防疫要「堅持動態清零總方針」；3月12日首批援港醫療隊抵港，300人大部隊隨後即到。儘管有這一系列中央意願的表達，在經過短暫的猶豫和部分嘗試後（如全員核酸），香港還是堅持了自己的放管結合的防疫方針。3月中旬之後，日均確診死亡數開始回落，到4月13日左右，疫情趨於平緩。具有高度自治權的香港，最終頂住了病毒和中央的雙重壓力，基本達到了防疫、經濟、生活的兼顧。而此刻的上海封控卻越加吃緊，4月底開始焊死樓道門實行硬隔離。昨日防疫優劣學生的位置，發生了戲劇性的轉換。

　　就在香港、上海與中央進行拉鋸、博弈的前後，究竟是放開還是繼續清零封控之爭，已然在內地激烈展開，產生了一批相關主題的文章和更龐大的網路跟帖發言或專題討論。

　　按中央的說法，「清零」或「動態清零」的決策一直正確，是特殊而偉大的中國式防疫的標誌，而2022年12月的全面「解封」則是其勝利的轉型。但是嚴格封控式的清零防疫是否妥當、是否科學，一直存在不同的看法。在前述方方日記和新疆超話的抱怨中就有所體現，而某些專家更是很早就指出人類將不得不與新冠病毒共存。[27]

27　例如王立銘的〈〈巡山報告〉：無症狀感染者如何影響疫情防控？〉，
　　2020年4月6日。

不過那時這類聲音零星且微弱。武漢「抗疫成功」、西方世界「亂象叢生」似乎一望而知，所謂「優等生」中國式清零抗疫與美國、西方等的不作為「躺平」之對照也被大力宣揚、並廣為接受。不過民間仍然斷續存在質疑的聲音，2021年1月的〈解封吧，北方〉，就是一篇較早出現的高水準文章。它曝光了吉林通化等北方地區所謂「硬核防控」之不顧人們死活的惡劣亂象，分析了這種作法背後一切唯上、唯評價指標的官僚體系運作邏輯，列出了嚴格封控已經和未來可能造成的多種次生災難與後果，明確反對動用國家機器治罪非故意傳播病毒的「0號傳染源」，建議「不要再繼續封鎖下去了，要有步驟地放開，讓人們在做好防護的情況下，有一定的自由行動權」。到了2022年2、3月間，伴隨著香港、上海與中央的博弈，要求放開的呼聲開始密集出現，究竟是「共存」還是「清零」的爭論也漸趨白熱。

總體而言，主張繼續「動態清零不動搖」的理由大致有三：1. Omicron的毒性雖然有所降低但仍然不小，對老年人尤其如此，更加之它傳染性強、隱匿度高，很容易造成醫療擠兌和社會恐慌。國外放開、躺平以後的事實都證明，疫情造成的社會危害與影響，並沒有減弱。所以，Omicron絕非大號流感。2. 我國人口基數龐大，不少地方醫療條件有限，放開的後果將極為嚴重。3. 只有中國防疫才是「人民至上、生命至上」，而國外不是忽視人民的生命安全，就是想學中國模式，也因缺乏我們的制度優勢學不了。三條理由聽來錚錚但不免抽象，似有以並不那麼很清晰的國外死亡率和未來的危險預測說事，更遑論有意忽視和掩蓋了持續嚴格封控所造成的諸多問題。而有人從上海的猶豫與放開的主張中發現了令人毛骨悚然的「上

海共識」，[28]則更戲劇化地暴露了清零理念的「政治至上」性。當然，當時擁護繼續封控清零的民眾還不少，也並非都出於政治考慮，但他們基本都是上述理由的盲從者，且大多生活無憂。

相較之下，主張「共存」學習域外放管結合的理由，則更為具體、詳細而切實。有對國內外新冠資料較詳細的比較分析，疫情情況演變過程的觀察說明，嚴格封控的巨大經濟代價，「額外」性死亡的比較等等，更不用說遠未被大量傳出但卻被不斷刪除的民眾痛苦的呼聲。然而作為「在野」的主張放開封控的聲音，既被漠視、打壓，也被「愛國」「恨國」的喧囂所淹沒。

2.「公民性」抗爭規模性初現

不少人認為，上海封控之所以顯得亂象橫生，並不說明上海的問題真比其他地方多，而是因為上海人能說。的確，封控期間上海所發生的諸多事項雖多與他地同，但卻帶有某種特殊的「上海性」。這種上海性，既有民國時期「海派」的自我炫耀、五光十色之特點，都市性、國際範兒、小資布爾喬亞風諸色彩相互混雜；又蕩漾著幾分市民自治乃至巴黎革命的自由漣漪；甚至還可能讓人聯想到文革末期的「上海公社」。而這一切基本又主要是由上海人自己「播報」給世界的，他們直播了一場雖非己願卻帶有不服、較勁的「大上海封控悲喜劇」。全面而觀，這齣「大上海封控悲喜劇」，或可以分成五大幕——「悲情上海」、「情調上海」、「拉胯上海」、「情懷上海」、「自治上海」，每一幕下又可以分成若干小場次。不過限於篇幅，這裡僅從「情調」、「拉胯」、「自治」三詞入手，揭示「上海性」與封控之間的糾纏及意義。

---

28 戴雨瀟，〈令人毛骨悚然的「上海共識」〉，「紅色文化網」，2022年4月6日。

　　首先來看所謂「上海情調」。「上海情調」自然複雜，但「小資」、「小市民」味，則可能是眾所共認的主調。在余亮看來，這種小市民的格局，正常時一切似乎OK，加之所謂國際化、高科技的加持，更讓上海人顯得精細、能幹、自以為是，似乎歲月永遠靜好。但是一旦遇上防疫這樣類似於戰爭年代的情況，狼狽相就盡顯。全國人民防疫抗疫，遇到許多困難都沒說什麼，而唯獨上海人大呼小叫。有菜有吃的時候，搞什麼調侃、諷刺性的蔬菜、食品模特抖音秀，而一旦統一配送不那麼充分，就無法忍受，抱怨不已。看到有幾個方艙條件不是那麼好，有點漏雨什麼的，就大肆嚷嚷，以為自己去方艙不是為隔離治病而是去度假旅遊。有兒童拉到方艙中暫時無人照料，就哭天喊地的，以為所有長大成人者，都沒有過統一由國家或機構照看的經歷。做個核酸還要穿得西裝革履的，以顯示什麼上海人的尊嚴。而種種小資做派加上幾個洋人的摻和，又平添了幾分「國際範」。比如那邊大白、警員查處非法開店營業，這邊卻是洋人照常在咖啡館裡怡然自得。社區還沒有把他們怎樣，洋人們不是大使館特別公函要求善待其國民，就是拒絕轉運隔離。在一段電話錄音中，一外國人高聲抗議轉運，而且還Fuck個不停。可是電話那頭的翻譯則異常耐心，反覆解釋為什麼他們不能居家隔離，必須集中到Camp（Camp一詞被多次使用，不免讓人生意外之聯想）。這種由許許多多自私、分散而精緻的布爾喬亞小市民所組成的社會，自然經不起緊急狀態的衝擊，其社區、基層組織拉胯而無能也就在所難免。不僅一般的普通人，就連上海師範大學的老教授們，都被餓得在網上呼救。這樣國際風範的上海情調與拉胯社區，甚至會無意識地導演出一些現令人啼笑皆非的情狀。譬如，這廂自己的

醫生公民哮喘急發，卻因防疫政策無法就醫而死亡；那廂卻津津樂道於緊急會診洋人「丁丁」之疾，從而引來輿論風波。[29]

　　然而在網路上、微信朋友圈中，這樣的上海並沒有遭到太多的嘲笑，反而倒是讓人們感到了幾分國人難見的公民社會的風範。這集中地體現在兩類事項上。一是對「生命、亡靈的關懷」。由嚴格防疫所造成的非正常「封控死亡」，自武漢封城起就存在，但是這類事情很長時間內只有零星的傳出，而上海封控期間這類消息不僅多，且多由自己的親友即時公布。比如護士周盛妮急性哮喘就醫被拒而逝、小提琴家陳順平跳樓自殺等，都是在第一時間被傳到網上。最令人感動且最能呈現公民個體勇氣與尊嚴者，是公開徵集、發布不幸亡故者名錄。大概是2022年4月14日，網上出現了一份「上海疫情逝者名單」。它由一位網名為方舟Jo Fang者向社會發起徵集而成，名錄不僅有新冠封控期間亡者的名字，還有逝世的時間及原因。名單上網後很快被刪除，第二天仍有兩個更新了的名單傳出：〈上海疫情逝世者名單：73+位〉、〈上海疫情逝世者名單：100+位〉，但又是很快被刪並再未再見更新。對照一下美國2020年疫情高峰時，報紙每天公布並更新涉新冠亡故者的名單，令人不勝感慨，更覺這份短命的亡靈者名錄之珍稀。正如發起者方舟Jo Fang所說：「希望這份名單可以成為一份開放協作文檔，請大家如上添上自己身邊逝者的故事。雖然很殘酷，也很令人痛心，但為的是讓大家看見的不僅僅是數字，而是真實的人」。[30]

29　本段相關內容可集中參閱余亮的「一寸灰」公號。

30　見微信2022年4月14題頭為「中國聯通柿油」的「100+」的名單統計。不幸離世者至少161人，其中因管控、核酸等原因未能及時送醫者最多，高達32人；跳樓和其他形式自殺者次之，13人；因在家裡無人照料及餓死者10人。而勉強可視為「正常死亡者」不過13人，

再來看公民協商自救、自治。上海封控開始不久，就有朋友說：
「除了關於這次疫情處理的細節之外，它讓我們看到上海一些非常
不一樣的地方。全國聽到的都是對地方官員的指控，都是說中央如
何好、地方怎麼執行不好，官員怎麼素質差，只有到了上海，抱怨
的民眾和基層相互體諒抱團。」此說雖不無簡單，但也的確道出了
幾分事實。比如自武漢封城起，就不斷有民間自製的音、視頻材料
傳到網路，方方當年就稱讚過「漢罵」。而上海的電話錄音數量更
多，但不是「滬罵」，而多理據與對話。其中，上海浦東疾控中心
朱謂萍主任的兩段錄音最具代表性。在2022年4月2日那個長達約20
分鐘的錄音中，投訴者激動地投訴了一些問題，諸如不同部門核酸
通知結果不一致，進隔離點受阻反應情況沒人搭理等，朱醫生都一
一地給予了解答，不迴避、不掩飾，而且還鼓勵居民投訴有關部門。
而在第二天另一個錄音中，朱醫生更是直接道出了自己對當前防疫
對策的一些看法，不理解為什麼現在Omicron已經與流感差不多了，
還要依然採取嚴控封城的辦法。雖然有人嘲笑她不過是一個小科
長，但朱醫生當時的確代表的是權威部門、政府，所以，她的回答
顯示出來了國內官員罕見的責任與擔當。雖然4月2號當天，上海市
疾控中心就發出通知，要求「接聽答覆口徑必須與國家和本市的防
控政策一致，不得加以個人的主觀意見」，[31]但朱謂萍醫生4月13日

────────────────

（續）

其中8位送至醫院但未能及時救治；另5人則是突發心臟病等疾病，
但未提及有無送醫救治。若按繆曉輝〈關注和解決額外死亡問題刻
不容緩〉（2022年4月7日）一文的估算，情況則更嚴重。三年封控
有多少不幸的亡靈就那樣走了，無聲無息地走了，而且到今天他們
的親友，也無法向社會傳遞他們已永遠逝去的資訊。兩廂對照，這
份短暫存活的民間死亡者名錄是多麼的珍貴！

31 上海市疾病預防控制中心，〈關於近期做好市民諮詢服務的工作提
示〉。

通過微博再次發聲，並以「希波克拉底誓言」結束。不過這類電話錄音集中出現在4月初，也就是上海剛全域靜默不日。4月12號虹口區衛健委資訊中心主任錢文雄自殺後，則很難再聽到這樣真實的「官民」互動的錄音了，大家的思想、行動都被真正統一到了「動態清零」上。不過4月27日還是又出現了一個同類性質的錄音，顯示出公民上海的倔強，[32]看來，「控制靈魂對自由的渴望」實在不那麼容易。[33]

　　綜上，或許正是因為上海市民的公民素質、相對寬鬆的環境、國際範兒、「上海灘」的文化傳統等因素的疊加，上海封控的問題才顯得更多，但也才在全國首創了社區居民投票自發協議是轉運還是居家隔離。[34]這種社區自發投票決策也屬於社會自救，但卻不同於三年間常見的自發購菜團。後者是在國家權力許可範圍內的一種社會自救之舉，而前者則是帶有公民自治性的行為，難怪它一出現，就被驚呼，「巴黎公社開始出現」，[35]就是批評上海缺乏應對戰爭狀態能力的余亮，對此事的諷刺挖苦性評說，實際都成了一篇展示上海公民自治抗議的精彩活報劇。上海的確是中國的上海，其示範

32　此電話錄音的內容是，一居民投訴不同街道所收到的供給物資不一樣，接聽者沒有迴避問題而是如實告知，「上海所有街道物資都一樣」，每戶每天都按60元供應。

33　4月5日，網上流傳一個視頻，上海松江九亭社區居民開窗向居委會喊要物資，一架無人機在社區樓層間盤旋並反覆播放，「請控制靈魂對自由的渴望」。見〈上海封控三十日〉。

34　網傳2022年4月1號，「丁香路*弄*號樓全體居民就疫情期間若本樓出現陽性情況的處理情況立約如下：若本樓棟出現陽性，基於科學理性和人文關懷原則，在無重症徵兆的情況下，全體居民願配合自願居家隔離的鄰居，不驅趕不強制轉運，鄰里互助，責任共擔，後果自負。以下各居住單位就此立約進行投票。」

35　可參見張三豐，〈看到一點希望〉，2022年4月1日。

效應不久就在全國顯現。

(二)廣州、深圳及其他

　　上海新冠防控曾聲名遐邇，但廣州的聲音總體則不大，其實相對而言，廣州的防疫一直做得不錯，雖未達「第三條道路」探索之水準，但也一直在疫情防控、社會運轉、經濟生產、民眾生活之間艱難地尋求平衡，儘量不搞「嚴防死守」。而且似乎除了2020年4月「非洲黑人流落街頭」風波，將近兩年的時間內，也基本沒有多少關於廣州防控的負面消息。廣州稱得起「有溫度的城市」。[36]即便是那次4月風波，雖在形式與性質上同當時多地「獵巫」湖北人的情況同，但平心而論並非全城性的「嚴防死守」所致，動靜那麼大與網民鄙視第三世界的民族主義情緒以及「國際影響」的放大有相當的關係。2022年3月前，病毒雖不斷侵襲廣州，也時不時有某一商場或區一級的單位被封控，但廣州一直沉著而平靜。然而進入3月後畫風突變。琶洲美博館突然封控的大小視頻網上流傳：萬人就地隔離核酸，人們紛紛設法逃離。廣州全域也加緊了控制，雖未全員核酸，但學校、機關、養老院等重點單位、處所，72、48、24小時核酸檢測要求也不斷變化。雖說有所謂廣州「生死護城48小時」之讚譽，[37]但因核酸糾紛外賣小哥捅保安之消息更令人唏噓。[38]

36　可參閱邊城蝴蝶夢，〈由南京疫情想到的廣州人抗疫時為何沒人罵領導〉，2021年7月31日；脆皮先生，〈廣州，正在替中國的防疫蹚出一條新路〉，2022年9月15日。

37　脆皮先生，〈看完廣州「生死護城」48小時，我才懂不是誰都能叫一線城市〉，2022年4月12日。

38　〈網傳廣州白雲，因核酸證明起糾紛，外賣哥捅了保安〉，2022年4月16日網傳視頻。

　　相比廣州，毗鄰香港的深圳就要緊張多了。全城多輪反覆核酸，全市社區封閉式管理，公交、地鐵停運，大白巨陣宣誓、掃街消毒，科興總部封控前上萬人的倉皇，停工、停產、停市不斷上演，衝破隔離帶、抗議示威的消息也有所傳聞。雖說借助大兵團式的規模防控，最終深圳沒有像武漢、上海那樣長時間的全城靜默，但反覆的封控操作，使得民生、經濟、社會都遭到了重創。改革開放的前沿、高新技術開發的國際大都市，再次成為嚴防死守的國境前哨；「疫情之下，垂死掙扎的深圳餐飲人」，[39]一個晾曬於戶外的底褲，也被清零封控成鳥巢等等，實在令人感慨而魔幻。

　　上海、廣州、深圳尚且如此，其他地區就更不難想像了：

> 3月10日，四川一屈姓女士，因無工作無收入還要還房貸，抑鬱加重，將7歲女兒綁在身上跳江自殺；3月11日，吉林一4歲女童「應無核酸報告，遭遇推諉就醫，等待住院時死亡」；3月15日，西安「為防止疫情外溢所有人員非必要不離市」；3月22日下午，吉林市德勝街道書記因被問責跳樓身亡（網傳圖片）；3月22日，東莞一「曾經的萬人大廠宣布結業，二千員工為生計發愁」；「一汽集團決定自3月13日起有計畫停產」；3月22日，唐山開始「嚴格實施臨時性全域封控管理」；3月27日，一「男子謊稱外出買菜實為做工，被行拘5日」；「3月23日：南昌市啟動第四輪核酸檢測」；3月27日，天津全市開展全員核酸檢測，「未在規定時間內參加核酸檢測的居民，『健康碼』調整為『橙

39　簡煜昊，〈疫情之下，垂死掙紮的深圳餐飲人！〉，騰訊網，2022年3月21號。

碼』」；3月22日，「四川大學拉橫幅反對校園防疫封控」政策；[40] 3月下旬，「杭州服裝市場商戶集體要求退租減租」；3月24日，「長春市病例累計破萬」；3月30日，一「吉林貨車司機困高速20多天後死亡」；[41] 3月29日，廊坊市安次區「關於迅速開展陽性患者戶內豢養動物撲殺工作的緊急通知」；3月27日，「今天常州確診零新增。N死亡！1個上吊，香溢瀾橋，4個跳樓，和平國際、金百國際、百大康橋，新城公館，1個跳河，新城南都」（網傳圖片）；3月26日，「帝都司法局長：不戴口罩甚至可以判死刑」；3月30日，〈「你可憐可憐我吧」，那位不會網購搶菜的長春老人，刺痛了2.6億中國人〉；3月30日：〈昆明：行程卡帶星入（返）昆人員一律賦「黃碼」〉……

　　以上所列僅為2022年3月的一小部分資訊，觀之已然驚心。面對種種，高層也不得不呼籲：「不得封城封區，不得中斷公共交通，不得擅自增加對服務業的疫情防控措施」；「面對疫情引發的負面情緒，要在精準防控上下更大功夫」。然而「動態清零」既為黨和國家的總方針，又怎能輕言放棄？所以要「堅決克服認識不足、準備不足、工作不足等問題；堅決克服輕視、無所謂、自以為是等思想；堅決同一切歪曲、懷疑、否定我國防疫方針政策的言行作鬥爭」。如果說2022年5月5日之前，有所爭論、有所懷疑尚可理解，而這之後，「如果還不能把思想統一到黨中央確定的『動態清零』總方針

40　常識，〈「川大是全體師生的川大，不是全體官僚的川大」之橫幅始末〉。

41　此消息網傳不盡相同，有說法是只困了幾天。可參見〈吉林貨車司機困高速20多天後死亡？知情人稱事發前一周高速才關閉〉。

上來，那麼就不是認識問題，而是政治問題了。」[42]在如此大是大非的原則面前，三個「不得」要服從於「三個堅決」，「民以食為天」的種地、澆水、割麥也要為「動態清零」讓路。[43]須知，「人民至上，生命至上」！何況「二十大」、新一屆黨中央領導班子，正在金秋10月等待著我們。

(三)保衛首都

　　據〈經觀大事記〉，2022年6月上海解封後至11月，是中國新冠防疫的第五階段，此期的第一件事項為6月初Omicron重襲北京之首都保衛戰。雖然該文並沒有使用「首都保衛戰」，印象中也不大聽到這種說法，但綜觀三年中國新冠防疫封控，保衛首都之主題幾乎貫穿始終，實為隱而不彰的基本任務之一。因此，北京既被賦予了一些特殊的保護政策，但也日甚一日地成為了進出最難之地，儘管如此北京也未能倖免。

　　早在2020年2月新冠開始「北伐」起，北京市疾控中心黨委就發布「戰時狀態令」，規定了「統一思想」、「嚴肅紀律」的六條「戰時」標準，隨即疫情管控「提升到武漢級別」，「下先手棋，打主動仗。內外防控嚴到底」。[44]3月底「武漢保衛戰」已結束，北京該輪疫情也已收官，但疫情防控仍然「只能加強不能削弱」！「堅持

---

42 2022年5月5日習近平主持召開的中央政治局常委會提出「三個堅決」，有觀察認為「這是疫情三年以來，最為嚴厲的一次會議」，一次「『撥亂反正』的重要會議」（參見燕梳樓：〈這個會議不尋常！〉，2022年5月6日文）。

43 參見燕梳樓，〈都是大局：基層怎麼辦，群眾怎麼看？〉，2022年5月17日。

44 〈內外防控嚴到底〉，2022年3月15日。

『非必要、不旅行』」！而且「北京可能較長時期都處於疫情防疫狀態」，「要適應疫情防控常態化，要繼續外防輸入、內防反彈，嚴防死守，精準防治」。有網民總結說：「北京唯一的防控措施是：都別來」。[45]在這種戰時思維與管控邏輯下，國外飛往北京的飛機，一律先停靠它地；境外的華人、留學生們「如非十分必須，應暫停回國」。有「遵紀守法從未離京積極在家抗疫的武漢籍市民被強制隔離」；[46]有房屋仲介機構，不僅單方面要求那些因防疫政策無法返回北京的湖北租客繼續交納房租，而且凍結他們的房間密碼，且無明確的解凍日期。[47]更有甚者，因防疫政策無法回京且一直繳納房租的外地租客的房屋，卻被街道通知「拆隔斷」。[48]儘管如此嚴防死守，詭異的病毒，很快還是於2020年6月再次攻陷北京，一夜之間北京「新發地」菜市場聲名鵲起。

回顧2020年上半年的北京防控，其嚴格、無情、動作浩大、乃至違法程度近於新疆，只是沒有封戶、禁足而已，但其防疫效果卻低於同為大都市且沒有首都特權的上海、廣州。[49]所以並不奇怪，

---

45 參見Financial小夥伴，〈北京防疫常態化，意味著什麼〉，該文對這樣的決策頗為擔心，並提出了一系列的問題。

46 SeaCatRock，〈北京強制隔離未離京武漢籍市民〉。此文下的跟帖留言，提供了更多的資訊和不滿，2022年2月。

47 2020年2月28日網傳word文檔信息。

48 網傳圖片資訊，房屋「座標西二旗」，發布時間應為2020年2月13日前一兩天內。在北京及其他不少城市，一些房主私自違規建隔離斷牆、私改房屋建築結構，使房屋形成多個單間，出售或出租，以提高經濟收益。這種作法往往造成較大的危險隱患，所以不少地方都會不定期地進行「拆隔斷」的專項整治行動。不過相關行動，往往並非完全是為了消除危險隱患，還包括拆除街道兩旁舊房屋以美化城市景觀等的意圖。

49 張江名媛，〈北京和上海防疫的差異，也是北京南站和上海虹橋的

北京早於上海兩年多就上演了一場解封大逃亡的悲情劇。[50]然而，「上海不是上海的上海」，北京則天然是「北京中國」。病毒未滅，堅持動態清零不動搖，首都保衛戰亦任重道遠。於是北京變得愈發進難出難回更難。網傳返京攻略所示滿足回京條件之魔幻堪比「22條軍規」。輿論洶洶、民眾抱怨，致使北京市政府都出來為進京管控措施「誤傷」道歉。然而道歉歸道歉，動態清零絕不能動搖。於是人們看到，核酸、環境採樣全為陰性，眾多幼稚園、小學依然免不了集體隔離14天；見識了「最辛苦的中國人」；體會到了「疫情下的北京失業中年，只是一棵小小草」。還有零下寒夜，幾個女孩因為跨地管控政策之衝突而被困在大橋上；凌晨兩點北京同仁醫院外面等待就醫的8歲兒童；為了實現當天「清零」任務而被深夜轉運隔離的一萬三千全陰者⋯⋯

究竟是「上海的路，北京終究要走一遍」，[51]還是北京絕不會成為第二個上海？謎底要再過幾個月之後才能揭曉，而當時所能確定的是，「動態清零」不會動搖。「五一」期間北京將全市暫停餐飲堂食服務，忙得胡錫進趕緊提醒：「北京雖是首都，但暫停堂食不應對全國有示範效應」。

行文至此，筆者聯想到了那張「上海—廣州」機票比一顆大白菜便宜的圖片，那艘漂泊在大海上幾十天無法返歸的中國遊輪，那段「我們要回家」的卡車司機的疾呼，還有這樣的悲情之語：「這個春天，擁抱世界的上海很辛苦！但正是因為有一批上海這樣的城市始終以開放的姿態擁抱世界，默默承擔壓力，我們才能在開放的

（續）
　　差異〉，2020年4月8日。

50　洞中有洞，〈數十萬人離開北京，潰敗北漂青年正在瘋狂拋售所有家當〉，「讀城記」，2022年4月21日。

51　天涯鴻客，〈上海的路，北京終究要走一遍〉，2022年5月21日。

環境中與世界同頻。」[52] 是呀，又何止一個上海！北京，北京……

四、風暴前的「動盪喘息」

隨著2022年5月底上海的逐步解封，全國不少地方也都程度不同
地舒緩了一口氣，禁錮的雙腳，開始移動，緊繃的神經，重新放鬆，
生活乃至「詩與遠方」又重現。然而，這種舒緩不僅是部分國人的，
而且是短促、充滿動盪不確定性的。一切表面上好像決定於你與
Omicron的關係，但實際上則決定於健康碼、行程碼，還有那不由己
身的核酸檢測。

(一)旅遊驚魂與魔幻行程碼

三年封控，整體而觀就是國人被禁足，或禁足於家中，或禁足
於社區，或止步於你所在的城市、地區，因之，直接遭受打擊最嚴
重的產業可能非旅遊業莫屬。一篇〈我在雲南大理，看見了旅遊業
瀕臨崩潰的樣子〉（2022年4月），所談及雖只是一地的情況，卻也
反映出全國旅遊業瀕臨崩潰的普遍狀態。所以一旦防疫、封控的形
勢有所緩解，個人、行業、政府都紛紛行動起來，一時間一些地方
的旅遊出現井噴之勢。

擠爆了！新疆獨庫公路「堵哭」，三亞一房難求，5萬一張火車
票售罄，北海兩千多名旅客滯留（7月20日）；「感覺全世界的人都
在新疆（除了我）」（7月18日）；「問題根本不是票價、賓館價上
漲的問題，而是能不能買上票、訂到賓館」。然而，熱絡的景象才

52　今綸，〈不要對上海落井下石〉，功夫財經官方帳號，2022年3月
　　14日。

不過一個多月，就成遍地哀嚎。北海、三亞、伊犁、烏魯木齊、阿
裡、拉薩、成都等地接二連三發現Omicron，紛紛啟動緊接措施，封
城、停運，遊客就地核酸、隔離。動作快者即便僥倖逃回，但也難
逃本省的強制轉運、隔離：

> 〈剛剛通報：三亞新增49例確診，啟用方艙醫院！上海遊客心
> 累：排隊做核酸，還差點回不來〉（8月4日），〈疫情已外溢
> 至重慶、廣東等地，約8萬遊客滯留！三亞：今6時起全域靜態
> 管理〉（8月6日），〈8萬遊客滯留三亞：我們活在巨大的不確
> 定性裡，過著一種非必要的基本生活〉（8月7日），〈三亞市
> 疫情形勢嚴峻，甘肅省疾控發布緊急提醒！〉（8月8日），〈最
> 新！7天1140例陽性，海南疫情已外溢至四省市！三亞副市長機
> 場安頓滯留遊客，5000人馳援！三地跨省遊熔斷〉（8月8日）。

　　一時間有關海南三亞的相關帖子激增、全網熱傳，成了此期旅
遊驚魂的縮影。
　　按官方並被人們普遍接受的說法，這是病毒再現、疫情又起，
但稍加分析則不難看出，突然間如臨大敵、慌亂一片、哀嚎四起，
實與病毒並無太大關係，而是執行動態清零、嚴防死守而致的普遍
狀態。按照當時各地所報的確診陽性，96-7%都是無症狀，重症幾
無，而且「疫情」初起，確診者少的幾人，多的不過幾十、上百、
上千者都不常見，但被即刻嚴格管控的則是數十上百萬人。即便是
懷疑官方資料，但當時世界的情況，已經證明Omicron並沒有多麼可
怕。寰球同此涼熱，大約在同期，世界許多地方都打開了國門，歡
迎遊客前來，並未出現中國式的「突發狀況」。所以「疫情」有無、
嚴重與否，關鍵不在病毒，而在防控，在手機上的行程碼（健康碼）

是紅還是綠。而紅綠與否甚至也不決定於核酸檢測結果，而決定於
權力的操控。河南銀行儲戶被賦紅碼一事即為典型。

　　6月中旬一些河南村鎮銀行的儲戶準備去銀行取款，卻發現自己
的健康碼變為了紅色，更有一些外地的儲戶尚未前去，健康碼也變
紅。消息傳出，河南有關部門先是闢謠，然而正如常見的那樣，官
方的闢謠往往是證實的前奏。果然，河南的闢謠坐實了傳聞，紅碼
被取消，但很多儲戶卻依然取不上錢，理由是他們所存的錢已經被
人轉走，銀行無法兌付存款憑單。少數行動敏捷者，在銀行給的遠
端提現視窗時間內幸運地提現轉帳，但又被同樣的理由追回。此事
不斷發酵，被捲入其間的銀行也越來越多。許多儲戶自發組織或去
銀行討要，或連續數天到政府門前表達訴求，要求「還我存款」，
卻遭警方驅離。[53]河南儲戶被賦紅碼風波雖本身不涉疫情，但個中
道理與以「時空伴隨」為理由賦紅碼、橙碼之性質完全相同。至於
說遊客在旅遊途中，如若戶籍所在地或所路過地突然成為了封控
區，那即便健康碼沒問題，仍然會被景點或賓館拒之門外，或被隔
離轉運。方方武漢封城日記開篇題為「高科技作起惡來，一點不比
瘟疫弱」，真是一語成讖！

(二)疫中地動，轉運悲歌

　　這波直接由旅遊井噴所致的Omicron大傳播，很快從2022年7月
中旬開始波及到了大半個中國：海南三亞、廣西北海、高原藏區、
四川成都、新疆伊犁，病毒在中國地圖上畫了個大弧形。而就輿論
的反映事項來看，緊接旅遊驚魂而來的是成都，所謂「成都人：事

53　筆者了解到，河南省政府後來做過一些補救措施。如要求河南省農
　　業銀行代墊出資，為金額較小的相關私人儲戶支付存款提現。

情越大，段子越多」。

　　成都這輪疫情大致初起於2022年7月中下旬，當地迅即開展了流調、核酸、管控相關區域等措施。7月31日華西醫院發現了一例陽性無症狀，隨即暫停門診，引起譁然，鳳凰資訊都問：「一個陽性就停診是不是反應過度？」雖然8月2號華西醫院恢復門診，但Omicron仍然在成都快速傳播，到8月底已達日新增138確診之數。雖政府闢謠並處理了最先發出可能要封城消息的一網民，但「謠言」旋即坐實，只是「封城」改名為「全體居民原則居家」。同樣，「負面消息」隨之激增：市民搶菜、大爺翻鐵門、哭訴要上班、冷雨夜規模核酸系統崩潰、敲盆吶喊、有家難回，甚至有人威脅樓下逗留者「見人就用刀捅」。封控已經讓人疲憊不已，地震又不期而至。9月5日四川甘孜瀘定發生6.8級地震，成都震感強烈，被封居民紛紛棄樓而逃，但不少不是被大白喝令不許出來，就是被焊死的樓道門封阻。好在震央在瀘定，否則當時成都盛產的就不只是驚慌後的段子。而瀘定則令人哀痛，當天官方報死亡人數就達30人。雖然此次地震發生前幾天，一些網民已從一些跡象判斷可能要發生地震，而且擔心如果真發了，被封在家裡的人如何是好。但這些聲音都被官方無視，甚至被視為謠言要追究法律責任；而地震發生後，消防員到達震區，需先做核酸才能施救。[54]情況已然如此，但還有成都的維吾爾小夥錄製音頻，比較伊犁與成都防疫的不同，感慨成都封控的人道。這當然不是段子，而是切身之感。

　　Omicron挾旅遊之熱，染遍大半中國，已連續約900天無新冠的藏區，這次也未能倖免。8月8日日喀則「全域靜默管理，人員不進

54　藏啟玉，〈四川瀘定地震災難事件：官媒公信力已喪失，民間流言引起關注〉，2022年9月6號。

不出」，但疫情已經外溢出阿裡、拉薩也發現4名無症狀陽性遊客。不久，阿壩也於8月底發現確診病例，一時間阿壩的公路和草地上擠滿四川、新疆、青海等地的車輛。疫情封控發達地區尚且狀況頻仍，條件欠佳的藏區更不難想像。或是由於人們對邊遠地區的忽視，或出於語言表達障礙等原因，雖然網上8月而來的藏區疫情消息並不多，但也有一些高原特有的「風景」。無床的隔離室裡隔離者以硬紙皮墊著睡覺，空曠的高原敲鑼呼喊做核酸，寒風中排隊核酸的牧民和大白冷冽得難以站穩，冰天雪地高原帳篷隔離房。「無死角核酸，海拔4200米核酸，挖蟲草的民工一個都不能漏」（網傳短視頻）。然而這樣的高度還不夠，就連海拔7000多米的新疆慕士塔格峰上也有核酸點。難怪網友們感慨「沒有核酸翻不過的山頭」！[55]

　　時間來到了2022年9月，貴陽這個並不怎麼出名的西部省會，成了網上防疫封控的「網紅」之地。9月2日貴陽宣布封城，一位黃姓先生重新敲擊鍵盤開始書寫《一個尿毒症患者的疫情日記》。他寫道，官方說是5號解封，但絕無可能，當初上海不是說封城8天結果卻是兩月。他「也想像方方一樣，記錄一下疫情間的人與事，以打發困居閒居在家中的時光」；他還想為上海畫一幅油畫，4四月的上海「疫情的動態清零」，「上海人民受著各種煎熬，這是永遠不能忘記，必然載入歷史的大事件」。[56]然而黃先生的油畫構思還未及付諸筆端就被招呼停了，而他所在的貴陽則改寫了「九‧一八」事件的內涵。

　　就在黃先生重新開始記寫日記後不幾天，乞討剩飯的哀求就出

55　互聯網大聰明，〈海拔7000多米的慕士塔格峰也有核酸點？網友感慨：沒有核酸翻不過的山頭〉，2022年7月27日。

56　黃築開，《一個尿毒症患者的疫情日記》，該日記一直記寫到9月20號。

現在網上，並且伴隨著派出所所長霸氣的回應：「沒有吃那是你的事情，你敢過我就抓你」![57]還有某些志願者微信交流如何借管控送菜的機會撩妹。當然，也有盡責的志願者「下跪為鄰居們求物資」。嚴格的封控，讓一個50萬人的巨型社區，一個曾經的規劃奇蹟貴陽花果園，只剩下一片狼藉。[58]面對種種，有網民發現這樣的防疫是一種啟蒙。的確如此，只是這啟蒙的代價太大，尤其是貴陽「九‧一八」轉運悲劇。

2022年9月18號深夜，一趟深夜轉運「涉疫隔離人員」的大巴在山路上翻車，造成27人死亡，20人受傷。當年方方在日記中焦慮方艙不夠，不能及時轉運患者、陽性人員，而現在為了完成「清零任務」強制的大規模深夜轉運則早已成了日常操作。面對網民們的追責、聲討，胡錫進第一時間卻說什麼「這是生產安全事故，與客車所執行的任務不應該有關係」。更有人說，不能因為一場「偶然的事故」，「就『不敢』防疫了」。一場「偶然的事故」？深夜強行轉運不少連陽性都不是的「涉疫隔離人員」，在明令禁止午夜客車行駛的山道高速行駛，的確是再「偶然」不過了！自詡為「父母官」們做如是想，防疫封控的悲劇就會偶然下去，一直偶然到最後的突然脆斷。

57　莫叔，〈求大家看看貴陽疫情：「誰還有剩飯，給一點吧」〉，2022年9月7號；長安喬木的新號：「貴陽派出所長：沒有吃那是你的事情，你敢過我就抓你。大家看看情況如何辦吧」，2022年9月7號。

58　帥真財經，〈一個社區住50萬人，曾經的規劃奇蹟貴陽花果園，如今剩下一片狼藉〉，2022年9月18日。

五、脆斷

2022年11月底,封控三年的中國突然解封,堅持不動搖的「動態清零」也猛然休克,原因究竟為何,至今缺乏有力的解釋。一種觀點認為,這是國家的主動選擇。因為11月間連續幾版防疫政策的變動,尤其是11月11號〈優化防控工作二十條措施〉的發布,已經透露出政策重大調整的資訊。然而,歷史細節所展示給人們的卻似乎並非如此。

概覽疫情防控最後幾個月的時間,尤其是2022年10月下旬至11月底這40天左右的時間,三年持續封控所積累的矛盾,達到了崩爆的臨界點:核酸檢測的混亂和造假,轉運、隔離、方艙的強制,民眾的恐慌不滿,對疫苗的懷疑,基本生活物資的匱乏,經濟收入的窘困,違法、粗暴、濫權、奇葩的管控,自殺、餓斃的悲劇,傳播面很大的涉疫突發事件,消極和積極抵抗等等現象的激增,已遠遠超過了當年的上海。先前武漢、西安、上海等的一地封城全國觀看的情況,已變為多地的此起彼伏、同時發生,「直播」與「觀評」相互激盪,彼處他地的消息和身邊的事件,相互交纏、刺激、滌蕩。而「動態清零」之決策、行為表徵,則既似乎毫不動搖,又任性、低效、混沌不清。終於,三年嚴厲的新冠封控,在那場烏魯木齊的大火的烈焰中,在全國多地示威遊行的聲浪中突然坍塌,脆斷。而且並非偶然的是,最後的脆斷雖由全國性的壓力所致,但新疆則成了壓垮「動態清零」的眾多梁木中的最重的一根,無意間扮演了歷史的關鍵角色。

(一)脆斷的預演：詭異而神秘的短暫解封

　　當初方方記錄武漢封控時，多次感慨新冠病毒實在太過詭異，在2月25日（武漢封控第34天）的日記中，方方這樣寫道：「對於疫情的繼續蔓延，我很不理解。按說武漢封城已有一個多月，就算按24天的隔離期計，該發病的人也都早已發作。大家閉門不出，新感染的人應該極少極少甚至是零才對呀。為什麼還有這麼多新增的感染者呢？醫生朋友也疑惑⋯⋯再次用了『詭異』二字來形容新冠肺炎」。當時的方方和她的醫生朋友還在思考的是病毒本身的「詭異」，然而隨著時間的推移，不僅新冠病毒變種的確變得越來越詭異，而且病毒的檢測、封控的操作也日益詭異、魔幻。2022年9月底，封控了50多天的新疆烏魯木齊等地突然解封，然而苦熬已久的人們，還未真正享受解封的放鬆與歡悅，隨即封控重起。內地多個省份發現來自新疆的感染源，新疆似乎再次成為「恐怖輸出地」。疆人由以前「暴恐的過街老鼠」，變成了「攜帶病菌的過街老鼠」。

　　10月4日，新疆疫情新聞發布會說：「由於近日一些地區疫情反彈。社區傳播風險增大，仍有社會面傳染者未被及時發現管控。既造成了本地疫情傳播，同時也發生了向全國多個省區市外溢的情況，特別是近幾天外移情況還比較嚴重，給兄弟省區市疫情防控工作添了麻煩，影響了全國疫情防控大局。在此，向相關省區市表示深深的歉意」。在本文第一部分我們就看到，擁有完備反恐社會機制與高度警惕的新疆，從一開始就採取的是反恐級別的防疫，而且很早就率先於全國開展了大規模常態核酸檢測，怎麼居然會鬧出這樣的烏龍？除了Omicron病毒本身傳播速度更快、更隱蔽之客觀原因外，新疆官方的檢討還指出了封控層層加碼一刀切、及核酸檢測所存在的問題；「人民日報用戶端新疆頻道」更直言，「新疆：持續2

個月仍未實現『動態清零』，核酸檢測是最大短板」。[59]

　　這種解釋似是而非，令人生疑。隨意擴大高風險區域的劃分，中低風險區一刀切地全員禁足，雖然不科學、混亂，但就控制病毒擴散本身言，不是更有效嗎？所謂「一些真正需要『靜態管理』的小區、社區卻未能嚴格執行居民足不出戶要求」之涉及面究竟有多大？外溢感染源是來自這些疏於管理的高風險社區嗎？而且據來自烏魯木齊一高風險區的消息說，其所在的社區，9月底只解封了一天，第二天就又重新封閉。至於說核酸「短板」並非新疆一地，早在2021年1月就已出現，後來更為頻發，至於「核酸不止，新冠不已」的說法，也早在幾個月前就傳遍網路。究竟真的是核酸檢測短板、資料造假蒙蔽了自治區高層，還是另有他因？這次詭異的解封，究竟與新疆頻發的長時間嚴格封控有何關係？

　　自2020年武漢封城算起到2022年7月，新疆已經過了反覆復多輪長達幾十天的封控，而本輪封控從8月1號的伊犁算起，此次短暫解封前已約60十天；從烏魯木齊的8月10號算起，持續封控也近50天。

59　綜覽三年核酸檢測史，大致形成了這樣幾個階段：（一）2021年7、8月之前，核酸的社會印象總體是正面的，被視為「精準防控的利器」。（二）7、8月間有關核酸的負面消息突增，不過這階段以及以後的大半年，人們主要是嘲笑到處核酸，「萬物皆核酸」，另外大規模核酸場景的短視頻，也在網上開始少量傳播。（三）大約到了上海嚴格封控之後，大致在2022年5-10月間，懷疑核酸造假、核酸暴利、整治核酸檢測的消息占多，可概括為「核酸疑雲」。此期，排隊核酸、冒著惡劣天氣或自然地理條件核酸的視頻，則相當多了。（四）2022年10月下旬起，不僅更多「悲情核酸」的圖片、視頻，「核子公司」為代表的核酸公司大起底的消息也更令人瞠目結舌，而且更重要的是抵制核酸、逃避檢測、反抗核酸，連帶逃避方艙的消息更是倍增。人們終於從接受核酸檢測以防治新冠，變為了「反抗核酸暴政」。

2022年9月25日，烏魯木齊王家梁社區發生了被封居民走出家門、聚集社區要求解封的事件。[60]聯想貴陽深夜大巴轉運悲劇後不幾天就清零解封，解封與風波有無關聯？不過，在王家梁事件發生前9月23日晚召開的自治區黨委常委會擴大會議上，自治區黨委書記馬興瑞就指出，「該管住的堅決管住、該落實的落實到位、該解除的堅決解除。堅決杜絕簡單化一關了之」。如果再往前追溯，早在2022年8月30日馬興瑞就強調：「該降級的降級，該縮小的縮小，該解封的解封，避免粗放式管理」。總之，這次新疆9月底的操作的確詭異，實在神秘。但無論如何它都當與高壓反恐式防疫封控有重要關係。因此按照慣性，儘管新疆當局說要深刻反思以往防疫「一刀切」的問題，但落在實處的仍然是更進一步擰緊螺絲，「壓緊壓實『四方責任』」，「進一步強化風險人員和風險區域管控，強化跨區域流動人員管控，堅持非必要不離疆，從嚴從緊從細加強對機場、火車站、交通路口等離疆交通場站管控，嚴格落實查驗健康碼和核酸檢測資訊等措施，全面排查防範外溢風險，儘快遏制疫情外溢勢頭」。宣誓的結果，疫情外溢是控制住了，封控也更為嚴格、更「精準」地繼續下去，但卻一直沒有能夠徹底清剿詭異的病毒，只是讓成千上萬的新疆人，忍受看不到盡頭的禁足、折磨，帶來更多、更惡劣的違法管控，更多、更大的悲劇與災難。[61]

60　此次事件的真相究竟如何至今不清，網上的消息也很少。綜合私下消息，網上所謂的「王家梁暴動」，似乎只是被封居民走出家門，其中一人跪地哭訴沒飯吃、沒收入，請求解封，形成圍觀。有一網傳警民衝突的視頻，很短並不能足足證明「警民衝突」，但可以看到圍觀的群眾與一些穿防護的人相互推搡，中間就是一下跪的男子。

61　據官媒消息，九月底新疆的這次短暫解封，的確造成了疫情的多地外溢，但筆者總感覺它被人為放大了。7月下旬全國重起的Omicron

(二)脆斷：任性、魔幻、恐怖、逃離與漫天大火

1.任性、魔幻、恐怖、逃離與大火

　　2022年10月10-12號《人民日報》連續發表了三篇文章：〈增強對當前疫情防控政策的信心和耐心〉，〈「動態清零」可持續而且必須堅持〉，〈「躺平」不可取，「躺贏」不可能〉。聲調一篇比一篇高，態度一篇比一篇堅定，敏銳的觀察者「突然發現，這個信號不尋常」。之後不幾日，8、9九兩月本已經有所增加的網路涉疫消息又陡然激增，進入到11月後尤其如此。11月初的一天，一網友轉發了幾條有關新疆的圖片資訊後感慨到：轉發不過來，這些消息如山洪暴發撲面而來！的確，相關消息實在太多了，往往一覺起來，微信群裡的消息就是幾百條、幾百條的，且多令人瞠目結舌！不要說簡要地複述它們，即便僅僅是標題性地羅列，都會讓這篇複盤成為悲情的海洋。弱害的病毒遍地詭異擴散，嚴厲的封控到處強化升級，管控越發無效卻更為任性、魔幻，民眾的生存更為艱難，悲情、痛苦、饑餓、恐怖、自殺的幽靈四處徘徊：

　　威脅誰發「負面資訊」就送他去房艙；司機在車上吃了碗速食麵被罰兩千元投訴無門大哭；他沒有做飯資格證，非法做飯被罰；被隔離者家裡消毒後扔出來的東西堆積如山；大白、警員毆打、拖拽一女子；隔著被封的鐵門訴說被封14四天快沒有東西吃了；一姑娘講述新疆被封控近百日的情況；一農婦罵快封了兩個月了，連想出去要飯都不行；一維吾爾女子講述母親去世，做網商送賣產品時

（續）─────────────────────────

　　擴散本來就是多源頭、多發地的，新疆這次神秘的放開，或許最多只是推進了Omicron的擴散而已。所以，或許更確切地應該說是，新疆以其負面榜樣，促使全國更進一步強化防疫封控，堅持動態清零不動搖，「為黨的二十大的召開營造良好的氛圍」。

所見過的一些家庭殘酷的一面；蔬菜商揭發政府配備菜包亂提價；烏市市民打市長熱線，結果是在東北的人接聽，一問三不知；大批大批深夜等待被轉運的群眾和成隊成隊的轉運大巴；會展中心糟糕的隔離情況；九十多歲的老人被拉出家去隔離卻到處無人接收；街面上不能有人，有人就抓進方艙；社區書記：轉運最多者獎勵辣子雞；4個月女嬰隔離期間夭折；孩子患病急需去北京治療，但幾個月也等不到出疆證明，只好上網發消息向市長哭求；大學離用陪睡來換隔離餐還有多久？廣州市民救助隔離結束後無家可歸者；賣不出去的農產品，種不了的地；農民被拉去隔離，家裡的牛羊由住村幹部來餵養……

至於說到死亡，不算安陽與烏魯木齊兩場大火的48位亡靈，僅僅在11月份，筆者從微信群裡得知的較為確切的自殺、餓死等其他非正常死亡人數就超過了30。他們有的因封控得不到及時救治而逝；有的被活活餓死；有的（大白）被封控的精神失控者砍死；有人不慌不忙地用錘子一塊塊地把大窗的玻璃敲掉從容跳下；還有的人，從高高的商場大樓上成自由落體。這些消息，這樣的視頻，的確讓人無比哀痛、驚心。

11月間，朋友圈中瘋傳著一個長達十幾分鐘的入戶消殺的視頻，看後令人毛骨悚然：一戶人家都被拉去隔離，只有兩個大白在屋裡噴藥消殺。他們打開冰箱，把裡面的東西一件件地取出，消毒、打包，再把冰箱裡裡外外地噴殺一遍。客廳、臥室、廚房被逐一無漏地逐寸式噴灑消毒汁，電視機、床櫃、被褥、衣物、廚具等無一倖免。所有的物品，都被取出、歸類、噴藥、打包，一些拋進垃圾袋扔掉，一些被小心放好帶走。他們幹得如此認真、仔細、專業。就像是你的面前突然冒出來幾個穿白大褂的人，說是得到了什麼授權，奉命要求你配合健康檢查。然後他們控制住你的身體，一件件

地剝去你的衣服，剝得光光的，連一條內褲也不留。然後，用聽診器、探測儀，一寸寸地測聽你的身體，刮盡你的體毛，就連你最隱秘的私處也不放過，逐寸翻開，進行無死角的檢查。看了這樣的視頻，就不難理解了為什麼呼和浩特那位結束了隔離的女子回到家中後而跳樓了。[62]

　　身處這樣的境遇，「逃離」相信是每個人本能的反應。自新冠疫情爆發以來，人們已多次看到封城前後，大批大批奔逃或離開的人流，而比這更無奈、更恐怖的是無處可逃，有家難歸。

　　幾乎是在2022年10月22號的當晚，微信群中「凜冬將至」的影視、音樂、圖片或連結突然開始增多，凜冬時節如何堅守底線的帖子也在流傳，而接下來的十餘天，「潤」字成了熱詞。這次不是聽別人留學、移民，而是許多人在討論自己和家人「潤」出去的可能。海外（尤其是美國）的友人們，也集中地被國內的朋友們詢問移民的事項。甚至一個每日更新的視頻廣為流傳：一位男子攜帶妻兒轉經多國，最後徒步走出美洲熱帶雨林成功偷渡美國。面對突如其來的「潤學大流行」，一位被視為「潤先鋒」的美籍華人寫道：「自己沒有資格說三道四了。只是如今把潤當作人生成功標誌，讓我覺得有些吃驚和不安了，總覺得哪裡不對頭」。[63]如果說「潤學流行」主要是對未來的擔憂，那麼對於那些被封控於異地的外鄉人來說，

62　網傳她回來後發現家已經被消殺得不成樣子了，遂絕望跳樓，但官方闢謠說她因抑鬱症而跳樓。即便可以相信官方的闢謠，但仍然不能排除網傳原因的刺激。上述所舉之例多為網傳短視頻，其他更具社會輿論性的相關消息，讀者可去燕梳樓公號閱讀2022年10月12日起到12月1號止的每日一稿，會更全面地了解這最後脆斷之期的全國情況；儘管一些更敏感的文章，已被刪除或根本無法也不敢發表。
63　2022年10月25日，一朋友轉發的羅四鴒文字。

離開、回家則就不是未來安全的規劃，而是實實在在的必須、難題。無論是我們先前已多次看到的旅遊驚魂，還是10月底內蒙工業大學的「死亡列車」、鄭州富士康民工大逃亡，抑或11月中上旬廣州康樂村的被封、隔離、轉陰後的無處可歸以及隨後大批向湖北老家的送歸。

這些撲面而來的大逃亡，使人們看到、感同身受的不僅是深深的悲情，更有混亂、無序，即便是半年前的上海封控也未如此這般。上海的混亂，似乎是地方決策的猶豫不決、首鼠兩端，在中央一道道強力指示、派員督戰下，落實嚴防死守，病毒、混亂、疫情似乎最終還是被扼制、控制乃至清零。而在2022年末的脆斷之月，雖然11月10號習近平總書記親自主持召開中央政治局常委會指示，「必須保持戰略定力，科學精準做好疫情防控各項工作」，而且《人民日報》的仲音還一口氣連發「九評」，反覆強調堅持動態清零不動搖，然而「疫情」依然愈演愈烈，四面開花。民間網路涉疫消息海嘯般的一浪接一浪，各地、各級政府們手忙腳亂、焦頭爛額。忙於加大核酸檢測的密度，提高轉運的速度，強化隔離執法的力度，威脅、刪帖、封號，發布一場場例行公事的新聞發布會，進行一次次反證謠言為真的闢謠，緊鑼密鼓地加緊永久性房艙的建設。繼9、10月之交的新疆，石家莊又再行「解封又收」之魔幻。甚至到了11月底，一切都已然完全失控時，鄭州還上演了一齣現代版的「夜襲徐州」，而且兩地官方相互扯皮、推諉，使得三年來的相互「甩鍋」之熱鬧、防疫不力被問責之驚恐，都在這一刻達到了最精彩的程度，所謂全國一盤棋齊心協力防疫，「20條」閉環轉運的新規，也成空談。相較之下，似乎新疆政府則很有定力。

10月初，新疆政府深刻檢討、痛下決心後，承受著已經封控60多天的壓力，繼續全力追剿病毒，加強隔離轉運，堅決堵住一切可

能擅自離疆的路徑，清查核酸檢測漏洞，但被嚴格封控在家的居民，仍然不斷發現新陽性。為此，烏魯木齊嘗試了多種檢測方式，或改白天上門檢測為半夜檢測，或某些封控社區連續一周不做核酸接著再做，甚至社區還具體規定住戶的窗戶只能打開多少公分。而最能顯示新疆當局執行力的當屬控制人員離疆。

自8月初伊犁起，新疆多地採取了斷然封城措施，大批到疆務工或旅遊的外地人、車被強留在疆，有些人直接就被困在工地甚至荒郊野外，當然還有那些急需離疆到內地就醫、探視、奔喪者。張新民的公號「六斤江湖」自10月4至12月2號三十多篇文章的主題，幾乎全是「如何離疆」、「離疆難」。一時間，六斤江湖似乎成了「急需離疆者網路社區」：政策解讀、問詢求助、行止攻略、哭訴憤怒、奇葩規定、魔幻遭遇，等等等等無所不包。但新疆政府卻毫不為之所動，哪怕網路瘋傳辦張出疆證給3000元並陪睡8次，寒冬臘月被隔離在工地幾十天的外地民工最終斃斃。而比這些被廣為人知的事件更悲慘的是阿勒泰哈薩克牧民的遭遇。按季節，那裡的哈薩克牧民一般在9月上旬就會開始秋季轉場，大約在10月初結束，但是2022年秋，他們卻因防疫封控無法及時轉場，一直到了烏魯木齊的那場大火之後，才被允許轉移冬牧場。然而如期而至的暴風雪，則把轉場路上的牧民與羊只埋阻在半人深的大雪中。那藍色火焰的酷烈，絲毫不亞於11月24號烏魯木齊天山區的那場熊熊燃燒的大火。

說到大火，不算網傳未經證實的消息，僅已經得到證實的重大事件自2022年9月15日長沙電信大樓發生大火算起就達八起，而且10月底後，愈益頻發：10月17日廣西桂林發生森林大火，燃燒多日。同日湖南永州新田發生森林大火，燃燒9天才被撲滅，至少造成兩名消防員死亡。10月29日南京金盛大廈大火，而不遠處人們依舊在排隊核酸。11月11號上海地鐵11號線車頂短路連續閃現火光，車廂內

聽到巨響。11月12日南昌西高鐵站發生爆炸引發大火。11月21號安陽高新區一企業大火，造成38人死亡。11月24日烏魯木齊天山區吉祥苑社區一高樓起火，造成10人死亡。11月28日新疆八一鋼鐵廠發生特大事故歐冶爐爆炸。

　　所有這些事件都是由網民最先曝光，官方媒體幾乎無所作為。官方不僅是裝聾作啞，還想方設法掩蓋消息或發所謂的闢謠聲明，實在無法迴避時，也是避重就輕、不痛不癢地宣布處理個把人，連死亡達38人且得到習近平總書記親自指示要求徹查的安陽大火，至今也沒有看到最終的調查處理結果。這些涉及人民生命財產的重大火災、爆炸事故，即便是放在平常時期都會引起人們的普遍關注，官方如此應對，怎能不引起人們的憤怒，更何況它們頻繁地發生於看不到盡頭的疫情封控時期，而且其中的一些火災本身就與封控、禁足直接相關。所以，那場最終熔斷、燒毀「動態清零」國策的烏魯木齊大火，不僅是全國民眾憤怒之火的象徵，而且成了累積已久的民眾抵抗之總爆發的引爆點。

2.反抗：「我們是人，不是豬，不是豬！」

　　自2020年初開始防疫封控起不久，就開始出現民眾的恐慌、無助、不滿。隨著疫情的不斷反覆，靜默、封城面的不斷擴大，封控力度的不斷強化，恐慌、無助、不滿持續擴散、升級，而且漸漸主要由針對新冠疫情轉向針對封控防疫，到2021與2022年之交，恐慌、憤怒的情緒達到了第一個高潮。不要說「粗笨」的西安，就連精巧的杭州、改革開放視窗的深圳，其漂亮的外裝都幾被扯下。[64]

　　涉疫消息、不滿民意的廣泛傳播，本身就是一種抵抗行為，何

64　參見後海二哥，〈防疫騷操作，扯掉了最後的遮羞布，杭州神話破滅〉，2021年12月14日。

況現實中還不斷地發生著涉疫或非涉疫事件之全國網民與政府的隔空「公堂質證」。到了2022年上海封控時，這種借助網路的民意抵抗上升到了「直播進行時態」，成為了一次全國性的公民抵抗教育。不僅個體性的悲劇或抵抗的資訊不斷傳來，而且除了一些上海和北京市民的公民自治性的群體抗爭，人們也開始通過網傳短視頻見識了一些群體性的抗議行為。[65]不過在2022年上半年間，總體而言相關輿情還是「悲」多於「憤」，甚至還帶有著幾分嘲諷的喜劇色彩。

儘管新冠不止、民意洶洶，但政府依然我行我素，篤定前行，還不時示以種種亮劍之姿。兩種力量的相互博弈，進入到2022年10月下旬之後，漸成短兵相接、相互肉搏之勢。先多是個體性的情緒表達、維權抗爭，諸如：訴說被封的痛苦經歷；為孩子買奶粉持刀闖關；拆砸封院的鐵皮圍欄；要求打開房門，否則點燃煤氣炸樓；再逼我一腳油門，把你們都撞死；揭發政府配備菜包亂提價；面對防疫人員大喊：就一個感冒，這樣折騰；控訴種種隔離、核酸、轉運、方艙之荒唐、蠻橫；質問政府憑什麼想怎樣就怎樣？一個名為「個人的努力是有作用的」短視頻被廣為轉發，形象地展示了種種由現場到網路的個體抗爭的意義，並給予民眾以極大的激發。一個新疆維吾爾小夥，雖然被一群大白追打，卻不斷地高喊：「我們是人，不是豬，不是豬！」更是直接表達了民眾的憤怒。

10月13、14日，陳奕迅的一首舊歌〈孤勇者〉突然開始在網路熱播，曲詞也一連幾天被廣為轉發。2022年4、5月從上海開始的播放〈國際歌〉的行動，更是成了11月全網一再發生的共同行為。這首官方第一樂，其反抗性的歌詞偕同那雄壯的樂曲，第一次衝破了

65　例如接力式的杭州、廣州、深圳布匹市場租戶要求退租的集體示威，深圳某區封控人員群集衝擊隔離線等。

儀式的外殼，具有了如此普遍超社會階層的具體、實在的反抗指向，與網路海水一般刷抖音自救的呼聲，構成了「時代最強音」。雄壯的樂曲，刷屏的呼救，不僅傳達著民眾的憤怒，而且還與現實中不斷增加的群體抗爭互映。

　　對嚴厲封控的群體抵制或抗爭，當然早在武漢及以後其他多地都發生過，典型者如被隔離在家的群眾集體呼喊、敲盆、唱歌；2022年3至5月間，多發於上海的社區群體性的抗議、衝擊封控的事件，也時有傳出。5月一起大白與隔離群眾互毆的視頻傳出，6月最為集中的則是河南儲戶的數次請願示威遊行，而卡車司機駕車遊行的視頻，3至7月都有傳出。9月之後，社區或學校範圍內小規模的群體性抗議封控的視頻開始較多出現，10底起更為頻繁，而且規模也開始擴大。11月25日之前者如：西藏抗議過度防疫（10月27日），鄭州富士康萬名員工徒步大逃離（10月30日），烏魯木齊市米東區一市民組織大家集體抗議（11月1日），蘭州七里河一幼兒因無法及時就醫而亡，群眾面對特警大聲抗議（11月1日），鄭州大學學生遊行抗議「反對威壓爭取自主」（11月16日），廣州海珠康樂村被封人員自行解封，大批民眾與警員發生衝突（11月17日），鄭州富士康騷亂、遊行（11月23日）等。接近11月中下旬，更多地方的民眾集體拒絕核酸、抵制轉運的事件也更為頻發。

　　問題不只是抗議頻率的增加和規模的擴大，關鍵還在於這些個人或群體性的大小事件與全國性被封控隔離的民眾通過網路達成了同步連接，哪怕是一個個人性的悲情或憤怒的表達，都會被很快放大成「全國性」的事件，引起全民憤慨。這些憤怒激情，再與核酸暴利、造假的更大規模網路起底，轉運方艙的魔幻、謀利，規模增建方艙資訊的頻出，世界盃賽場數萬人密集無口罩狂歡的場面等聚合在一起，形成更強烈的反差，激起更大的憤怒。然而官方的反應

仍然是「必須保持戰略定力」，「堅持動態清零不動搖」。不僅如此，還有意營造疫情向好、一切皆在掌控中的表象。11月6日北京馬拉松賽事重開，視頻第一時間傳出，不少人以為是假消息。結果消息為真，魔幻的是比賽結束的當天，一些社區就開始排查參賽人員。北馬及同日舉行的雲南昆明國際自行車比賽，非但沒有使人們感到馬上就要解封，相反倒是讓人感到或許國家就要這樣無限期地封控下去，「靜默」與「活動」都將按照國家安排嚴格計畫執行。

　　烏魯木齊大火之前最激起眾怒的是新疆當局的任性。2022年11月14日晚23點25分，新疆網資訊辦發布消息，「查處曝光3起惡意刷屏擾亂公共秩序的典型案例」。第二天，消息被各主流媒體及各地官方網站轉報，連央視網也沒有缺席，迅速成為熱搜頭條。被禁足在家百日左右，無以直言，到國務院聯防聯控發布會評論區下刷屏「烏魯木齊」、「新疆」等字眼，就成犯罪被「嚴肅查處，絕不姑息」並昭然於天下。

　　的確，落實「二十條的阻力，遠比想像的大」！不僅是資本的貪婪，而且「管理者的自身利益衡量，比任何事情都重要和具體」。[66]不過，到了11月14日，石家莊突然取消全員核酸檢測，開始恢復正常，三年封控似乎的確顯示出結束的徵兆，國務院優化新冠防控措施的「二十條」，也好像第一次開始真正落實，消息令人興奮。然而一周之後，石家莊又重起「動態清零」，連續5天全員核酸篩查，居民非必要不外出。難道這又是一次神秘的解封即收緊嗎？不過這時一切都已經不再可能收放所欲了。

　　就在2022年11月21日石家莊重啟全城靜默之日，安陽大火熊熊燃起，造成38人死亡，人們追問，造成如此多的死亡是否因為起火

66　燕梳樓，〈二十條的阻力，遠比想像的大！〉，2022年11月12號。

車間的大門被封？追問聲未落，三天以後11月24日晚北京時間20點30分左右，一場大火在被封控超百日的烏魯木齊天山區吉祥院社區的一棟居民樓燃起。消息立刻在網路傳開：黑煙與火焰中那撕心裂肺的呼喊，門被鎖住了我們出不去的絕望之聲，不要動，不要動，不許隨便出門的管控命令，消防車因社區路障而無法靠近的場景等等在網路瘋傳。還有幾張「遇難者」生前照被無數的指尖傳閱，其中一張維吾爾「遇難人家」生前的溫馨合影，更是令人睹之心碎。

「為什麼？為什麼？？為什麼？？？」，全網都在質問。然而，當晚本地政府緊急召開的火災「事故新聞發布會」，卻開成了「一次發布會事故」。民眾之憤怒如一視頻中女子所言：「黑暗已經到了一個不可思議的地步！」人們紛紛在討論、追問資訊的真假，就連永遠「正能量」的周小平，也譴責新疆這長達100多天的防疫封控。「因為那場大火，周小平同志把胡錫進同志撕的血瀝嘩啦！」[67]有人在問，「烏魯木齊大火會不會是一個分水嶺」，[68]還有理中客冷靜客觀地分辨種種資訊，欲將這場「偶然」的大火與防疫封控分隔開來，並把「謠言」盛傳歸因於民眾的盲從、缺乏理性和互聯網。可惜他們沒有接著再去分析兩天後阿勒泰市7名福建籍工人在暴風雪中凍死於歸家路上是否與防疫無關？[69]那些掙扎於齊腰深大雪的牧民與羊群是否與防疫無關？然而，就在各種議論沸沸揚揚之際，

[67] 吏部轉發，〈因為那場大火，周小平同志把胡錫進同志撕的血瀝嘩啦！〉，2022年11月26日。當然「正能量」使者對防疫封控心態的變化，早在之前就已多次發生，並被網民嘲笑。較近者如深瞳印象：〈現在黃安周小平們終於清醒過來了〉，2022年11月6日。

[68] 〈輿論手剳：烏魯木齊大火會是一個分水嶺嗎？〉，2022年11月26日。

[69] 燕梳樓，〈2022，12，1新疆7名工人凍斃於風雪，他們沒能逾越這個冬天〉，2022年12月1日。

被封控得實在活不下去的烏魯木齊人，卻沒有心思坐論，理性分析。次日，11月25日一整天，從白天到晚上，人們就不約而同地行動起來。許多人不顧禁令開車出來，多個社區居民走出家門要求解封。官員們費勁、耐心地勸阻不要上街遊行，向群眾保證11月底一定解封，有官員甚至精確到「市政府明天兩點半之前給大家統一回答是否解封，若不解封，他給大家解封」。即便如此，也沒能阻擋住大批群眾25日當晚，冒著寒風示威於烏魯木齊市政府門前，大聲呼喊「解封！解封！」

緊接烏魯木齊，全國多地發生市民、學生示威遊行，悼念烏魯木齊大火的死亡者，要求立即解封。例如：11月26日，北京天通苑社區自發反抗取消封控；同日，北京一社區居民合法維權，要求解封，支持陽性人員自由選擇隔離還是居家。11月27日，南京傳媒學院學生舉白紙在校園抗議，高呼「人民萬歲，逝者安息」，「白紙運動」出現；同日，北大學生校園舉白紙示威抗議。11月27日上海烏魯木齊中路地段發生「白紙抗議」，後有抗議者被拘留，抗議者聚集公安局門口要求釋放被捕者。11月28日，北京東三環北路發生「白紙運動」。抗議示威、白紙運動還同時波及武漢、重慶、成都、廣州等多地。在此起彼伏的抗議聲浪中，截止12月2日，烏魯木齊、廣州、石家莊、鄭州、成都、貴陽、大連等多地先後調整防疫政策，不再查驗核酸、密接居家隔離、核酸免檢等，全國各地陸續實質性解封。各高校也集中動員學生離校，並讓學生簽署自願選擇提前離校回家保證書。三年新冠病毒封控，終於在哀怨、憤怒、抗議聲中走到了盡頭。[70]

---

70 有關2022年11月25-28日多地示威抗議的介紹，主要要據網路所傳短視頻。

六、尾聲：晦暗的結束，Omicron狂

2022年12月6號，習近平總書記主持召開中共中央政治局會議。會議強調：「『更好統籌疫情防控和經濟社會發展，更好統籌發展和安全』，為進一步優化疫情防控措施提供了根本指標。」「次日，國務院聯防聯控機制綜合組公布優化落實疫情防控的『新十條』」，「對風險區劃定和管理、核酸檢測、隔離方式等進行重大調整，持續3年的防疫政策出現重大轉向」。然而，這究竟是「重大轉向」的標誌，還是事後的追認？回聽一下《人民日報》仲音的系列之聲，或許有助於解開此中之謎。

2022年11月10號，習近平總書記主持召開中央政治局常委會會議，指導部署防疫工作，強調「必須保持戰略定力，科學精準做好疫情防控各項工作」。自11月12號起至12月2號間，黨中央最高決策聲音的傳達者仲音，一氣在《人民日報》連續發表了17篇抗疫主題的文章，多數時間一直反覆強調堅持「動態清零」不動搖。11月14日石家莊解封，次日《人民日報》刊登仲音文章，〈堅定不移貫徹「動態清零」總方針〉，17日再次告誡全國人民要〈算大賬看優勢〉，19號〈守土有責，守土盡責〉寫道：「疫情就是命令，防控就是責任。各地區各部門要把思想和行動統一到習近平總書記重要指示精神和黨中央決策部署上來，堅定不移堅持人民至上、生命至上，堅定不移落實『外防輸入、內防反彈』總策略，堅定不移貫徹『動態清零』總方針，守土有責、守土盡責，黨政同責，擔負起防控責任，主要負責同志要親自抓，堅決築牢疫情防控屏障」。20日仲音第七度發文指出：「決不能讓疫情防控成果前功盡棄」！在這七道「金牌令」的疊加轟炸下，石家莊怎能不重新恢復全員核酸、再度封控？

所以，或許11月14號的石家莊解封，應該解釋為是石家莊政府難以
支撐下的「擅自」行動。11月21號仲音〈不動搖、不走樣〉，再次
重申：「常態化疫情防控是一項艱巨繁重又需要持久堅持的工作，
難在複雜，難在艱巨，難在反覆。惟其艱難才更顯勇毅，越是吃勁
關頭越要咬緊牙關。堅持就是勝利，堅持才會勝利，堅持定能勝利。」
21日〈科學精準，扎實推進〉說：「既要堅決整治『層層加碼』『一
刀切』等問題，切實防止『一封了之』，也要警惕以優化措施為名
放鬆防控要求，切實防止『一放了之』」。24號第11篇文章〈以快
制快，切實落實「四早」要求〉，文中三次提到「動態清零」，且
都為提領句，而就在這天傍晚，烏魯木齊吉祥院大火燃起。11月25
日仲音沒有發聲，但烏魯木齊爆發多起自行解封或要求解封的示威
抗議行動。26、27號仲音又連發兩文，「動態清零」各出現一次，
27號的文章還宣誓是〈堅定信心，增強鬥志！〉。也正是在11月25-28
日這幾天，全國多座城市爆發要求解封的抗議示威或自行解封的行
動。

　　11月28號《人民日報》頭版頭條刊登仲音涉疫的第14篇文章，
〈科學精準，提高防疫工作的有效性〉，全文沒有出現「動態清零」
字眼，並且主題重在解釋、說明，而非指示、宣誓。指出國家先後
出臺的九版疫情防控方案和最新的二十條優化措施，每一版都「經
過了反覆研判、科學論證」。「總的來看，強調的是科學防控、精
準防控，突出的是問題導向、效果導向」。強調「落實二十條優化
措施，切實做到不動搖、不走樣」。不難看出28號的這篇文章是在
向國人解釋，似有轉向的指標性意義。不過同日新華社時評仍然強
調〈「三個堅定不移」是制勝法寶〉。次日29號仲音〈堅持第九版，
落實二十條〉還有一處提到「動態清零」。11月30日〈齊心協力，
堅決築牢疫情防控屏障〉，此為11月12日以來仲音的第16篇涉疫文

章，僅看標題繼續堅持「動態清零」總方針的意味似乎還很濃，但全文沒有一處提到「動態清零」。兩天之後，2022年12月2號仲音第17篇文章呼籲〈凝聚共識形成合力〉。文章開篇即是慰問：

> 「奮戰在一線的工作者辛苦了」。「儘管當前遇到一些困難，但堅信我們一定能度過難關」。「抗擊疫情，每個人都是一道防線」。

值得注意的首先是，這三句話明顯是引語，且口吻顯然也並非其所有，那它們是誰之語？其次更為重要的是：「抗擊疫情，每個人都是一道防線」，「沒有旁觀者，也沒有局外人」，「每個人都是參與者，也都是一道防線」，而不再是前此所一再強調的「黨政同責」。顯然，此文已經是在向全國民眾公開喊話，呼籲團結、協作，並且將疫情防控、生命健康的責任交還給了民眾自己：「疫情面前，我們每個人都要增強責任意識、自我防護意識，自覺承擔防控責任和義務，做自己健康的第一責任人」。政策重大調整的意向已經非常明確了！不過值得玩味的是，如此重要的具有轉向指標性的文章，卻刊發於《人民日報》第六版。再來看看同期孫春蘭的一些動向。

「為深入貫徹習近平總書記重要指示，國務院副總理孫春蘭21日至27日在重慶調研指導疫情防控工作」。仍然提到「毫不動搖貫徹『三個堅定不移』」。新冠防疫三年，孫春蘭到處奔波，哪裡疫情危險、哪裡防控吃緊，她就出現在哪裡，實際承擔了新冠防控「執行總指揮」與「一線總督戰」的雙重職責。一個國務院副總理，且已年過70的女同志，肩負如此重任，馬不停蹄地奔波，不問成效與否，僅此就足以令人唏噓不已。堪比當年抗洪前線江澤民總書記的

身影，汶川地震等各重大災害現場溫家寶總理的風塵僕僕，充分顯
示了黨和國家對人民群眾生命財產的關心與重視。

不過，同期新疆的疫情顯然要遠比重慶時間更長、更嚴重、更
複雜，而孫春蘭卻一直未赴烏魯木齊督戰，或是因為就擰緊新冠防
控的螺絲而言，新疆恐怕沒有什麼再可指導的了。重慶調研結束後，
11月30、12月1號連續兩日，孫春蘭副總理「在國家衛生健康委員會
召開座談會，聽取有關方面專家、防控工作一線代表對優化完善疫
情防控措施的意見建議」。兩場座談會上，孫春蘭都提到防控工作
要「走小步不停步」，「不斷優化完善疫情防控政策」。「由孫春
蘭召開、以優化完善防控措施為主題的座談會，在新冠肺炎疫情發
生以來尚屬首次」，而且兩次會議都強調了「Omicron病毒致病性的
減弱、疫苗接種的普及、防控經驗的積累」，這都為「進一步優化
完善防控措施創造了條件」，「中國疫情防控面臨新形勢新任務」。
[71]政策調整的意向也已相當明顯。

綜上，可以說2022年11月28號至12月2號，是中國新冠防疫、「動
態清零」政策的實際調整期；[72]並非偶然，11月28號之後，全國抗
議示威的新消息也已很少再見。

不管是12月2號還是7號，總之解封了，全國解封了！三年新冠
「病毒」封控終於結束了。網上歡呼聲一片。「結束了！」、「結
束了！」、「一切終於結束了！」一切真的終於結束了？

隨歡呼而來的，並非是立即湧出的人潮，而是一連好幾天行人
依然稀稀拉拉的街道，甚至還有大媽、大爺試圖自發將社區的圍柵

71　中國新聞，〈孫春蘭連續兩日召開座談會優化完善疫情防控有哪些
　　關鍵字？〉，中國新聞網2022年12月2號。

72　至於11月28號之前，有無更關鍵的內部動態，則無所知。

扶起。被戲謔為「只有在中國才擁有尊嚴感」的Omicron，終於自由地在中國的大地上狂舞，以世所未有的速度，吹遍了城市與鄉村，吹遍了整個中國大地。「結束了」的歡悅戛然而止。「羊群」遍地，「陽人」滿室。退燒藥到處缺售，吸氧機各處售罄，醫院被擠爆，裝屍袋一袋難求，焚屍爐日夜燃燒，就連醫療條件最發達的北京，三年來一直得到精心保護的北京，都向全國人民發出求援的呼籲。而國家衛健委則依然處亂不驚地發布有減無增的每日感染資料，直到12月14日被嘲笑、憤怒、哀哭沖止。有學者質問：「國家醫療應急司，你們履行職責了嗎」？「中國內地疫情防控走過的路，別人都已經走過，哪怕是照搬照抄，也不至於有如此境地」！為什麼連準備好基本的發燒藥這樣「如此簡單但卻關係千萬民眾生命健康的事，都做不好」？73

「國家已經保護你三年了，盡力了，剩下的日子大家自求多福吧」……

結 語

行文至此，筆者已完成了對三年中國新冠病毒封控歷史的梳理。自然，這一複盤是很不全面的，但就「權力封控與民眾反應」這一基本向度言，本文或可已達及格。2020-2022三年新冠病毒封控，發生在960萬平方公里的土地上，病毒侵襲程度、封控措施手段、民眾情緒反映，都不可能全國皆一，所以不可能給出一個符合全國各地情況的統一演變史。不過總體而言，中國三年新冠病毒封控，

73　〈對話李公明：請問國家醫療應急司，你們履行職責了嗎？〉，「越秀山邊」微信公號，2022年12月21日。

大致經歷了六個時間段的波浪式推進的歷程：

一、2020，1-2020，3；二、2020，4-2021，6；三、2021，7-2022，1；四、2022，1-2022，5；五、2022，6-2022，9；六、2022，10-2022，11

相對而言，第一個階段的病毒封控，是因疫情失控而起，其主要目標也是防控、清剿病毒，民眾總體是理解和配合的。不過此一階段不僅武漢封城本身，已經埋下了日後病毒封控異化的根源，而且新疆的運動、反恐式封控，從一開始就相當極端，公民基本生存自主權被嚴重剝奪。第二階段，大致是「東方無戰事」，整體洋溢著勝利、驕傲的情緒，各種防疫、管控的技術手段日趨完備。第三階段，Delta病毒破防，新疆極端封控模式規模性拓展，「動態清零」總方針提出，防疫封控目標規模性異化，社會對封控的負面看法趨於增多。第四階段，Omicron毒株襲來，「共存」還是「清零」的社會輿論之爭激烈化，「動態清零」強力推進，防疫封控全面異化，上海封控與「公民性」抗爭兩者的疊加，造成社會輿論更大規模的發酵。第五階段，疫情在部分地區短暫舒緩，但藉由病毒防疫而擴大社會管控的性質卻更為直白地呈現。第六階段，Omicron四面出擊，全國各地先後進入高度管控狀態，「動態清零」頑強執行，防疫弊端、封控災難全面惡化。堅持「動態清零」不動搖的決心與生存維持、生活自主訴求之間的矛盾嚴重激化，終於激起全國性的解封抗爭，三年新冠病毒封控突然脆斷。

我們應該怎樣認識、評斷三年新冠病毒封控的歷史？其性質究竟如何？它對中國已經並將產生怎樣的影響？這些重大問題有待賢者的分析和未來歷史的回答，筆者只想借最後的一點篇幅，簡要回答這樣兩個問題：三年病毒封控所涉及的直接而根本的問題是什麼？就社會變化的走向上看，其實質究竟是什麼？

　　自武漢封城開始,「人民至上,生命至上」、「科學防疫」一直就是中央和國家高標的口號,但新冠防疫、社會封控自始至終又與政治忠誠與否、制度優劣之爭緊密聯繫在一起,而且疫情期間所發生的許多社會重大輿論事件,也往往被炒作為「愛國與恨國」、「啟蒙與反啟蒙」之爭訐。然而前述複盤已充分表明,究竟應該怎樣抗疫,以怎樣的方式封控,其實根本上只關乎生命本身,即生命、生存基本權利本身。不管什麼制度,不管愛國恨國,人的生命、生存基本權,只應且只能把握在具體的個體與群體手中。所謂疫情面前,每個人都要增強責任意識,「做自己健康的第一責任人」,不應是推卸責任的遁詞,而應是每個公民天然的權利、責任與義務。在特定的災害形勢下,公民、民眾可以暫時、部分讓渡這一權利於政府,而政府則不應視其為自己的天然權力。三年病毒封控,之所以出現了那麼多的違法現象,造成了那麼多的生命悲劇,形成了那樣普遍的生存困境和危機,基本原因不在病毒,而在於公民的這一權利被國家拿走、接管。既然是「人民至上、生命至上」,既然每個人是自己生命、健康的第一責任人,那麼**不管制度如何,不管有多麼正當的客觀理由,政府、國家都沒有權力剝奪、接管或包攬人民的基本生命、生存權,而且實際上政府也不具備良好操控、運轉這一切的能力**。為什麼疫情三年,各級政府為了精準防疫、保障人民生命安全與生活要求,付出了巨大的努力,但仍然是狀況頻出,怨憤不斷,基本原因正在於此。所以,三年封控對國人來說,最深刻的體會可能就正在於此,也應是他們被啟蒙、被照亮的基本所在。離開這一基本點去爭論制度優劣、愛國恨國,不是別有用心,就是偏題糊塗;離開這一基本點去爭論「極左啟蒙」與否,也可能被帶偏節奏,陷入泥沼。

　　早在新冠病毒開始全球傳播起,就有西方學者說世界將會因新

冠而改變，稍晚，一些中國學者如汪暉、戴錦華等也表達了類似的
看法。此說自然不錯，世界怎樣姑且不論，其實危機之兆已在中國
初現。例如巨大的地方經濟債務，再如前不久多地發生的反醫保改
革的「銀髮革命」。前者意味著社會運轉、以經濟發展來對沖社會
矛盾能力的危機，後者則意味著「經濟困窘」將可能引發連鎖式反
應，帶來社會的全面動盪。那些參與「銀髮革命」的退休工人，基
本都是嚴防嚴控、動態清零的堅定支持者，但他們則成了疫後第一
批走上街頭抗議的階層，其他則可想而知。然而籠統說什麼新冠前
後的社會變化並無多大意義，或許我們首先應該追問：從社會變化
的走向上看，新冠之前、之中的中國有無本質的區別？答案恐怕是
否定的。因為不論主觀動機如何，三年新冠封控實際就是一場被「偶
然」的病毒契機加速度推進的「還原性社會改造運動」，或曰加速
的中國社會「新疆化改造運動」。

　　這一運動新冠之前已經開展多年，其目標是回向以前的中國，
即重建高度組織化控制的、透明單一化非流動的中國，它之過去的
典型樣態就是文革時的中國。但不同於文革中國的是，這正被重建
的中國，則是要剔除文革的「動盪」因素——群眾造反的因素（也
即與專制性「大革命」相對稱的「大民主」），而保留其全然的「國
家控制」的一面（從這一角度言，可以說是「去無產階級學說化的
國家專政」）。這一改造前些年最顯著的工程之一，就是以「反恐」
為旗幟並在2016年末開始快速推進的「反恐新疆」的建設。極端形
式的疫情封控之所以從新疆開始，「動態清零」之脆斷之所以與新
疆直接相關，並非偶然。三年疫情防控各地不斷強調的所謂「幹部
下沉基層」、「高效、組織化之社區建設」、「網格化社會的打造」、
「幫扶到戶的點對點模式」等等，疫情前就已在新疆建成。它實際
就是汪暉等引以為傲的中國革命群眾化動員機制遺產的現實版。所

以很自然，新疆才能夠在最初幾乎還未真正遭受病毒衝擊之時，就立即在全疆實施高強度的全封閉式防疫管控。但是新疆的這種高成本、低效益的社會改造，雖然帶來了表面的社會安定，或「零暴恐事件」，但卻有賴於全國20多個省市的對口經濟支援，並以公民基本活動自主權的嚴格管控為代價，而且其運作邏輯也決定了它要靠不斷的運動性操作來維持，上緊了的螺絲必須不斷地再撐緊。這樣的社會顯然難以長期維持運轉，更難以為全國所效仿。

　　然而現實是，在新一輪的改革中，原本總是比內地慢半拍的新疆，則成了試點、特區，中國的新疆化改造也在疫情前就緩慢推進，例如社會輿論的溫水煮青蛙式的嚴控化改造即是其主要表徵之一。再如北京2018年冬的突擊性驅離外地人的城區「拆改」，實質上也是同一類型的透明化社會空間的打造。所以新冠突然出現，雖然在一開始造成了恐慌、混亂，但它很快就被以新疆反恐維穩模式來加以應對。於是隨著新冠病毒的不斷侵襲，就出現了這樣一種防疫模式的運行：「病毒侵襲—民眾恐慌—社會封控」—「病毒再侵襲—民眾再恐慌—封控再升級」。隨著這種運動性模式的不斷運轉，原來相對自我運行的社會結構被凍結、打碎，社會空間愈益普遍化地被切割、重構、壓平，社會經濟自我生產能力被愈益收緊，公民的基本生存權、生活空間愈益深度地被侵蝕、擠壓，最終激發起了普遍性的不滿與抵抗，造成2022年11月底三年封控的脆斷、「躺平式」解封。

　　所以從社會改造趨勢看，疫情間的中國與疫情前的中國並無本質區別。以新疆為標誌，疫情封控是全國新疆化改造的加速；而三年封控的脆斷，則是新疆模式必然不可持續的一次提前展示。所以，疫情後的中國究竟是汲取前此的經驗與教訓，調整國家發展方向與方針策略，還是繼續漸進推進，最終完成「還原性社會改造」？現

實已經顯示出徵兆，但結果如何，則最終要由歷史給出答案。只是
無論結果怎樣，未來都難輕言樂觀。

　　三年新冠病毒封控，最終能夠啟發我們走出歷史認知的循環
嗎？

2023年1-4月清明；8月微調

甄彥，大陸文化學人。

重訪張灝與林毓生

前言

張灝先生跟林毓生先生先後在2022年4月和2022年11月去世。他們兩位跟殷海光先生有深厚的師生之情，也進一步發展了殷先生的自由主義信仰。因此，他們二位生前對殷海光學術基金會的支持也不遺餘力，儘可能參加基金會的活動，發表過重要的演講。

兩位先生過世之後，基金會責不旁貸，在今年4月15日舉辦了「創造性轉化與幽暗意識：紀念林毓生院士與張灝院士論壇」，分別以「林毓生先生的學術貢獻及社會啟蒙」以及「自由主義的傳承及影響：殷海光、張灝與林毓生的中文論述」為題，邀集了多位學者以及相關人士發表談話，表達追思與紀念。

由於與會者的發言主題精彩，觀點深刻，基金會與《思想》決定邀請他們把發言內容撰寫成文章，交由《思想》刊布，讓一次性的口頭發言，取得具體恆久的形式，更透過紙本以及網路的傳播，供不限時空的廣大讀者群參考。

《思想》感謝殷海光基金會的積極協助，也謝謝各位作者的熱心與辛勞。這個專輯，應該是我們向張灝、林毓生兩位先生致敬與致謝的最好的方式。

編者

密涅瓦的智慧貓頭鷹：
林毓生、張灝與台灣自由主義的傳承

蕭高彥

一、楔子

　　近一兩年，林毓生與張灝兩位先生繼余英時先生之後相繼辭世，華人思想史學界痛失重要的引導人物，損失巨大。由於兩位均為殷海光先生的得意門生，財團法人紀念殷海光先生學術基金會與中央研究院人文社會科學研究中心因此共同於四月主辦了「創造性轉化與幽暗意識──紀念林毓生院士與張灝院士論壇」，邀請學者對台灣自由主義的傳承以及公民社會與憲政民主等議題發表個人見解，以感念兩位院士的畢生貢獻。由於與談內容相當豐富，主辦單位與《思想》遂請與會者撰寫短文共同在《思想》發表，以資留念。身為晚輩，個人與張先生惜無一面之緣；與林先生則於本世紀初以來則有學術性的來往；故以下先以對林先生的回憶做為楔子，然後再以政治思想史工作者的角度，觀察兩位先生的學術貢獻。

　　林載爵先生在《思想》前一期的文章中生動描述了1975年，余英時先生與林毓生先生回到台灣並開始以中文為主撰寫論文之後，

對台灣思想史發展所產生的關鍵性影響。[1]吾生也魯且較晚，無緣參與70年代末期狂飆年代的盛會。然而時至今日，個人仍清晰地記得1981年6月，社團學長將刊載於《中國時報》人間副刊的文章〈一個培育博士的獨特機構：「芝加哥大學社會思想委員會」──兼論為麼什麼要精讀原典？〉剪報貼在社辦公告欄時所引起的心靈震動。[2]那年暑假，我將升大二，受到學長的影響，對於政治社會理論開始產生興趣。林先生於文中介紹社會思想委員會的知識訓練方法，認為研究生應依其興趣擬定研讀原典並與老師精讀和討論，從中培養學生潛移默化的「支援意識」，以便最後能在自己的研究議題中產生具有高度的問題意識和深入的解釋。林先生行文與其師殷海光先生風格相近，析理時明白透徹，需要說服讀者時，又能筆帶情感，娓娓道來：這樣的教育過程培養出「比慢」的精神，以期成就更高的學術目標。讀此文章，令人心馳神往！此後，筆者持續關注林先生發表的文字，尤其是他強調韋伯比較社會學重要性的篇章，更讓我在大學時期花了不少時間研讀。

　　與林毓生先生的實際互動始自2000年。由於國科會朱敬一與王汎森前後兩位人文處處長的大力支持，以及時報文教基金會余範英女士的鼎力相助，林先生開始執行「公民社會基本政治社會觀念研究」計畫。錢永祥先生為該計畫之總襄贊，工作小組則包括沈松僑、蔡英文、陳弱水、李孝悌、江宜樺、謝世民與筆者，預計邀集台灣、香港，以及中國大陸學者共襄盛舉，冀望共同撰寫一部公民社會常用基本觀念的參考書，以建立華人世界公民社會的思想資源。由於

1　林載爵，〈因為複雜所以慢：林毓生先生論著的出版歷程〉，《思想》第46期，頁11-31。

2　現收入林毓生，《思想與人物》（新北：聯經，1983），頁293-306。

林先生的學術權威與「奇力斯瑪」（charisma），方有可能邀集到
當時許多中壯代學者共同參與，區分為「觀念」以及「歷史」兩組，
分別處理公民社會核心概念在西方的起源以及在近代中國的發展與
變化。雖然林先生希望作者們以辭典條目型論述的方式寫作，但由
於當時華人世界的學術環境，參與計畫的學者們所提出來的仍是相
當實質的綜合性學術論文。這些論文剛開始由各位作者自行投稿發
表，之後集結成為《公民社會基本觀念》上下兩卷，由中央研究院
人文社會科學研究中心出版。[3]此書後來成為該中心需求量最大的出
版品。

　　個人在參與此計畫的過程中與不同領域的學者多方交流，實為
人生一大快事。在學術經驗累積方面，我撰寫〈共和主義〉一文，
在此過程中，更對個人的學思發展產生重要的作用。該文初稿發表
於《政治與社會哲學評論》第一期，當時，筆者的共和主義思想研
究已經有部分的成果累積，發表了有關西塞羅、馬基維利與盧梭等
思想家的文章。在其他部分尚有待進一步探討之際，我銜命必須拔
高視界，轉而撰寫關於共和主義的思想史的通論，挑戰可謂巨大。
幸而，當時以「民主共和主義」與「憲政共和主義」兩種現代共和
主義典範作為對比進行論述，之後，藉由分析《聯邦論》與西耶斯
思想與當代理論，加以印證，最終在2013年匯聚成《西方共和主義
思想史論》一書，本文則擴大改寫成為全書的導論。由於台灣相當
多學者是依著國科會計畫的執行節奏而進行論文寫作，往往會出現
點狀的樣態，撰寫〈共和主義〉一文的經驗讓我得以克服這個癥結，
建立了構思專書時所必須具備的綜觀全局、提綱挈領的思維認知。

3　林毓生編，《公民社會基本觀念》，兩冊（台北：中央研究院人文
　　社會科學研究中心，2014）。

除了參與計畫的互動，林先生並且擔任了筆者所隸屬的政治思想專題研究中心在2014年的單位評鑑，提出了許多中肯的評價以及未來發展方向的指引。

二、冷戰自由主義做爲思想資源

1949年國府遷台以後，台灣自由主義的傳承基本上有三代。[4]第一代是以《自由中國》（1949-1960）為基地的自由主義論述，代表性的思想家包括胡適（1891-1962）、張佛泉（1908-1994），以及殷海光（1919-1969）。胡適是五四新文化運動的推手；張佛泉是胡適摯友之一，在民國時期是北京大學政治系教授；殷海光則較為年輕，常以「五四之子」、「五四後期人物」自居。這個時期台灣政治的發展，一方面是蔣介石在台灣建立其威權統治，另一方面，則是《自由中國》運用自由主義與憲政主義理念嘗試與之對抗。五四新文化運動恰恰可對蔣介石所推動的「中華文化復興運動」提出價值上的挑戰。在第一代的自由主義者之中，胡適最為資深，其政治觀點淵源於他在哥倫比亞大學求學時的老師杜威；張佛泉曾留學約翰霍普金斯大學，師事思想史家Arthur O. Lovejoy；而殷海光則在西南聯大受教於金岳霖，專攻邏輯學。

在這一世代中，胡適如其一貫的學術風格，以普及化人權、憲政理念為主軸；張佛泉則首先運用了「消極自由」與「積極自由」

4　若以1945年以及之前的日治時期做為連貫的歷史，則會有不同的系譜學。另外，若以中國自由主義傳統的角度，則另外可形成一個系譜；林先生便區分出五個世代的中國自由主義者，參見林毓生，《政治秩序與多元社會》（新北：聯經，1989），頁207-215。

的概念，主張前者的優先性，並應藉由憲法保障人權而加以落實；[5]
殷海光雖較年輕，但道德使命感強烈，善於運用政治哲學批判時政，
其最重要的著作並非對自由主義哲學或歷史的分析，而是具有人文
社會科技整合性質的《中國文化的展望》。《自由中國》一脈的自
由主義在雷震案之後逐漸式微。胡適寄望用憲政主義的原則能說服
蔣介石不連任第三任總統未果，而殷海光則被國府軟禁鬱鬱而終。

　　林毓生、張灝兩位先生均為殷海光之得意門生，可以說是戰後
台灣第二代的自由主義者。他們目睹了乃師與威權主義的對抗，在
60年代負笈美國留學之後，自然會將核心關懷放在自由主義價值的
理論與歷史理解，以及如何在台灣乃至中國建立自由主義的政治秩
序。他們留學的時代，正是「冷戰自由主義」（cold war liberalism）
形成時期，他們之受此思潮的影響，是最自然不過的事情。

　　「自由主義」雖然往往被回推到洛克或孟德斯鳩以及美國立憲
的思潮；但是，作為一個完整的系統，自由主義其實是在19世紀上
半葉歷經法國大革命與拿破崙強人政治之後，在英國與法國所形成
的思想體系，代表性的思想家包括法國的貢斯當與托克維爾，在英
國則是邊沁與穆勒。而隨著代議政治在英國與歐陸的發展，自由主
義與工人運動與社會主義產生各種互動，在19世紀下半葉以各種不
同的樣貌出現，形成了各個學派。所以，我們不能說「自由主義」
已經在歷史上形成一種體系性的同一。

　　然而，本文關心的主題，「冷戰自由主義」，則是在50年代「自

5　張佛泉，《自由與人權》，1955。值得注意的是，張佛泉由於在民
　　國時期熟悉英國觀念論，所以，比Isaiah Berlin更早提出「消極自由」
　　方為自由主義傳統的核心價值。請參閱蕭高彥，〈五〇年代臺灣自
　　由觀念的系譜：張佛泉、《自由中國》與新儒家〉，《人文及社會
　　科學集刊》，26:3，2014，頁387-425。

由世界」與「極權世界」以美蘇兩強所形成的集團對抗背景下所發
展出的政治論述，其要旨在於確認自由概念的真正意涵，而能與共
產主義以及之前的納粹法西斯極權主義相抗衡。在這個歷史脈絡中
產生相當多的概念爬梳，但最具代表性的則是柏林所提出的「兩種
自由概念」[6]：「消極自由」意味著個人不受干涉的狀態，此為自由
主義以個人主義為基礎所形成的核心理念；「積極自由」則是通過
主體的自主（self-mastery）或自律（autonomy）所形成的狀態；以
英文來表述，前者是 "freedom from…"，後者則是 "freedom to…"。
柏林強調，消極自由基於多元主義，而積極自由則以哲學的一元論
為思想基礎；在他的詮釋中，西方近代自盧梭以降，以道德自由為
基礎，將積極自由的概念發展出各式各樣「自我實現」
（self-realization）的體系，包括黑格爾的唯心論、民族自決論，以
及馬克思主義等思潮，結果造成了集體主義的政治，壓抑了甚至消
滅了個人的消極自由。

　　冷戰自由主義的特色乃是將消極自由與其他的政治價值加以區
隔，強調：人民的「自我決定的民主」或「共和自治」（傳統中稱
之為政治自由）並非真正的自由。其主張消極自由必須植基於市場
社會，但這與當時以平等為理想的社會主義計畫經濟水火不容。是
以，在冷戰自由主義的論述中，自由與民主，自由與平等，甚至自
由與正義，都有可能產生價值之衝突；而在價值衝突時，保障個人
的權利與消極自由才是自由主義的真諦。

　　冷戰自由主義除了政治論述的重構，同時也形成一種歷史解釋
的史觀取向。舉例而言，當時有大量的著作討論到盧梭的自由觀念

6　Isaiah Berlin, *Four Essays on Liberty*（Oxford: Oxford University Press, 1969）.

是如何對法國大革命雅各賓黨以「德行共和國」（republic of virtue）
之名實施恐怖統治產生影響，又是如何藉由19世紀下半葉各式各樣
的社會主義而影響了20世紀左派的極權主義。[7]在漢學界，當時哈
佛大學歷史與東亞系的思想史名家史華慈（Benjamin Schwartz），
將此取向運用到對中國思想史的分析。從二次戰後一直到1978年，
由於中國長期與美國所領導的自由世界疏離與對立，訊息不易取
得，所以美國的漢學家除學術研究之外，也會扮演判讀、解釋中國
共產革命運動以及毛澤東思想的特殊角色。史華慈早年的經典作品
是《尋求富強：嚴復與西方》，[8]運用他所擁有的豐富思想史資源，
提出了遠遠超越當時中文世界嚴復解釋的分析，並成為思想史的經
典，同時也深刻影響了後來學者對嚴復思想與近代中國政治思想史
的研究。此外，史華慈對於中國共產主義運動，特別是毛澤東主義，
也提出了比較政治思想史的分析；晚年則完成《古代中國的思想世
界》巨著。這些研究中，與本文論旨相關度較高的，自然是前兩個
理論分析。

　　史華慈對嚴復的自由主義所提出的歷史解釋，蘊含著兩種未必
相同的詮釋觀點：首先，在其分析中，最常出現的主張乃是，嚴復
對於國家富強的「過分關切」（preoccupation），使得他無法理解
西方自由主義的終極精神乃在於「個人」的終極價值；相對地，嚴
復所介紹的自由主義，乃是一種「工具式自由主義」（instrumental

7　代表的著作是 Jacob Leib Talmon, *The Origins of Totalitarian
　　Democracy*（London: Secker & Warburg. 1952）。

8　Benjamin Schwartz, *In Search of Wealth and Power: Yen Fu and the
　　West*（Cambridge, MA: Belknap Press of Harvard University Press,
　　1964）. 值得一提的是，張佛泉在本書出版前正在哈佛燕京學社訪
　　問，並曾協助史華慈校訂嚴復文本的英譯，請參閱該書〈謝辭〉。

liberalism），這種主義將自由、民主等政治價值工具化，成為尋求
國家富強的手段。史華慈並認為，此種工具化的自由主義深刻影響
了近代中國的思潮，包括五四運動與共產主義革命，最後導致中國
建立的不是民主，而是一個「現代積極的威權主義國家」（modern
positive authoritarian state），將公民權利、政治民主，以及精神自
由全部犧牲殆盡。[9] 然而，除了嚴復本人價值關懷所造成的思想選
擇之外，史華慈同時也提出了另一種可能的詮釋觀點：他區分西方
現代性的兩大潮流，一為「浮士德－普羅米修斯張力」（the
Faustian-Promethean strain），另一則是「社會－政治理想主義思潮」
（The stream of social-political idealism）；前者謳歌人類的力量，強
調控制自然並改造社會，結果導致了社會經濟的機械化，亦即韋伯
所論述的現代社會之「理性化」；後者則著重自由、平等以及民主
等理想，要求在社會政治架構中實現並保障這些個人價值。[10]在這
兩大政治思潮中，史華慈認為，「浮士德—普羅米修斯張力」通過
史賓塞（Herbert Spencer）的社會達爾文主義，影響了嚴復關於「民
德、民智、民力」的論述。換言之，史華慈對嚴復的解釋，似乎擺
盪在嚴復本人的主體性以及西方思潮本身內部的矛盾性二者之間。
類似的歷史詮釋，也可見於史華慈對毛澤東主義的研究：一方面，
毛澤東早年受清末民初思潮的啟迪，產生了類似盧梭對法國大革命
雅各賓黨之德行統治的影響，再則通過馬克思主義運動到中國共產
主義運動，反對官僚主義，強調領袖與人民的同一性。此為比較政
治思想史的視野，[11]且與前述Talmon等學者所建立的詮釋互相呼

9　Schwartz, *In Search of Wealth and Power*, pp. 240, 246.
10　Schwartz, *In Search of Wealth and Power*, p. 243.
11　Cf. Benjamin Schwartz, *China and Other Matters*（Harvard University
　　Press, 1906）, Chap. 13-15, pp. 169-226.

應。另一方面，毛澤東個人的主體性與奇力斯瑪，則構成史華慈詮
釋的另一角度。

　　上述冷戰自由主義所形成的政治哲學論述以及近代中國思想的
詮釋觀點，形成了理解林毓生、張灝兩位先生畢生學術研究成果的
鎖鑰。

三、林毓生先生：從五四激烈反傳統主義到創造性轉化

　　關於林毓生先生的歷史研究與他所主張的自由主義，其弟子王
遠義已經加以分析，[12]本節將僅從前述冷戰自由主義的角度側寫林
先生的學術研究特質。

　　20世紀60年代的芝加哥大學社會思想委員會大師雲集，應是青
年林毓生夢寐以求的學習環境，其中三位影響他最大的思想家是海
耶克、席爾斯，以及此時期曾在委員會擔任客座教授的博蘭霓
（Michael Polanyi）。這三位理論家可以說是冷戰自由主義的先驅，
因為他們在二戰期間就已經基於不同的歷史時空背景，成為批判社
會主義計畫經濟以及歐陸左派意識形態政治的知識分子。[13]其中，
海耶克於1944年所發表的名著《到奴役之路》，殷海光將大部分文
字中譯，陸續於1953到1954年刊載在《自由中國》中，並加以評論
按語；此書更是林毓生先生在1956年拿到第一筆稿費後所訂購的英
文書籍。[14]留學之後，林先生終於實現他從學於海氏之門的願望。

12　王遠義，〈中國自由主義的道路——林毓生的政治關懷與五四全盤
　　性反傳統主義研究〉，《臺大歷史學報》，第66期（2020年12月），
　　頁153-200。

13　Ibid. 頁163-164。

14　林毓生，《中國激進思潮的起源與後果》（新北：聯經，2019），

另兩位理論家，博蘭霓是一位科學哲學家，他深入分析人類知識活動，認為人類在進行知識活動時會產生兩種意識：「集中意識」（focal awareness）與「支援意識」（subsidiary awareness）；而席爾斯對意識形態的社會學分析亦為當時重要之理論。此二人的論述在林先生深入理解海耶克自由主義哲學的同時，成為科學哲學方法與社會學的重要資源。

林先生所完成的博士論文——即經修改後刊行的經典作品《中國意識的危機：五四時期激烈的反傳統主義》——可以說是以他在芝加哥師從的三位自由主義大師以及史華慈的中國近代思想研究作為基礎，所開展出的歷史分析。林先生主張，19世紀中國的保守心態在1919年的五四運動後產生了徹底的改變，必有其值得探索的歷史因素。林先生一方面以思想史的體例分析了五四運動三位代表性的思想家：胡適、魯迅，以及陳獨秀；但另一方面則超出了思想史的研究，提出了一種極具特色的跨學科架構，來解釋五四的激進反傳統主義。

林先生所提出的分析大抵如下：1911年辛亥革命造成了「普遍王權」（universal kingship）的崩潰，這不但意味著傳統帝制的終結，而且導致了與政治秩序密切關連的文化秩序的瓦解，在此種思想的真空狀態中，意識形態迅速取代了傳統的文化秩序，成為追求新價值的主要來源。然而，弔詭的是，五四時期的知識分子雖然憎惡傳統，但他們事實上仍然被中國傳統的「藉思想、文化以解決問題的方法」之整體性一元主義所籠罩，其結果遂形成史無前例的全盤性反傳統主義。其中之弔詭，用博蘭霓的架構來說，即是：五四知識分子的「集中意識」為激進反傳統主義，但其「支援意識」則仍為

(續)————————————————

頁320-325。

中國傳統的思維模式。

　　林先生對於五四激進反傳統思想的分析，在中文世界，是在紀念五四運動50週年的脈絡中出現的，根據他原來英文所撰寫的論文而翻譯為中文的文章，刊登於民國64年5月出版的《中外文學》，其學術創新性引起了廣大反響與討論。在這篇文章中，林先生基於五四新文化運動的失敗，提出了未來中國自由主義應當追求「創造的轉化」之訴求，這也是他日後將反覆循循善誘所提倡的理想。首先，值得注意的當然是，林毓生跳脫了其師殷海光視野下的五四運動，雖然殷海光在晚年被軟禁時已經對中華文化產生不同的反思。其次，林毓生對五四運動的全盤反傳統主義的分析，比其師史華慈對嚴復的思想史分析不但更為深入，而且提升了分析的層次，達到一種「典範建構」的學術成就。再次，由於五四運動代表性的思想家陳獨秀與魯迅與未來中國共產主義運動的密切關係，不意外地，這個分析取向也被運用到「中式馬列主義與毛澤東的烏托邦主義」之分析中。[15]

　　關於林先生與西方自由主義傳統，在他於1985年向聯經所提出的一個「西方政治思想史」撰寫計畫可以一窺其端倪：

> 筆者自1960年負笈來美，早年在芝加哥大學社會思想委員會從學於當代思想政治思想家海耶克（F. A. Hayek）、博蘭霓（Michael Polanyi）兩位先生與阿潤德（Hannah Arendt）女士[16]

15　林毓生，〈二十世紀中國激進化反傳統思潮、中式馬列主義與毛澤東的烏托邦主義〉，收入於氏主編《公民社會基本觀念》，下卷，頁785-863。本文乃是林先生對此議題的終極反思。

16　台灣現譯為「鄂蘭」，源於蔡英文先生為聯經「現代名著譯叢」所翻譯的《極權主義的根源》前兩卷。筆者曾詢問蔡先生何以翻譯為

以來，一直是以西方政治思想做為主要的研究興趣之一，迄今
25年間未嘗對其主要原典與重要學術專注閱讀與思考，有所間
歇。[17]

所以，林先生提出撰寫上下兩冊，約一千頁左右的西方政治思想史
之計畫，觀察林先生所列舉將探討的主要論題，和自由主義相關者
包括：

（j）英國封建社會與近代民主憲政起源。

（k）英國習慣法的演變與非來自理性建構的法治的建立。

（l）「判例」所構成的法理思考，法理思考與「建構性理性主
　　　義」（constructivist rationalism）的衝突。

（m）「建構性理性主義」與近代極權主義非明顯的關係。

（n）蘇格蘭哲學家們（休謨、亞當‧斯密、佛格森）底「批
　　　判性理性主義」（critical rationalism）對於在法治下的自由
　　　產生秩序的理論的突破。[18]

　　林先生以上對於西方自由主義發展史所提出的綱要，基本上是
基於其師海耶克的分析取向，特別是其巨著《自由的憲章》（*The
Constitution of Liberty*）第4、10、11等三章。在第4章中，海耶克把

────────────

（續）
　　「鄂蘭」，而非「阿潤德」或「阿倫特」（目前中國大陸的譯法）
　　這類發音較接近的名字？蔡先生答以：因為Arendt關心公眾事務，
　　對於重要的政治議題均參與論辯，有中國「諤諤之士」的風骨，故
　　以「鄂蘭」譯其名。

17　林載爵，〈因為複雜所以慢〉，頁21。

18　林載爵，〈因為複雜所以慢〉，頁22。

自由主義思想傳統區別為兩大類型：「英國的自由傳統」與「法國與歐陸傳統」，主張英國自由主義是一種漸進演化的社會發展理論，著重經驗，並且認為人的理性有其限制；相對地，法國自由傳統則著重啟蒙之抽象理性，追尋理論的先驗原則，然後重新建構社會。兩個學派的關鍵差異在於：「傳統」在英式自由主義中所扮演的思想資源角色與「建構式理性」在法國式自由主義產生的政治圖像大相逕庭。而在第10、第11章當中，闡述了英式自由主義「法治」觀念的源起，以及自由與法治所形成的「自發性秩序」。林毓生先生在討論自由主義與台灣社會時，不止一次引述海耶克的核心文本：

　　我在這裡只擬以譯述一段海氏著作原文的方式做一點簡要的說明（海氏在文中亦曾徵引了一段博蘭霓先生的話）：「人們的社會行為的秩序性呈現在下列的事實之中：一個人之所以能夠完成他在他的計畫中所要完成的事，主要在於他的行動的每一階段能夠預期與他處在同一社會的其他人士在他們做他們所要做的事的過程中，對他提供他所需要的各項服務。從這件事實中，我們很容易看得出來社會中有一個恆常的秩序。如果這個秩序不存在的話，日常生活中的基本需求便不可能得到滿足。這個秩序不是由服從命令所產生的；因為社會成員在這個秩序中只是根據自己的意思，就所處的環境調適自己的行為。基本上，社會秩序是由個人行為需要依靠與自己有關的別人的行為能夠產生預期的結果而形成的。換句話說，每個人都能運用自己的知識，在普遍與沒有具體目的的社會規則之內，做自己要做的事，這樣每個人都可深具信心地知道，自己的行為將獲得別人提供的必要服務；社會秩序就這樣產生了。這種秩序可稱之謂自動自發的秩序（spontaneous order），因為它絕不是中樞

意志的指導或命令所能建立的。這種秩序的興起，來自多種因素的相互適應，相互配合與它們對涉及它們底事務的及時反應，這不是任何一個人或一組人所能掌握的繁複現象。這種自動自發的秩序便是博蘭霓所謂的『多元中心的秩序（polycentric order）』。博氏說：『當人們只服從公平的與適用社會一切人士的法律的情況下，根據自己自發的意圖彼此交互作用而產生的秩序，可稱之謂自動自發的秩序。因此，我們可以說每個人在做自己要做的事的時候，彼此產生了協調，這種自發式的協調所產生的秩序，足以證明自由有利於公眾。這種個人的行為，可以稱之謂自由的行為，因為它不是上司或公眾權威（public authority）所決定的。個人所需服從的是法治之上的法律，這種法律應是無私的，普遍有效的。』」[19]

　　這個引文出現的脈絡均為相對重要的理論議題：首先是，林先生運用這個自由秩序論來對比於胡適之不自覺地受到儒家的影響，導致其容忍理論中產生一種由個人內心修養來建立容忍的社會；[20]其次是，林先生對法治要義的討論；[21]最後則是林先生回應楊國樞先生關於「台灣是否為多元社會？」所提出的分析。林先生強調，他所提出的多元社會並不是單純的分殊化之社會，而是海耶克與博蘭霓所主張的 "pluralistic society"，其意指以法治為基礎的自由架構所自發產生的秩序。[22]在這個脈絡中，可看出林先生受海耶克影響頗深：在政治社會秩序的層次，主張「以法治為基礎的自由架構」

19　《政治秩序與多元社會》，頁151-152。
20　《政治秩序與多元社會》，頁17-37。
21　《政治秩序與多元社會》，頁102-103。
22　《政治秩序與多元社會》，頁148-152。

乃是自由社會的構成原則，不容其他政治原則橫加干預；而在這一自由社會中，則可在自由秩序的前提下，不同的個人作為行動主體，將傳統文化與現代社會情境加以調適。後者促使林先生在批判五四激進反傳統主義之後思考出了一項正面性的文化主張：「創造性轉化」。

從形式上而言，林先生對於創造性轉化的意涵有清楚的說明：

> 「創造性轉化」是指：使用多元的思考模式，將一些中國傳統中的符號、思想、價值與行為模式選擇出來，加以重組與／或改造（有的重組以後需加改造、有的只需重組、有的不必重組而需徹底改造），使經過重組與／或改造過的符號、思想、價值與行為模式，變成有利於革新的資源；同時，使得這些（經過重組與／或改造後的）質素（或成分），在革新的過程中，因為能夠進一步落實而獲得新的認同。（在此處使用的術語中，「行為模式」當然包括政治、社會、經濟的行為模式。）[23]

然而，若比較他對創造性轉化的兩次學術性論述，[24]可以看出1990年代中期以後林先生某種思想的調整。在原來的論述中，林先生對創造性轉化的闡釋，只以家庭為例，討論了天賦人權觀念引進華人社會後對儒家傳統倫理觀念所產生的調整。到了最後定稿，則

---

23 林毓生，《中國激進思潮的起源與後果》，頁45。

24 分別是〈什麼是「創造性轉化」？〉，《政治秩序與多元社會》，頁387-394；以及〈「創造性轉化」的再思與再認〉，《中國激進思潮的起源與後果》，頁39-71。由後者卷尾的跋語可看出，前一篇乃1992年之初稿，後一篇則在1997年定稿。

加上了另外兩種可能性：儒家思想「創造性轉化」的道路，[25]以及以台灣社會為例探討如何由民間社會走向現代的公民社會。[26]而林先生在「弁言」與「引言」中除了說明他的修改過程，並特別強調「重讀原典後，在註釋中對亞里士多德所言『人天生是政治的動物』的詳細說明」。在林先生所加上的〈形構現代公民社會〉一節中可以觀察到，他超越了早期海耶克式的「以法治為基礎的自由架構所自發形成的秩序」觀點，並整合採納西方共和主義的公民參與與公民德行觀念。而在分析亞里士多德和古典共和主義時，更可看到林先生引用他在芝加哥大學社會思想委員會曾經師從的鄂蘭之著作 *The Human Condition*。[27]應當就是在這樣的思想轉折背景之下，他在90年代末發起前述「公民社會基本政治社會觀念研究」的計畫。這也反映在最後期的訪談中，訪談者周天瑋所見林先生案頭書架上海耶克與鄂蘭的書是他仍時時翻閱的經典。[28]

25　林先生始終認為新儒家所提出之「從儒家傳統開出科學與民主」的論述並非一種「創造性轉化」，參見《政治秩序與多元社會》，頁337-349。而在〈「創造性轉化」的再思與再認〉中，林先生只在第五節提出了儒家唯有在「仁先於禮」而非「禮先於仁」結構中，才有可能創造性轉化（頁55-56），並未討論當代新儒家；但在本文之後所附的討論中（頁72-92），則基於1995年演講會的討論，整理出仍然包含了當代新儒家是否為創造性轉化的討論。

26　〈「創造性轉化」的再思與再認〉，頁54-71。

27　〈「創造性轉化」的再思與再認〉，頁60。

28　https://gvlf.gvm.com.tw/article/74331?fbclid=IwAR0ZmztYnM17jPm
　　KEhHt9W3mpsD6tcq4s_p0HwL8AovcOl3VyfMdzzZW2HY
　　2023/7/20查閱。

四、張灝先生：幽暗意識與「扮演上帝」

　　張灝先生於1960年代負笈美國哈佛大學，而他的學術興趣很自然地就接受史華慈的指導，完成了《梁啟超與中國思想的過渡，1890-1907》。這部著作也充分反映出冷戰自由主義的分析取向，例如他強調，梁啟超在《新民說》中介紹權利與自由這些自由主義價值時，闖入了一個梁之個人學識無力駕馭的領域，無法為其讀者指出清晰準確的方向，反而衍生出集體主義的國家自由以壓倒了個人自由。[29]張先生同樣依據海耶克的英國和法國自由傳統的重大差別，[30]以及梁啟超對於集體自由的關切，認為梁無法領會柏林所稱的消極自由。[31]

　　除了冷戰主義代表性的思想家，張先生早期關於西方政治思想的資源，還來自於哈佛大學政府系當時相當具有影響力的佛德烈克（Carl J. Friedrich）。他是德裔美籍學者，學術專長非常廣泛，包含政治思想史以及比較政府。事實上，他為了對抗施密特的國家主權論，在30年代便編輯了多元主義政治思想家奧圖修斯（Johannes Althusius）的政治學。[32]奧圖修斯乃是16世紀對抗布丹主權說的重要理論家，並且為19世紀社會多元主義者基爾克（Otto von Gierke）

29　張灝，《梁啟超與中國思想的過渡，1890-1907》，崔志海、葛夫平譯（北京：新星出版社，2006），頁130。

30　《梁啟超與中國思想的過渡，1890-1907》，頁130。

31　《梁啟超與中國思想的過渡，1890-1907》，頁140。

32　Johannes Althusius, *Politica methodice digesta of Johannes Althusius*, with an introduction by Carl Joachim Friedrich（Harvard University Press, 1932）.

推崇為近代社會契約論與社會多元主義的始祖。佛德烈克主要的政
治思想研究是現代憲政主義，張先生援引他對自由的分析，[33]並指
出梁啟超後來通過德國政治學者伯倫知理而轉向開明專制論，乃屬
於「國家理性」傳統之議題。[34]

　　張灝先生的梁啟超研究，顯然是結合了史華慈的歷史分析取向
與冷戰自由主義；然而，據其自述，[35]他在哈佛大學求學時期，曾
有大幅度的思想轉折，包括中國民族主義、危機神學，乃至馬克思
的異化論等。換言之，和林毓生先生自始至終追尋自由主義內涵並
捍衛之的一貫性不同，張灝先生對於不同的思潮的接受度較高，這
也是他後來幽暗意識理論形成的重要背景。

　　張先生弟子丘為君曾詳細分析尼布爾（Reinhold Niebuhr）與田
立克（Paul Tillich）的危機神學對張先生的影響，[36]認為在此影響下，
張先生從80年代以後開始探討「幽暗意識」與現代憲政民主的關係。
其基本觀點是，西方之基督教以幽暗意識為出發點，不相信人在此
世有體現至善的可能；「人既不可能神化，人世間就不可能有『完
人』」，其理論的後果是不會追求「聖王」之類的理想。其次，幽
暗意識形成了西方傳統重視客觀法律與制度的傾向，藉以制衡權
力。[37]而在爬梳了中國儒家思想後，張先生認為幽暗意識雖然存在
於儒家傳統，但並未充分發揮；但也在這樣的背景下，他對於新儒

33　《梁啟超與中國思想的過渡，1890-1907》，頁136-137。

34　《梁啟超與中國思想的過渡，1890-1907》，頁175。

35　〈幽暗意識的形成與反思〉，收錄於氏著《時代的探索》（新北：
　　聯經，2004），頁229-236。

36　丘為君，〈張灝先生思想的形成與意義：以幽暗意識為中心〉，《思
　　想》，第46期，頁103-135。

37　張灝，《幽暗意識與民主傳統》（新北：聯經，2006），頁7-8。

家嘗試從儒家道德理想主義的基礎上發展民主與科學的論述,比較有同情的理解。[38]

在幽暗意識論的基礎上,張先生對於19世紀末至20世紀的中國思想進一步分析了兩個重大議題,分別見於他的兩篇文章:〈扮演上帝:20世紀中國激進思想中人的神化〉以及〈轉型時代中國烏托邦主義的興起〉。[39]在思想史的層次解釋「人的神化」議題時,除了來自中國傳統「天人合一」式思維的天賦神性觀念外,張先生援引史華慈前述的「浮士德-普羅米修斯張力」論。[40]然而,張先生後期從幽暗意識所開出的思想史分析除了史華慈觀點外,筆者認為還有其他的思想資源。

從危機神學的視域到思想史的分析之間,似乎仍需要有某些理論中介;個人認為張先生於1966到68年曾任教於美國南方的路易斯安那州州立大學,之後才轉任俄亥俄州州立大學;這兩年的時間應該讓他熟知同校的當代政治哲學家佛吉靈(Eric Voegelin)的著作與思想。表面上看,張先生著重運用佛吉靈五卷本的《歷史與秩序》(*Order and History*),嘗試拓展西方學界從雅斯培(Karl Jaspers)所提出的「軸心時代」(axial age),也就是公元前一千年左右古代東西幾個主要的文明區域中,大約同時發生空前的思想躍進,從部落社會發展出具有普遍性的「超越意識」(或張先生所稱的「超

38　《幽暗意識與民主傳統》,頁107-115。

39　《時代的探索》,頁141-160、161-207。事實上,「為什麼在中國,人會被神化」這個議題是在他生命最後時光仍然思考的問題,參見郭克,〈追念張灝先生:警覺人世與人性之惡〉,《思想》,45期,頁2。

40　《時代的探索》,頁145、223。

越的原人意識」）。[41]佛吉靈就是在這個理論創見中，嘗試分析軸
心時代的比較文明史，同時兼顧個人意識、政治社會結構，以及宇
宙神話（cosmic myth）等面向。張先生評論佛吉靈的理論如下：

> 佛是完全不同意黑格爾－韋伯這一思想傳承對「理性」這觀念
> 所做的狹隘解釋。因此他在評價世界文化的發展時，可以對「軸
> 心時代」做相當同情的了解。但問題是他跳出了黑格爾－韋伯
> 這一思想傳承的小筐子，卻跳不出西方文化的大筐子。他的基
> 本思想畢竟還是以古希臘與希伯來的精神思想為本源。從這本
> 源深處他吸收了一些對宇宙與生命的感受，以及對人類歷史發
> 展的認識。以此為根據，他縱覽世界文化的各主要發展。給予
> 古印度與中國文化在「軸心時代」所出現的思想躍進很高的評
> 價。但最後就生命與歷史的領悟深度而言。他仍不認為後者可
> 以與古希臘與希伯來文化在同時所產生的思想突破相提並論。
> [42]

　　除了這個聚焦於意識層次的比較文明史對張先生後期對儒家與
軸心文明研究外，筆者認為，佛吉靈另一面向的思想史研究應該對
張先生也有所影響：張先生後期對轉型時代中國烏托邦主義的興
起，以及20世紀中國激進思想中「人的神化」或「扮演上帝」這兩
個重要的主題，似乎形成了與佛吉靈的某種「隱密對話」（hidden
dialogue）。
　　我們不妨從張先生《時代的探索》所引用佛吉靈的著作來尋找

41　〈世界人文傳統中的軸心時代〉，《時代的探索》，頁2、10-11。
42　《時代的探索》，頁4。

其中的蛛絲馬跡。除了 *Order and History*（p. 4, 12）之外，還有佛氏的 *New Science of Politics*（p. 4）、*Science, Politics and Gnosticism*（p. 170），以及 *From Enlightenment to Revolution*（p. 167, 192）。從這些引註中大概可以看出，在研究近代中國烏托邦主義的歷史時，張先生接著佛吉靈的觀點強調，啟蒙的激進主義蘊含著如基督教啟示般對人類發展預示著最後戰勝邪惡的思維，而現代啟蒙主義乃是在人類的可完美性和社會可不斷進步的信念下，在此世實現終極理想國，從而產生烏托邦的信念。[43]

　　然而，關鍵的議題在於，張先生關於「人的神化」作為思想史的課題，似乎也有受佛吉靈的影響。如張先生所提到的「優西摩主義」（Euhemerism），一種將有特殊能力的人加以神化的趨勢，正是來自於佛氏的分析。[44]佛吉靈對於西方現代性提出了獨特的神學與歷史哲學的解釋，他主張，在羅馬帝國基督教化以後，「屬靈的」與「俗世的」雙重秩序，形成了教皇與皇帝二元存在與超越性之代表。這個均衡，於12世紀時被神秘主義者約阿希姆（Joachim of Flora）所打破。他嘗試通過神學與歷史的符號建構產生一種社會的重新神聖化（re-divization of society），並運用基督教的三位一體概念建構人類歷史有三個時代（或可稱為「三世說」）：基督降生前，是聖父的時代；降世後則為聖子時代；第三個時代則是屬靈的精神生命之完滿化。相應於此種神學歷史觀，產生了四種象徵符號（symbolism）：首先，第三個時代乃是終極的「第三王國」（Third Realm）；其次，新時代有屬靈的「領袖」（leader）；第三，呼喚

43　《時代的探索》，頁167。

44　《時代的探索》，頁159；cf. Eric Voegelin, *The Ecumenic Age*（Baton Rouge: Louisiana State University Press, 1974），pp. 67, 101, 107.

新時代需有「先知」（prophet）；第四，第三王國作為一種共同體，其成員不需要制度的權威即可共同生活，自主的人們通過友愛可在精神上臻至完美。[45]這個神學歷史的符號建構，通過清教徒革命中霍布斯的「利維坦」（*Leviathan*）將主權者建構為人民之代表，乃至於黑格爾的歷史哲學之呈現為人類理智得以完全掌握歷史作為精神發展的階段等，都是這個傳統後期的理論發展。最終則反映在啟蒙所帶來的無政府主義、烏托邦激進主義、馬克思的共產革命，以及希特勒的「第三帝國」等的政治符號。佛吉靈主張，這些現代政治意識形態都可追溯到約阿希姆對早期基督教「靈智主義」（Gnosticism）的轉化。[46]

佛吉靈的分析代表冷戰時期宗教保守主義者所提出之現代性病徵的分析，並對納粹與共產兩種極權主義提出一種「精神史」的解釋。雖然佛吉靈的論述因宗教色彩較強，在美國學界影響不大；但以下的事實可以看出當時政治思想家在冷戰時期對抗極權主義的努力：他的演講乃是芝加哥大學在沃爾格林基金會（Charles R. Walgreen Foundation）贊助下所定期舉行的演講系列，佛吉靈是1951年度的講座，而史特勞斯的*Natural Right and History*乃是1949年之講座，而鄂蘭的*The Human Condition*則為1956年的講座，後來都成為當代政治哲學經典。換言之，除了「冷戰自由主義」之外，另外有一批思想家借重古典思想傳統而對西方現代性——特別是極權主義——提出批判。

張灝先生後期與佛吉靈的「隱密對話」在於，他雖然並沒有完

---

45 Eric Voegelin, *The New Science of Politics: An Introduction*（Chicago: The University of Chicago Press, 1952）, pp. 110-113.

46 Voegelin, *The New Science of Politics*, pp. 124-125.

全接受佛氏的史觀（例如黑格爾的歷史哲學一定會肇生出左派或右派極權主義）；[47]但是，佛吉靈運用神學與歷史哲學分析所建構出的「政治宗教」（political religion）概念來詮釋左右兩派極權主義的精神史根源，則似乎是張先生在闡釋「人的神化」或「人極意識」（radical anthropocentrism）時極為重要的參考資源。舉例而言，張先生分析三民主義由「政治宗教」走向改良主義時，將政治宗教界定為「環繞一種政治信仰而展開的一種狂熱運動」，由先知型的政治領袖所倡導，而包含「領袖」、「信仰」和「群眾」三個基本要素等，都可以觀察到佛吉靈的影響。[48]

五、結語：密涅瓦的貓頭鷹

黑格爾在《法哲學原理》序言中曾說：「密涅瓦的貓頭鷹要等到黃昏來臨之際才開始飛翔」，這句話表達了思想與時代精神的緊密關連；而本文則分析了林毓生、張灝兩位先生，在其師殷海光思想的啟蒙下，負笈美國，援引冷戰自由主義以及同時期其他重要的理論資源，分析自由主義理念以及在華人社會實現的歷史問題，各自完成了思想研究的重大里程碑，並成為台灣第二代自由主義者的代表。

然而，時代的巨輪不斷推進，70年代初羅爾斯的巨著《正義論》刊行後，西方自由主義逐漸脫離了冷戰自由主義的格局，朝向康德式普遍主義發展。自由與平等、自由與民主、自由與憲政等政治價

47　《幽暗意識與民主傳統》，頁221。
48　《幽暗意識與民主傳統》，頁203。並請參考頁225-226對共產主義和毛澤東思想作為「革命的宗教」之分析。

值，也被重新理解和評估。當然，這也深刻影響了台灣乃至華人世界下一代的自由主義論述。

在2020年底，筆者完成《探索政治現代性：從馬基維利到嚴復》後，寄給林先生，收到師母的覆卡，寫道「我已將書拿給毓生看，他現在雖然力不從心，但可偶爾翻翻」，讀之不禁悵然。

謹以此文紀念一個消逝的傳奇世代。

蕭高彥，中央研究院人文社會科學研究中心特聘研究員，並合聘於中央研究院政治學研究所及臺灣大學政治學系。主要研究領域為政治思想史，著有《西方共和主義思想史論》（2013）與《探索政治現代性：從馬基維利到嚴復》（2020）等。

意義危機、幽暗意識與儒家自由主義：

重訪張灝的思想世界

曾國祥

引言

張灝院士（1937-2022）是享譽中外學界的知名思想史家，對於近代中國轉型時期（1895-1925）的許多重要議題，都有鞭辟入裡的精湛闡述，其中又以「幽暗意識」的掘發最為著稱，已成為學界探討儒家與自由主義是否相容所不可或缺的觀念參照。[1] 作為「一個五四型的自由主義者」，[2] 張灝對於儒家傳統中的天人合一、內在超越、人極意識、德性政治、聖王精神、極端樂觀的道德理想主義等思想遺緒多所批評。但在此同時，從他對於基督教原罪思想的挖掘，對於「浮士德—普羅米修斯精神」的省思，對於自由主義必須與中國文化銜接的期許，在傳統與現代的關係上所流露出來的「保守啟蒙」的態度，對於歷史與人性的複雜難解的深刻體悟，乃至於對於「高調的民主」的戒慎恐懼，卻又難免會令人聯想到近代保守

---

1 張灝，《幽暗意識與民主傳統》（新北：聯經，1989）。
2 張灝，《時代的探索》（新北：聯經，2004），頁229。

主義之父柏克（Edmund Burke）的學術關懷。而在當代政治哲學的
討論中，張灝主要的問題意識也和歐克秀（Michael Oakeshott）頗
為雷同，尤其「幽暗意識」儼然就是歐克秀所謂的「政治懷疑論」
的翻版。

　　總的來說，正如柏克與歐克秀（以及包括休謨在內的許多英國
作家），張灝的治史方法，看待文明、理性與人性的基本思路，乃
至於政治思想的主要信念，都呈現出一種執兩用中的調和、調節或
調適的精神（the spirit of moderation）。正如張灝自己在反思五四時
期個人主義與群體意識的兩歧性時所明白指出的，「我們應該避免
徘徊於顧此失彼的兩個極端，而正視其雙重的挑戰，以求在思想中
如何調解平衡這兩種對立的理念」。[3] 這與歐克秀在解釋「政治懷
疑論」與「政治善意論」的對峙衝突時所抱持的想法如出一轍。[4]

　　據此，本文主要的寫作目標有三層：首先，作者將透過比較政
治思想的視野，來展演張灝自由主義思想中的保守主義元素與調適
精神。換言之，在筆者看來，張灝的思想體系容有「保守自由主義」
的詮釋空間。其次，雖然張灝本人並未正面回答儒家與自由主義如
何接榫的問題，但是他所提出的、探索不同政治思潮類型的問題架
構：依據「幽暗意識」與「成德意識」之表現方式與含蘊深淺的不
同，實有助於我們追索「儒家自由主義」的可能性。[5] 最後，基於

3　同上，頁137。

4　Michael Oakeshott, *The Politics of Faith and the Politics of Scepticism*,
　　ed. Timothy Fuller（New Haven and London: Yale University Press,
　　1996）.

5　換言之，本文僅擬從政治思想史的角度探索「儒家自由主義」的可
　　能性，而不論及「儒家自由主義」作為一種規範政治哲學的可欲性
　　與合理性。關於後者的討論，請參見Roy Tseng, *Confucian Liberalism:
　　Mou Zongsan and Hegelian Liberalism*（Albany: State University of

以上的討論，作者將試著在結論中重申：在政治思想史的發展脈絡中，自由主義、保守主義和共和主義之間存在著錯綜複雜的相互影響關係，而不是截然對立的理論範疇。

一、意義危機與幽暗意識

　　根據張灝的見解，從1895到1925這大約30年的時間，是「中國思想文化由傳統過渡到現代、承先啟後的關鍵時代」，[6] 除了知識傳播媒介的變革與擴散，在思想內容上也出現了史上罕見的兩個劇烈變化。第一個巨變是「文化取向危機」：「當支撐這個『意義世界』的基本價值觀與宇宙觀解紐時，文化認同取向和終極意義取向也會因此錯亂而失效，造成精神上的空虛失落與情緒上的徬徨無主」。[7] 換言之，由於「文化取向危機」同時涉及價值取向、精神取向與文化認同等層面的頓挫，並導致整個價值體系的迷失：「道德迷失」、「存在迷失」與「形上的迷失」，因此轉型時期的時代印記，也可以說就是一種鋪天蓋地的「意義危機」，徹底打破了中國「一向藉以安身立命的傳統世界觀和人生觀」。[8]

　　轉型時期的第二個巨變則是思想論域的激進轉換。在張灝的分析中，當時的思想論述具有三段意識結構：激進的文化自我批判意識與疏離感；狂飆的前瞻意識，湧現各種追求大同思想和世界主義的烏托邦思維；以及熱切爭辯從現實通向未來之途徑的改革意識或革命意識。會而通之，這三段結構反映出了張灝稱之為「歷史理想

（續）──────────────

　　　New York Press, 2023）。
　6　張灝，《時代的探索》，頁37、252。
　7　同上，頁117。
　8　張灝，《幽暗意識與民主傳統》，頁85-88。

主義」的思想態勢，其特徵包括：（一）、儒家道德理想主義與啟蒙「浮普精神」（浮士德—普羅米修斯的精神）（Faustian-Prometheanism）的匯流；[9]（二）、接受歷史終極目的論；（三）、強烈的政治行動傾向，或以政治為本位的淑世精神，並投射出一種高度的人本意識；（四）、意識本位的歷史發展論；（五）、回歸應然與實然相結合的傳統思想模式，促使「宇宙觀與價值觀的統一得以在轉型時代以一個新的形式延續」。[10]

　　依此，我們可以說，從梳理梁啟超與中國思想的過渡開始，經過青壯時期的擴展，尤其是在扛鼎之作《中國知識分子的危機意識》中對於康有為、譚嗣同、章炳麟、劉師培的思想體系的重建，到晚年出版《時代的探索》文集，張灝終生一以貫之的學術志業，便是同情理解中國近代思想人物如何在傳統文化的垂危時刻，重新「尋求秩序與意義」。[11] 這也正是張灝寫作〈新儒家與當代中國的思想危機〉一文的主要脈絡。[12] 換言之，透過「意義危機」所指涉的傳

9　關於「浮普精神」與近代中國政治思想之形成的原創性討論，請參見Benjamin Schwartz, *In Search of Wealth and Power: Yen Fu and the West*（Cambridge, Mass.: Harvard University Press, 1964）, pp, 237-239。

10　張灝，《時代的探索》，頁56-60。

11　請參見Hao Chang, *Liang Ch'i-ch'ao and Intellectual Transition in China 1890-1907*（Harvard University Press, 1971）；以及 Hao Chang, *Chinese Intellectuals in Crisis: Search for Order and Meaning*（Berkeley and Los Angles: University of California Press, 1987）。以上兩書均有中譯本：張灝著，崔治海、葛夫平譯，《梁啟超與中國思想的過渡，1890-1907》（南京：江蘇人民出版社，1883）；張灝著，高力克、王躍譯，《中國知識分子的危機意識：尋求秩序與意義，1890-1911》（北京：中央編譯出版社，2016）。

12　Hao Chang, "New Confucianism and the Intellectual Crisis of Contemporary China," in *The Limits of Chang: Essays on Conservative*

統與現代的歷史角力與價值拉扯，張灝在提倡自由主義的同時，並未忽視當代新儒家在「尋求秩序與意義」上的貢獻：開創「政統」（民主）、建立「學統」（科學）、維護「道統」（從道德形上學的視域對生命的終極意義進行全幅探討）。

　　在張灝看來，雖然儒家思想傳統中存在著不利於民主發展的人性觀點，但這並不表示華人世界若要發展民主，便須剷除儒家文化，將其連根拔起。對於儒家的道德理想主義，張灝基本上是在「同情了解的同時，也保持批判的態度」。[13] 有關傳統儒家為何開出不出民主的思想癥結，張灝提供我們兩個切入點。首先，如所周知，張灝主要是藉著「幽暗意識」的概念，建立起中西文化的比較架構，並藉以解釋自由主義與儒家在人性觀念上的異同。此外張灝對於轉型時期的思想趨勢的宏觀考察，尤其是對極端樂觀的道德理想主義的批判，亦有助於我們從寬廣的歷史縱深，來反思儒家與自由主義之間的思想衝突。

　　張灝思想中的「幽暗意識」概念的形成，受到尼布爾（Reinhold Niebuhr）危機神學的深刻影響，[14] 此外徐復觀對於儒家「憂患意識」的疏解，以及馬克思的「異化」也曾發揮一定的作用。在定義上，「幽暗意識」是指「發自對人性或宇宙與始俱來的種種黑暗勢力的正視和醒悟」。由於這些黑暗勢力是「植基於人性，結根於人群」，

（續）———
　　Alternatives in Republic China, ed. Charlotte Furth（Cambridge, Mass.: Harvard University Press, 1976），pp. 276-302.中譯本收於張灝，《幽暗意識與民主傳統》，頁79-116。
13　張灝，《時代的探索》，頁235。
14　危機神學的主旨是：「回歸基督教的原始教義，而彰顯後者所強調的人與神之間無法逾越的鴻溝」。正因為對人的罪惡性的強調，所以尼布爾說：「人行正義的本能使得民主成為可能，人行不義的本能使得民主成為必要」。張灝，《時代的探索》，頁231。

因此「只要人還是人，憂患便不可能絕跡」，也因此這個世界才有缺陷，人的生命才不能圓滿。[15] 就此而言，「幽暗意識」的起源可以追溯至基督教的原罪思想，亦即，相信人有根深蒂固的惡性，無法體現上帝才能擁有的至善，因此人最多只能靠著自己的努力和恩寵獲得救贖，而欠缺牟宗三所謂的「智的直覺」，可以透過道德心的自我創造，達成天人合一的圓善境界。

在政治思想上，嚴肅面對「幽暗意識」的一個後果，便是傾向於以客觀法律制度來限制權力的集中與濫用，從而避免擁有極大權力的統治者恣意妄行，塗炭生靈。張灝引用佛利德列克（Carl J. Friedrich）的觀點指出，自由主義主張分權制衡的原則，正是受惠於基督教的「幽暗意識」。[16] 循此，不論麥迪遜在《聯邦黨人文集》（*Federalist Papers*）中的著名提問「如果每個人都是天使，政府就沒有存在的必要了」，或是阿克頓爵士復刻基督教原罪觀念的人性警語「權力容易使人腐化，絕對的權力絕對會使人腐化」，都可以被看成是從人的陰暗面來闡揚自由主義政府原理的至理名言。[17]

相對於此，以孔孟為正統的儒家思想長期受到「成德意識」所籠罩。若依孟子「盡心、知性、知天」的道德形上學架構，則儒家的「成德意識」所強調的，是內在超越的克己精神，並以追求至善為人生最高目標。當然，這並不是說儒家思想傳統僅有「成德意識」，而與「幽暗意識」徹底絕緣。事實上，依據徐復觀的考察，《論語》

15 張灝，《幽暗意識與民主傳統》，頁4、56-57。
16 同上，頁6、11、235。請參見Carl Friedrich, *Transcendental Justice: The Religious Dimension of Constitutionalism*（Durham, Duke University Press, 1964）。
17 張灝，《幽暗意識與民主傳統》，頁236-237。

的寫作語境仍承載著周初以來的「憂患意識」，[18]而從《孟子》論及「大人」與「小人」或「大體」與「小體」的生命二元論觀點，到宋明儒有關「義理之性」與「氣質之性」或「天理」與「人欲」的區分，也都在在說明了人世的缺陷；即便對成德充滿自信的王陽明都有「學絕道喪，人心陷溺」的喟嘆。[19]雖是如此，從其總體發展趨勢來看，儒家的「幽暗意識」只是「間接的映襯與側面的影射」，不像基督教那樣是作「正面的彰顯與直接的透視」。換句話說，儒家思想傳統與深受基督教影響的自由主義對於「幽暗意識的表現方式和含蘊的深淺有所不同」；儒家的主調是「成德意識」，「幽暗意識」只是從屬與陪襯，而自由主義卻恰恰相反。[20]因此之故，儒者縱然時而受到孟子「以德抗位，以道抗勢的權威二元觀念」的感召，而在歷史上展現出強烈的抗議精神與批判意識，惟「這些究竟只落在觀念層次，並沒有形成一套客觀的制度」。[21]

　　深一層看，與儒家「成德意識」互為表裡的「超越意識」，除了天人合一的內在超越模式之外，實際上還有天人相應的外在規範模式。簡而言之，前者是儒家在軸心時代的創新，[22]後者則是殷商宇宙文化的演化，其特點是「相信人世的秩序是植基於神靈世界和宇宙秩序」，也就是說天人之際是「透過人世間的基本社會關係和制度而建立的內在本質聯繫」。[23]以此言之，宋明儒所承襲的，主

18　徐復觀，《中國人性論史先秦篇》（新北：臺灣商務印書館，1969），頁20-32。

19　張灝，《幽暗意識與民主傳統》，頁23-24。

20　同上，頁18、21-22、27、59。

21　同上，頁53、230、241。

22　關於「超越意識」與軸心時代的進一步探索，參見張灝，《時代的探索》，頁1-26。

23　張灝，《幽暗意識與民主傳統》，頁38。

要是內在超越模式，這說明了為何當時的儒者大多傾心於回歸孟子
的心性之學，來開展天人之際的討論。相較於此，晚周到秦漢的儒
家思想則是深受外在規範模式的影響，其中漢儒的《春秋繁露》與
《百虎通義》堪為代表。儘管如此，在儒家思想的歷史進程中，這
兩種模式實際上是彼此滲透、相互摻雜。因此，我們可以說，從先
秦到晚清儒家的發展雖然曲折多變，但這種「雙重性格」始終維持
不變；我們甚至可以說，主要是「兩者不同的比重大致決定了各家
各派的超越意識和批判意識的強弱」。[24]

　　從當前儒學哲學的路線分歧來看，張灝的此一洞察別具意義。
因為在當代語境中，港台新儒家所提倡的「心性儒學」，基本上即
是對孔孟與宋明儒的天人合一思想的發揚；這種追求內在超越的道
德形上學，可以透過牟宗三賦予「道德主體」的三項特徵予以闡發：
「內在道德性」、「縱貫縱講」以及「道德圓善」。[25] 至於晚近興
起於中國的「政治儒學」，或所謂儒學的「制度轉向」，則無疑是
對天人相應的外在規範模式的復興。持平而論，傳統社會對於禮制、
三綱、經世致用精神，以及社會和諧秩序的著重，都可以視為是外
在規範模式的長期醞釀與歷史作用。然而這在政治上卻導致了一個
極不利於民主發展的心態，那就是一再出現君權至上與大一統的思
想。順著這層意義來說，正如孟子的「權威二元觀念」在歷史上始
終受到抑制，而無法進一步將君主與人民之間的「隸屬關係」扭轉
成民主社會中公民之間的「對列格局」，港台新儒家對於「儒家民
主政治」（Confucian democracy）的追求，也刻正面臨來自中國政
治儒學所倡議的「儒家賢能政治」（Confucian meritocracy）的攻訐。

24　同上，頁40、56。

25　請參見 Tseng, *Confucian Liberalism*, Chapter 1。

　　綜上所述，儒家無法開出民主的主要思想因素，可以歸咎於這兩股力量在歷史中的相互激盪：其一是從孔孟、宋明儒學到心性儒學的道德理想主義始終未能直接透視「幽暗意識」的真諦，其二則是漢儒、今文經學與政治儒學致力於發揚君權至上與大一統思想。但萬變不離其宗，這兩股力量最終都可以被收束在古典儒家的德性政治架構之內，其核心理念不外有二：「一、人可由成德而臻於至善。二、成德的人領導與推動政治以建立一個和諧的社會」。[26] 然而，歷史證明「內聖」終究推不出「外王」，因為聖王精神所強調的是「讓德性與智慧來指導和駕馭政治權力」，[27] 而民主政治所重視的，卻是透過客觀法律制度來防範權力濫用。用牟宗三的術語來說，傳統儒家只發展出了蘊含民本思想與治理之德的「治道」，從未真正開出以主權國家與憲政民主為導向的「政道」。總之，正因為儒家的聖王精神充斥著樂觀主義，所以暗藏著政教合一的權威主義以及烏托邦主義的傾向。

　　由此觀之，「幽暗意識」可謂是張灝從自由主義思想傳統中所提煉出來的一個與「成德意識」相對立的概念，其目的在於舒緩、調解儒家思想傳統中極端樂觀的道德理想主義的歷史力道，以利民主制度在華人世界的開展。關於此，稍後另有更多討論。現在，必須立即指出的是：順著張灝的思維理路，儒家極端樂觀的道德理想主義不但與「幽暗意識」相斥，甚至助長了一些不利「幽暗意識」萌芽的狂熱思潮在轉型時期的中國勃然發展。在張灝看來，西方啟蒙運動所強調的「人力無邊，人定勝天」的「浮普精神」在轉型時期輸入中國後，便開始與儒家天人合一的宇宙觀對於「人極意識」

26　張灝，《幽暗意識與民主傳統》，頁28、74、242。

27　同上，頁28。

的闡發相互結合。中西思想的此一匯流，不僅是五四前後出現革命思想的主要資源，[28] 儒家極致的人本意識，因過度強化「人的神性」（deification of man）或「自我神化」的思想遺產，更為由毛澤東集其大成的中國極權主義思想的崛起鋪墊。[29] 而且，不管是寄望一個更美好的未來可以在歷史中緩慢達成的「軟性」烏托邦主義者如康有為與胡適，還是相信人有能力改變當下現實社會的「硬性」烏托邦主義者，包括以「仁學」著稱的譚嗣同、無政府主義者劉師培以及推崇歷史目的論的李大釗，實際上都傾向於將「烏托邦等同於儒家的『大同』理想」；換言之，他們的論著以現代的哲學語彙和修辭方式，再現了傳統儒家將人神化的極度樂觀主義，以及信奉人可以透過自我操持而臻於至善的道德理想主義。[30]

二、 文明論與自由主義

「幽暗意識」的概念是否已然盡窺自由主義人性論的全貌？「幽暗意識」與「成德意識」的對比關係對於我們探索「儒家自由主義」的可能性又能帶來怎樣的啟發？在對此二問題展開討論之前，作者想要先回到前面提及的一個重要前提，那就是張灝對於自由主義的求索並未導致他捨棄儒家文明。很明顯的，張灝並非一位徹底反傳統、反儒家的自由主義者。相反，作為一位思想史家，張灝所真正關注的，毋寧是「自由主義在中國傳統中究竟有沒有根源」的問題；

---

28 張灝，〈中國近百年來的革命思想〉，收於《時代的探索》，頁209-228。

29 張灝，〈扮演上帝：二十世紀中國激進思想中人的神化〉，收於《時代的探索》，頁209-228。

30 張灝，〈轉型時代中國烏托邦主義的興起〉，收於《時代的探索》，頁161-207。

他堅信「由世界文化的整體角度來看，自由主義的思想傳統的建立，必須與中國文化銜接，而給中國文化賦予現代意義」。[31] 換句話說，通過意義危機的視窗，張灝對於中國自由主義前景的探勘，始終圍繞著轉型時期所涉及的、從傳統到現代的價值轉換問題。故此，如何同情理解近代中國的保守主義思潮，也就成了張灝學術版圖中另一重要、但卻常常受到忽視的研究領域。

張灝認為，雖然當代新儒家深知科學與民主乃西方富強之道，但他們並未毫無保留地接受韋伯「以理性主宰世界」的觀念；中國近代的保守主義運動也不是李文蓀（Joseph R. Levenson）所提出的文化認同觀點：「無法固守傳統的自我形象，由此生出一種渴望彌補受創傷的文化尊嚴的情緒」，[32] 可以通透說明的。因為這恰恰忽略了近代中國思想人物所面臨的特殊歷史處境，亦即意義危機。事實上，從「科玄論戰」到全面批評實證主義與科學主義，從「民主開出」到重新奠定民主的道德基礎，當代新儒家在提倡科學與民主等現代價值的同時，亦對西方現代性的道德困境進行深刻反省：道德生態危機、工具理性或功效理性當道、公共意義流失、機械主義、物化、疏離、冷漠。這清楚表明近代中國的保守主義具有會通中西的普遍主義傾向，並因而致力於從儒家思想傳統中萃取人文精神，以開創一套具有現代意義的世界觀、道德觀、知識觀與政治社會觀。故此，在著稱的《為中國文化敬告世界人士宣言》中，新儒家的代表人物刻意講述了西方人應向東方文化學習之處，包括：「當下即是的精神」、「圓而神的智慧」、「悲憫之情」、「使文化悠久的

31　張灝，《幽暗意識與民主傳統》，頁225。

32　張灝，《時代的探索》，頁163；張灝，《幽暗意識與民主傳統》，頁 82-83、110。請參見Joseph R. Levenson, *Confucian China and Its Modern Fate*（Berkeley: University of California Press, 1958），xiii-xix。

智慧」，以及「天下一家之情懷」。在此，若是扣住張灝所陳述的、
轉型時期的問題框架來看，則當代新儒家一個顯著且重要的貢獻，
便是從保守主義的哲學視域，消弭、調適西方啟蒙以來的「浮士德—
普羅米修斯精神」。

　　進一步看，對於發生在近代中國的啟蒙運動，亦即五四的全盤
反傳統主義，張灝自己也是抱持著批判的態度；在他看來，五四在
當代的主要意義，在於「重新發現人、重新估定一切價值」，而非
告別傳統。[33] 依張灝之見，傳統與現代之間最恰當的關係，應該是
相互調和：「以傳統批判現代化，以現代化批判傳統」。[34] 在晚年
的〈重訪五四：論五四思想的兩歧性〉長文中，張灝對於五四有一
段極其傳神的描述如下：

　　世界主義與民族主義，伴隨著理性主義與浪漫主義、懷疑精神
　　與宗教精神、個人主義與群體意識，都在那裡迴旋激盪，造成
　　當時五光十色、撲朔迷離的思想氣氛。[35]

　　面對此一處境，誠如前文所述，張灝所採取的也是不偏不倚、
執兩用中的調適精神：「避免徘徊於顧此失彼的兩個極端，而正視
其雙重的挑戰，以求在思想中如何調解平衡[各]種對立的理念」。

　　正因為對於傳統與調適精神的重視，所以張灝探究自由主義的
焦點，並未直接指向大家耳熟能詳的契約論自由主義（contractarian
liberalism）（如洛克）、效益論自由主義（utilitarian liberalism）（如

33　張灝，《幽暗意識與民主傳統》，頁152-156。
34　同上，頁117。
35　張灝，《時代的探索》，頁135-136。

密爾）或本務論自由主義（deontological liberalism）（如康德），
亦未正面涉入當代強調權利至上與國家中立的權利論自由主義
（rights-based liberalism）。相對而言，在自由主義的歷史類型學中，
張灝的議論焦點毋寧更接近於作者所謂的「文明論自由主義」
（civility-based liberalism）。更具體地說，從文化認同與傳統轉化
的角度切入，自由主義在其發展過程中所經歷的一個接近轉型時期
的知識境況，或許可以對照於18世紀的蘇格蘭啟蒙運動。概而言之，
「蘇格蘭哲學的中心問題」，正是想在一個「可傳授的文明哲學」
的架構之內，來調適商業社會（the commercial society）的進步價值
與傳統世界的道德規範。[36] 換言之，包括自稱為「溫和懷疑論者」
的休謨、講述「看不見的手」的亞當斯密、乃至於承繼「公民人文
主義」的弗格森（Adam Ferguson）在內的蘇格蘭哲人，其思想主軸
不僅都觸及了古今之辨，而且也都從各自不同的觀點擴展了自由主
義的思想版圖。在此推導上，柏克的政治思想和蘇格蘭啟蒙哲人亦
有許多異曲同工之處。

　　「文明論自由主義」對於我們重新評估自由主義在華文語境的
實踐歷程有其特殊意義。眾所周知，18世紀的歐洲是啟蒙精神飛揚
的年代，但與歐陸的激進啟蒙明顯不同——暫且不論是「浮普精
神」，還是盧梭的道德主義——18世紀的英倫哲學，尤其是前述的

36　請參見George Davie, "Berkley, Hume, and the Central Problem of
　　Scottish Philosophy," in D. F. Norton et al. eds., *McGill Hume Studies*
　　（San Diego: Austin Press, 1976）。文明性一詞主要由從禮儀（good
　　manners）演變而來，在18世紀蘇格蘭的思想語境中，文明化主要
　　意指：相對落後的蘇格蘭，如何透過道德、政治、社會、經濟、生
　　活條件的全面改善，來迎頭趕上已然進入文明進程的英格蘭。關於
　　"civility" 概念的進一步討論，請參見 Tseng, *Confucian Liberalism*,
　　pp. 151-167。

蘇格蘭啟蒙運動，帶有波卡克（J. G. A. Pocock）所稱的「保守啟蒙」
的特質。[37] 這是因為刻劃蘇格蘭啟蒙運動的一個顯著特徵，便是重
揭古典德性框架，來評估來勢洶洶的新興商業文明對於人性、宗教、
科學、道德、社會與政治所帶來的全面衝擊。總之，誠然上述這些
作家在許多具體問題上存在著爭執與差異，但為了因應商業文明的
興起這一時代課題，牽引他們學思歷程的一個中心提問是：如何為
傳統倫理思維注入符合現代世界的社會法則與政治原理？或者，反
過來說，如何將傳統倫理轉化成可以支持現代社會與政治之運作的
新道德？

　　反觀近代中國，從康有為、譚嗣同以來，有關政治秩序與價值
取向的討論，同樣是被放在古今之辨、傳統與現代、禮教與文明、
自我與他者等問題系列中加以探究。在筆者看來，如果說五四的反
傳統主義代表著「激進的啟蒙」，那麼張灝嘗試調和傳統與現代以
及中國文化與自由主義的思考定向，恰恰顯露出了「保守的啟蒙」
的歷史深意。從這點來說，相對於當代權利論自由主義有關「對的
優先於善的」、「個人獨立於社群」、「權利是王牌」、「國家中
立性」等理性原則的證成，「文明論自由主義」所涉及的道德進步、
文明性與公民性（英文都是 civility）之間的辯證關係、從「文明社
會」到「公民社會」（英文都是 civil society）的曲折發展、歷史主
義思維、仁慈與愛、道德情感、同情共感（sympathy）、人性整體、
全球視域、跨文化對話等議題，實際上為我們開啟了一個比較政治
理論的研究綱領。

---

37 請參見 J. G. A. Pocock, "Conservative Enlightenment and Democratic
　　Revolutions: The American and French Cases in British Perspective,"
　　Government and Opposition, 1989, 24（1）: 81-105。

　　更明確地說，因受當代分析哲學與權利論自由主義的深遠影響，「文明論自由主義」的論述形態一度式微：分析哲學家的關注焦點，是「正義政治」（the politics of justice），而非「文明政治」（the politics of civility）。但由於欠缺歷史意識與思想史關懷，分析哲學家往往忽略了18世紀自由主義有關文明性的相關議論，不但一直延展到19世紀的知識場域，並開啟了學者所謂的「帝國主義轉向」，[38] 而且正是在這種「帝國自由主義」（imperial liberalism）的衝擊之下，造就了晚清中國知識分子與自由主義思潮的歷史邂逅，從而深刻地影響了華文學界認識與評價自由民主的方式。

　　不僅如此，從政治思想史的角度來看，蘇格蘭啟蒙作家的道德與政治思想，實際上還大大擴展了自由主義的全球視野：對於歐洲文明如何擺脫野蠻境況的自我覺醒、對於專制獨裁的政治邪惡之全球擴散的戒慎恐懼、對於現代性可能面臨之道德危機與政治困境的自我批判、對於人類整體福祉與人性共同特徵的無盡求索、對於道德進步的熱切渴望、對於仁慈、愛、同情心與道德情感的歷史掘發，等等。總結地說，只要我們能夠擺脫將保守主義視為自由主義之對立面的偏見，並正視「正確理解下的保守主義」（conservatism properly understood）對於推動自由主義價值的正面意義，那麼正如西方政治思想史家通常不會因為柏克批判法國大革命的保守傾向，就質疑他在辯護英國混合憲法、法治原則與個人自由上的歷史貢獻，我們一樣可以公允地重新評估，新儒家在為華人世界開創自由主義思想版圖上的卓越成就：藉著傳統與現代的相互批判、彼此調適，創建一

38　請參見 Jennifer Pitts, *A Turn to Empire: The Rise of Imperial Liberalism in Britain and France*（Princeton: Princeton University Press, 2005）。

套關於「儒家自由主義」的政治理論。

三、 人性論與自由主義

在本文中，自由主義基本上是指伴隨著現代國家的出現而漸次
發展形成的一種近代政治思潮，其在道德層面上強調自主、自由、
尊嚴、自我利益、自我決定、自我實現、平等、寬容等個人價值，
在政治層面上則是批判因權力集中與濫用而侵犯或危及個人價值的
各種形式的獨裁暴政與社會宰制。依此，自由主義所倡導的、與個
人價值相契合的政府原理，包括憲政主義、法治原則，以及重要性
在18世紀中葉以後與日俱增的民主等。[39] 在此理解下，自由主義的
意義邊界並不必然排除重視傳統規範、憲政實踐、法律秩序、溫和
改良的保守主義（如柏克），亦可涵括強調古典德性、公民美德、
個人卓越與政治參與的共和主義（如弗格森）。

以上有關自由主義的廣義界定，一方面可以幫助我們洞察張灝
透過「幽暗意識」與原罪思想所傳達出來的保守主義關懷，（關於
這點，等稍後論及柏克時再略加說明），二方面則有助於我們更深
一層彰顯其思想中的調適精神，進而通過「幽暗意識」與「成德意
識」的表現方式與含蘊深淺的不同，來重新審視「儒家自由主義」
的可能性。在晚期著述中，張灝對於「幽暗意識」與「成德意識」
之間的關係，做出了重要的補充說明：

幽暗意識仍然假定理想性與道德意識是人之所以為人不可少的

---

39 「民主觀念在西方受到一致的肯定是18世紀中葉以後的事」。張
灝，《時代的探索》，頁62。

一個部分。唯有如此，才能以理想與價值反照出人性與人世的
陰暗面，但這並不表示它在價值上認可或接受這陰暗面。……
也可以說，幽暗意識是離不開理想主義的，二者相輔相成，缺
一不可。……我近年來越發信之不疑的一個對人的基本看法
是：人是生存在兩極之間的動物，一方面是理想，一方面是陰
暗；一方面是神性，一方面是魔性；一方面是無限，一方面是
有限。**人的生命就是這種神魔混雜的兩極之間掙扎與摸索的過
程**。[40]（黑體部分為作者所加）

　　以上這段關於哲學人類學或人的條件的精闢陳述，不僅再次透
露出張灝思想中的調適精神，同時清楚表明儒家與自由主義的主要
差異，在於它們對「幽暗意識」與「成德意識」的表現方式和含蘊
深淺有所出入。基於此，我們可以從以下三個面向，來進一步思索
「儒家自由主義」的可能性。首先，正因為人的理想性與陰暗面總
是相互搓揉，人的行動同時交雜「成德意識」與「幽暗意識」，所
以，從跨文化對話的角度來說，儒家與自由主義之間其實存在著一
個重要的交疊共識，那就是尊崇人性尊嚴。職是之故，張灝不僅讚
許儒家的人格主義對於調解個體性與社會性之衝突的卓絕貢獻，更
肯定《宣言》所傳達的政治理念：「人人都有成聖成賢之可能，可
以道德自律者的身分被尊重，因而具有和任何人一樣平等地位的權
利」。引用張灝自己的話來說，儒家「肯定了個人人格的尊嚴和獨
立；同時也孕育了對現實政治和社會的批判意識和抗議精神。凡此
種種毫無疑問地，**與西方近代的自由主義在理論上有銜接的可能性**」

40　同上，頁236。

（黑體部分為作者所加）。[41] 準此而論，人性尊嚴、道德自律、平等權利等價值，既是中西文化的會通之處，同時也是接通儒家與自由主義的樞紐所在。

其次，依據「表現方式和含蘊深淺」的標準，張灝在後期著作中進一步區別了兩種形式的民主：他將「幽暗意識」作為直接表現且其蘊含深度高於「成德意識」的民主，稱之為「低調的民主」；將「成德意識」作為直接表現且其蘊含深度高於「幽暗意識」的民主，稱之為「高調的民主」。若用當代政治哲學的術語來說，則「低調的民主」即是崇尚憲政主義、法治原則與客觀制度的「程序論自由主義」（procedural liberalism）。相較之下，「高調的民主」的思想淵源較為龐雜，包括共和主義、19世紀的新黑格爾主義（或稱英國觀念論）、盧梭與馬克思的激進民主思想等；若以共和主義（和新黑格爾主義）為例，則其重點是強調民主精神甚於民主制度，並揭櫫崇高的道德理想。[42] 因此，相較於程序論自由主義，「高調的民主」通常指涉「倫理性自由主義」（ethical liberalism）。

如前所述，張灝有關「幽暗意識」與「成德意識」的討論，在方法論上十分接近於歐克秀對於西方哲人理解現代國家特徵及其職權範圍的兩個對立範疇的區別：「政治懷疑論」（the politics of skepticism）vs.「政治善意論」（the politics of faith）或「政治理性論」（Rationalism in politics）。簡而言之，歐克秀筆下的政治懷疑論的一個核心內涵，正是對於「幽暗意識」所提示的人性不完美以及理性的內在限制的正面彰顯，而戮力於追求完美與至善的「成德意識」則是歐克秀所謂的政治善意論中一個重要的論說型態；若以

---

41 張灝，《幽暗意識與民主傳統》，頁33-34、109、124。

42 張灝，《時代的探索》，頁62-65、218-221、233。

共和主義（和新黑格爾主義）為例，我們或不妨稱此一類型的政治善意論為「政治致善論」（the politics of perfectionism）。對歐克秀而言，政治懷疑論與政治善意論的對比，並不等同於自由主義與非自由主義的區別；相反，從歷史起源來說，我們今天所認識的自由主義同時從這兩種思想資源中獲取了不同的養分。

　　一個顯著的例證是，在當代有關自由主義兩大哲學典範的爭辯中，政治懷疑論與政治致善論恰恰扮演著關鍵性的角色。基本而言，論者所稱的「自由中立主義」（liberal neutralism）或「中立論自由主義」（neutral liberalism）明顯帶有政治懷疑論的制度關懷，與之針鋒相對的「自由致善主義」（liberal perfectionism）或「致善論自由主義」（perfectionist liberalism），則是傾向於支持政治致善論的道德理想。由於貫穿儒家思想傳統的價值硬核是對「成德意識」的發揚，因此我們可以合理論斷，儒家自由主義的可能性，基本上將落於政治致善論與致善論自由主義的論述範疇之中。一言以蔽之，所謂的儒家民主，實乃「高調的民主」，其終極目標並不是要直接移植西方的民主制度，而是希望「民主政治可因儒家[人文]精神的復活而得其更高的依據；而儒家[道德]思想，亦可因民主政治的建立而得到完成其真正客觀的構造」。[43] 要之，對新儒家而言，唯有通過民主的制度取向，儒家尊重人性尊嚴的道德理想才能在現代世界中獲得最終的實現。

　　據此，作者想要提出的第三點觀察是，就自由主義的人性論與政府原理之間的錯綜關係而言，西方近代政治理論家從「幽暗意識」的直接表現所推導出來的政府原理，亦即傾向支持憲政主義與法治

43　徐復觀，《新版學術與政治之間》（台北：台灣學生書局，1980），頁60。

原則的程序論自由主義或低調的民主，實際上與保守主義具有家族
相似性；相對，致善論自由主義與高調的民主在鼓吹民主精神時，
則往往訴諸共和主義從亞里斯多德以來所宣揚的「成德意識」，或
人的卓越性 （human excellence） ，尤其是強調政治參與和個人道
德發展之間的內在關聯。事實上，一般所謂的保守自由主義的論述
重點之一，便是認為民主必須以憲政法治為其必要條件，至於制度
共和主義或自由共和主義的基本精神，則是在以客觀制度防止權力
濫用的自由主義前提下，擷取共和主義的共善、公德、團結與積極
公民等理念。換言之，透過「幽暗意識」的歷史爬梳，我們不但可
以挖掘自由主義與保守主義在人性論上的共同根源，而且可以透過
「幽暗意識」與「成德意識」的適度調和，建構某種「追求高調民
主的致善論自由主義」，並藉以追索儒家自由主義的可能性。

四、調適精神與自由主義

在此，一個時常受到忽視的問題是，在廣義的自由主義的歷史
進程中，對於調適精神以及相應而來的「審慎判斷」（prudence）
的重視，往往必須歸功於保守主義作家，休謨與柏克都是典型的例
證。事實上，恰如「保守的啟蒙」的論述目標並不是要否決以個體
性為核心的現代價值，而是想對「激進的啟蒙」的冒進精神進行調
解，思索儒家自由主義作為一種「追求高調民主的致善論自由主義」
的可能性，同樣端視我們如何援引「幽暗意識」或「憂患意識」，
來調節儒家思想傳統中極度樂觀的道德理想主義，並消弭至今陰魂
不散的「浮普精神」在政治中的猖獗。在本文所剩下的篇幅中，作
者將先以同樣面對價值轉型問題的文明論自由主義為例，分別闡述
柏克調和自由主義與保守主義，以及弗格森調和自由主義與共和主

義的歷史原型，然後在結論中簡單回顧當代儒家政治哲學對於「幽暗意識」與調適原則的正面回應。

　　大致而言，柏克的哲學立場主要承襲休謨的「溫和懷疑論」，[44]認為人性複雜難解，無法透過抽象理性與形上學原則予以涵蓋；換言之，在柏克看來，理性的使用有其界限，無法有效論證道德與知識的確定性。若扣住「幽暗意識」的歷史起源來說，則尤其關鍵的是，柏克可能是近代英國政治思想史上最嚴肅看待原罪思想的一位作家，就批判人的「自我神慾」這點來說，柏克堪稱危機神學的鼻祖。關於柏克從原罪思想對法國大革命所展開的批判，學界已有許多討論，茲不贅述。基於本文的研究目標，作者僅擬再次強調，正因為對「幽暗意識」有直接的透視，坦承人性的不完美，因此，柏克乃以傳統的實踐成果來調和現代的「普浮精神」，以避免激進主義走向專制獨裁的偏鋒。也因此，雖然同樣重視個人自由，但比起弗格森，柏克對於權力的公共使用更為戒慎恐懼，對於亞里斯多德所主張的「人是政治動物」及此所蘊含的卓越性觀點也更加遲疑。

　　換言之，柏克深信，政治必然涉及權力衝突與利益競爭，所以

44　柏克的「溫和懷疑論」立場，基本上「傾向於西賽羅的『學院派懷疑論』（academic skepticism）；其要點並不在於全盤否決理性與知識的可能性，而在於強調我們必須『學習懷疑』（learn to doubt）各種積非成是的盛行信念，特別是必須『謙卑看待理解力』（humble the understanding）本身，因為人類的理性時常會有自負的偽裝，獨斷宣稱可以揭露絕對真理或事物的終極基礎」。Richard Bourke, *Empire and Revolution: The Political Life of Edmund Burke*（Princeton: Princeton University Press, 2015），p. 669. 關於柏克的懷疑論思緒、社會情感學說與政治思想的進一步討論，請參見：曾國祥，《文明帝國vs.野蠻帝國：從社會情感觀點重建柏克的全球政治思想》，曾國祥、劉佳昊編，《帝國與文明：政治思想的全球轉向》（新北：聯經，2022），頁203-244。

唯有透過傳統權威、憲政主義與法治原則來防止政治邪惡的蔓延，個人才能真正享受「有秩序與社會的自由」（an orderly and social freedom）以及受到法律正當保障的權利。因此，相對於抽象的、奠基於形上學原理的自由，柏克明確地說，「自由，唯一的自由，是與秩序連結的一種自由，其不僅與秩序和德性同時存在，而且沒有了它們自由根本就無法存在。自由在本質上即屬於良善與穩健的政府，就像其基礎與根本原則那般的存在著」。[45] 就維護憲政秩序與批判暴政來說，被稱為保守主義之父的柏克，同時也是一位典型的古典自由主義者；而其有關政府職責、政黨功能、代議士任務以及民意輿論的解析，更是充實了低調的代議民主的理論內涵。循此，在政治制度上，柏克為當時英國的商業社會所開出的最終解方，故而不是採取激烈的革命手段，而是鼓吹歷經時間考驗、已將自由的生活方式與權利的運作模式吸納在內的混合憲法體制，因為在此客觀的憲政制度中，德性與自由，法律與權利，秩序與演進，傳統與現代，已然融於一爐。

在另一方面，對弗格森而言，由於人類歷史已從漁獵放牧、農業聚落，演進到商業社會，人的慾望與動機，必然隨之產生巨大轉變。[46] 簡單地說，這是因為商業興盛和貿易活絡雖然將持續帶給個

---

45 Edmund Burke, "An Appeal from the New to the Old Whigs," in *Consequences of Some Late Discussion in Parliament*, 4th Edition （London: Printed for I. Dodsley, Pall-Mall, 1971）, p. 34.

46 弗格森有關商業文明社會的批判及其對現代性危機所發出的警訊，主要見於他的名著《文明社會史論》（*An Essays on the History of Civil Society*, 1767）。此外弗格森在道德與政治思想上的代表性作品，還包括《道德哲學研究》（*Institutes of Moral Philosophy*, 1769）與《道德與政治科學原理》（*Principles of Moral and Political Sciences*, 1792）。

人更多的利益、自由與權利，但商業社會卻也因而滋生出了嶄新形態的腐化與墮落。基於此，弗格森的道德與政治思想的核心主題，即是在於思索如何透過政治制度的設計，以提升人的自我完善能力。在《道德哲學研究》中，弗格森列出了人類意志的三項基本法則：（1）自我保存法則（the law of self-preservation）：「人自然意欲（naturally desire）一切有利於（useful to）他們自身的東西」；但因意見分歧、情感善變，有時會追求有害的（destructive）東西。（2）社會性法則（the law of society）：「人自然意欲他們同伴的福祉。（3）卓越性法則（the law of excellency）：「人自然意欲構成卓越性的東西，並避免有缺陷的東西」；「卓越，無論絕對的還是相對的，乃人類欲望的最高目標」；「財富、權力，甚至快樂，只有被認為可以使人地位崇高或身分提升的時候，才值得全力爭取」。[47] 透過這三項法則的論證，弗格森指出，人實際上具有交往互助的天性，是聯合性（associating）與政治性（political）的存有者，致力於追求共同目的，並依據規則來分配任務。換句話說，人的意志並非僅僅受到利益、競爭、驕傲與虛榮的驅使，而是同時受到社會性法則的支配，致力於追求德性與至善：道德嘉許乃是社會性法則與評斷法則的結合，「尊重德性，就是熱愛人類」：「人，依其本性，是社會的一員，他的安全以及他的享樂所需要的條件是，他的本性必須獲得保存；而他的至善則在於他的自然能力與性情的卓越性或實現程度，或者，換句話說，在於他成為其所屬系統中的一位傑出分子」。[48]

47　Adam Ferguson, *Institutes of Moral Philosophy*（London: Routledge/
　　Thoemmes Press, 1994），pp. 91, 92, 94-95.

48　Ibid., pp. 114-115.

　　儘管如此，弗格森從歷史經驗中發現，即便偉大如羅馬帝國者，亦有傾頹與衰敗的一天：「沒有人類制度是完美的」，[49] 因此他對於人類是否能夠找到一勞永逸的方法來防止新興商業文明的腐敗，心生遲疑。換言之，和生活在希臘城邦中的亞里斯多德有所不同，受到基督教洗禮的弗格森對於人的墮落性顯然有著更深刻的覺悟。持平而論，正由於「幽暗意識」在其思想中的發酵，所以弗格森著手調和共和主義的民主精神與自由主義的制度關懷，宣稱文明社會的最高目標，就是允讓個人可以在一個公民自由與權利受到妥善保障、政治制度與法律可以促進德性的公共生活中，藉著從事道德與政治活動，追求良善生活，從而實現人的卓越性。依循公民人文主義或馬基維利道德主義（Machiavellian moralism）的路線，弗格森於是對政治制度的目的做出了重要的調整，認為其功能不僅僅是在防止權力的濫用，更必須在此前提下，進一步處理政治體自身的腐化與解體問題。故此，他大力倡導積極的公民概念，強調公民參與和公民德性是以商業為主導的現代文明社會所應楬櫫與固守的古典智慧。誠如弗格森所言，政治制度應該「維護平等，促使公民的心靈投注在公共職責上，教育公民按照個人品性來評估等級體制（rank），如此，才能維護和培養德性」；[50]「制度的存在意義是為了人民的善（the good of the people），人民則盡力支持他們的制度。人民所被賦予的最大幸福，便是藉此成為鍛造一幸福共同體的工具」。[51] 如此甚明，弗格森的政治思想不但調解了傳統與現代之

49　Adam Ferguson, *An Essays on the History of Civil Society*, ed. Fania Oz-Salzberger（Cambridge: Cambridge University Press, 1995）, p. 176.

50　Ferguson, *Institutes of Moral Philosophy*, p. 318.

51　Adam Ferguson, *Principles of Moral and Political Sciences*, vol. 2, p. 412.

間的衝突，乃至於古典倫理學與基督教之間的隔閡，並且在政治懷疑論的調解下，發揚政治致善論的終極關懷：道德法則的主要目的，就是實現「人性所能及之最大的善」，也就是「對人類的愛」。[52]

結論：新儒家與自由主義

從政治思想史的發展歷程來看，（廣義用法下的）自由主義的思想地圖的形成，不但交織著保守主義對於超出合法使用範圍的人類理性的批判、對於自我神慾的克制、以及由此而對憲政體制的尊崇，同時也從共和主義的思想資源中攝取了個人卓越與政治參與的民主精神。在本文的尾聲，作者想要沿著前文的討論線索，針對儒家自由主義的可能性，提出幾點看法。

依據前文的分析，儒家要發展出一種「追求高調民主的致善論自由主義」的首要前提，因而在於發揚「幽暗意識」以調節「成德意識」所蘊含的「人極意識」的成分，其具體的作法，就是透過客觀制度的建立，取代「讓德性與智慧來指導和駕馭政治權力」的聖王精神。就此而言，牟宗三的「自我坎陷」實有劃時代的哲學貢獻：既然良知的「自我坎陷」是指道德理性與政治理性的（暫時）斷裂，那麼這在哲學上所產生的一個必然後果，便是導致道德形上學與政

---

52 由此，我們可以推導出四項結論：第一，共同體或人類的善同樣也是個體的善；第二，在上帝的傑作中，整體的善是由組成部分的善所維持，所以沒有部分的幸福是與危害整體的事物相符的；第三，仁慈之人對其同伴所能做的最大善事就是促進無私（disinterestedness）與公正（candor）；第四，評斷事物要獨立於意見和一時的風尚之外，而依其造福人類之善的趨勢。Ferguson, *Institutes of Moral Philosophy*, p. 171.

治哲學、道德主體與政治主體的（暫時）分離；借用張灝的觀點來
說，這也就是透過「幽暗意識」對極端樂觀的道德理想主義在政治
領域中的支配作用加以設限。事實上，牟宗三再三強調，道德與政
治有其分界，因為後者涉及權力與鬥爭，而中國傳統政治最大的弊
端，就是欠缺處理權力移轉與分配問題所需的、具有正當權威基礎
的客觀制度。因此儒家必須發展憲政民主以解決這個歷史沉痾，也
就是改用「政道」，而非「聖王」，來達成「立千年之人極」的終
極目標。此外牟宗三關於「治道」的重建，基本上亦本諸「讓開散
開、物各付物」、「就個體而順成」、「忠恕之道」等原則；通觀
他的著述，儒家原典中具有自我限制精神的「治道」，其實相容於
自由民主的基本價值，包括人性尊嚴、自由、平等、開放、寬容、
多元等。因此，從牟宗三的政治哲學體系來看，當（暫時）脫離道
德理性的政治理性與社群中的倫理生活重新結合時，也就是他所謂
的「政道」與「治道」的統一，其所提倡的共善並不是一套整全性
學說，而是一組和自由主義原則相符合的「儒家治理與公民德性」（a
set of Confucian governing and civic virtues）。[53]

　　這顯示說，當代新儒家不僅捍衛民主，更接納廣義的自由主義
的基本信念。誠如徐復觀在〈為什麼要反對自由主義？〉一文中所
指出的：「儘管一個人不標榜自由主義，甚至不甘心僅僅作一個自
由主義者，但在他的知識和人格成長過程中，一定要通過自由主義」
的生活方式。[54] 就此而言，誠然張灝沒有正面回答過儒家自由主義
的可能性問題，但從本文的詮釋進路來看，當代新儒家的民主開出
說，不僅藉著道德理性的「自我坎陷」而對「成德意識」做出了批

53　請參見 Tseng, *Confucian Liberalism*, Chapter 7。
54　徐復觀，《新版學術與政治之間》，頁457。

判性的繼承，並因而創造性的轉化出了自由主義的另一種可能的理論類型：「追求高調民主的致善論自由主義」。[55]

順此，再次引用徐復觀的話來說，「自由主義者從傳統和社會中解放出來，並不是要根本否定了傳統和社會，而是對傳統和社會，作一番新底估價」。[56] 事實上，正如弗格森回到公民人文主義傳統來辯護人的卓越性，並不必然違反自由主義精神，甚至反而為自由主義開創了不同的論證基礎，新儒家對於「成德意識」與「憂患意識」的適時調解，同樣豐富了華人世界對於自由主義的理論想像。從比較政治思想的角度來看，我們因而可以總結地說，在傳統與現代的問題上，儒家自由主義明顯帶著「保守的啟蒙」的關懷，並呈現出文明論自由主義的特點；而在哲學基礎上，其則更接近於弗格森所代表的致善論自由主義。

要之，以「成德意識」為直接表現的傳統儒家，必須藉著道德理性的「自我坎陷」，透過在本質上蘊含著「幽暗意識」的政治理

55　引用林毓生的話來說，「儒家道德主體性或道德自主性的觀念，的確可以變成與現代自由的民主（liberal democracy）及平等的自由（equal liberty）「接枝」的思想資源：這也筆者十幾年來倡導對中國文化傳統進行創造的轉化（或創造性轉化）所認定的傳統思想所能提供的資源之一。但這一思想資源是否必然由內部的自我要求變發展為政治上的民主制度，則頗使人懷疑」。林毓生，《政治秩序與多元社會》（新北：聯經，1989），頁 344。在此，林毓生所反對的，並不是儒家與自由主義接軌的可能性，而是他所謂的「藉思想、文化以解決問題的方法」（cultural-intellectualistic approach）。林毓生，《思想與人物》（新北：聯經，1979），頁 38-55；前揭書，頁345f。作者在 Confucian Liberalism 一書中則試著對儒家自由主義作為一種「追求高調民主的致善論自由主義」的合理性，展開一個政治理論的全面重建。

56　徐復觀，《新版學術與政治之間》，頁459。

性，來調節「成德意識」原本對於飽滿的道德理性的無盡求索，如此，儒家自由主義作為一種倡議「高調民主的致善論自由主義」，始有可能。有待說明的是，當代英美學界辯護儒家民主的方式雖然不一而足，但論者幾乎一致同意，某種「溫和的儒家致善主義」（moderate Confucian perfectionism）為我們從東亞思想傳統來辯護民主的道德基礎，提供了一個不同的哲學選項。[57] 再一次地，順著張灝的問題意識來說，這裡所謂的「溫和」是指：藉著「幽暗意識」的政治意涵，來調解儒家在道德上對於至善與完美的不懈追求。

綜上所述，雖然張灝對於儒家極度樂觀的道德理想主義多所批評，但他自己的自由主義立場，卻稱不上是反儒家的自由主義。如果說依據「幽暗意識」與「成德意識」的表現方式與含蘊深淺的不同，自由主義在華語世界中所呈現的兩個對立的意義邊界，分別指向反儒家的懷疑論自由主義以及儒家的致善論自由主義，那麼張灝政治思想的基本精神似乎貴在中和，執兩用中。

---

57 請 參 見 Tan Sor-Hoon, *Confucian Democracy: A Deweyan Reconstruction*（Albany: State University of New York, Press, 2004）; Stephen Angle, *Contemporary Confucian Political Philosophy*（Cambridge: Polity, 2012）; Joseph Chan, *Confucian Perfectionism: A Political Philosophy for Modern Times*（Princeton: Princeton University Press, 2014）; Sungmoon Kim, *Confucian Democracy in East Asia: Theory and Practice*（Cambridge: Cambridge University Press, 2014）, and *Public Reason Confucianism: Democratic Perfectionism and Constitutionalism in East Asia*（Cambridge: Cambridge University, 2016）; and Tseng, *Confucian Liberalism*。

　　曾國祥，現任中央研究院人文社會科學研究中心研究員。研究政治思想史、當代政治哲學與比較政治理論。著有 *Confucian Liberalism: Mou Zongsan and Hegelian Liberalism*（2023）、《麥可·歐克秀》（2018）、《主體危機與理性批判：自由主義的保守主義詮釋》（2009）、*The Sceptical Idealist: Michael Oakeshott as a Critic of the Enlightenment*（2003）等專書。

林毓生對憲政民主道路的堅持[*]

丘慧芬

　　選擇以林毓生先生對「憲政民主道路的堅持」做為這篇文章的論題，一方面是因為2023年4月15日殷海光學術基金會舉辦紀念林毓生（1934-2022）和張灝（1937-2022）兩位先生論壇時已經擬訂有這個題目，另一方面也是因為熟悉林毓生論著的人都知道，他從1955年開始就決定要追隨他的老師殷海光先生（1919-1969）將建設現代中國的憲政民主（即自由民主）做為他本人一生在學術和思想上追求的志業。我們可以說，他和殷先生一樣都認為中華文明在現代的唯一合理出路就是應該努力建設憲政民主。雖然林毓生1979年發表的英文專書旨在論證五四時期的激進反傳統主義何以會演變成他筆下的一種「中國意識的危機」，[1] 不過，他1975年開始用中文在彼

---

[*] 感謝殷海光先生學術基金會邀請筆者參加2023年4月15日在臺北舉辦紀念林毓生和張灝兩位先生的論壇，也特別謝謝基金會董事長吳鯤魯教授和執行秘書余玥貞女士的安排，使我可以順利通過網路在線上出席。政治大學社會學系特聘教授顧忠華先生與樂觀書院院長唐光華先生對我發言的寶貴賜教，以及兩位青年學子提出的重要問題，使筆者修訂發言稿時得以做出相關的補充及說明，《思想》雜誌總編輯錢永祥教授的籌劃建議，也使修訂稿有機會在《思想》發表，謹此一併致上謝忱。
[1] 此一專書即林先生的 *The Crisis of Chinese Consciousness, Radical*

時台灣《聯合報》與《中國時報》上發表的一系列文章，事實上卻都與建設憲政民主這個議題密切相關。比方說，在這些文章中，有的解釋了自由與權威為什麼可以有積極正面的關係，有的分析了自由為什麼需要法治做為邊界而不可誤以為是任意的解放。還有的文章討論了自由與平等之間何以存在著持續的張力，並且還提醒我們注意民主內部的平等意識因為重視「標準化」與「同一性」，可能會造成自由反而被壓縮的負面效果。這個提醒，顯然構成了林毓生會倡議「低調民主」的一個主因，標示出他無意將憲政民主理想化，更不會將民主看作是解決一切問題的萬靈丹。[2] 儘管林毓生指出民主內部的平等意識與民主要追求的自由之間，存在著不易化解的緊張關係，歷史經驗卻讓他看到，比起任何其它出現過、或者現在依然存在的制度，憲政民主事實上都稱得上是最不壞的制度，尤其是如果我們從權力在政治場域的實際運作來看更是如此。

　　為了突顯他的這個論點，我們可以根據林毓生2014年11月底接受香港《亞洲週刊》訪談時的發言來做為下文討論的切入點。通過他當時的發言，以及他有關的其它論文，我們對林毓生關於什麼是憲政民主、為什麼要有憲政民主、以及如何建設憲政民主這幾個議題的解說，應該就可以獲得比較真切的認識與掌握。

Antitraditionalism in the May Fourth Era, Madision: University of Wisconsin Press, 1979. 此書中譯本簡體版見林毓生著，穆善培譯，《中國意識的危機：「五四」時期激烈的反傳統主義》，貴州人民出版社，1986；繁體版見林毓生著，楊貞德等譯，《中國意識的危機：五四時期激烈的反傳統主義》（台北：聯經出版公司，2020）。

2　林先生英文論著以及他用中文發表的文章與文集中的有關論旨和論證，筆者在2023年2月由聯經出版社發行《自由的追尋：林毓生思想與生命》（簡稱《自由的追尋》）的專書中已經提出較為完整的系統討論，請逕行參閱。

　　應該說明的是，林毓生2014年給《亞洲週刊》做的訪談在該週刊上發表時，只是一個刪節本，而且是要等到2015年香港商務印書館發行林毓生《政治秩序的觀念》一書，以及2020年香港中文大學出版《現代知識貴族的精神——林毓生思想近作選》的論文集之後，我們才看到林毓生對刪節本「審訂」之後的完整發言內容。這個完整內容刊出時的題目是：〈紀念殷海光先生逝世四十五週年：專訪林毓生——兼論法治與民主的基礎建設〉。[3]

一、爲什麼要建立憲政民主

　　在上面提到的這篇有完整內容的訪談文字當中，林毓生指出英國艾克頓勳爵（1834-1902）曾經說過「權力傾向腐化，絕對的權力傾向絕對腐化」的這句話。就林毓生來看，這句話之所以重要，並不是因為它是眾所周知的一句名言，而是因為這句名言是他認為「經得起歷史考驗」，而且是一個「顛撲不破的人間真理」。林毓生的意思是，如果我們將這句名言用來檢視中華民族的政治傳統，我們

3　見〈紀念殷海光先生逝世四十五週年：專訪林毓生——兼論法治與民主的基礎建設〉（簡稱〈紀念殷海光先生逝世四十五週年〉或〈專訪林毓生〉）。原刊於林毓生著，《政治秩序的觀念》，香港商務印書館，2015，頁246-255，後收入林毓生著，丘慧芬編，《現代知識貴族的精神：林毓生思想近作選》（以下簡稱《林毓生思想近作選》或《近作選》），香港中文大學出版社，2020，頁325-332。這本2020年論文集包括了林先生比較完整的近期論文，而且有林先生對一些論文做出更正後的修訂本，因此本文以下討論〈紀念殷海光先生逝世四十五週年〉一文時所用的引文，若未特別說明，皆出自此2020年《近作選》論文集刊出的這篇論文，不再加入新註、或頁碼。

就會理解為什麼他會將這句名言看作是具有穿越時空並能透視歷史的一個「真理」。換句話說，當我們願意像林毓生一樣來根據這個「真理」去檢視歷史的時候，就會看到不論在傳統或在現代，中國從來沒有能夠對政治權力做出最妥適的安排與限制。由於權力無法受到有效的限制，結果自然就像艾克頓勳爵所說會走向腐化，而且往往會由此再走向絕對的腐化。通過這樣的檢視，我們看到林毓生就直接斷言：缺乏有效的機制來限制權力的誤用與濫用，就無法建立一個「真正有效的、長治久安的政治制度」。

與此同時，林毓生也提到世界上各個民族都有他們自身發展出來的優美文化。他認為這些優美的文化質素肯定會獲得不同人群的「欣賞」。即便如此，他要強調的是：世界上能夠發展出一個有效限權機制的文化，事實上卻只有歐美文明。他很清楚歐美文明，如同其它各民族的文明，都有自身「可鄙」的成分。然而，這些可鄙的成分不是他討論的核心，他的討論集中在解釋為什麼「只有」歐美文明能夠在17、18世紀發展出「以權力約束權力的機制與深刻的政治思想」。為了提供比較詳細的說明，林毓生接著引用了孟德斯鳩（1689-1755）在《論法的意志（*The Spirit of the Laws*）》中提出「以權力約束權力」的觀點。他這麼做，應該是要用孟德斯鳩的觀點，來與中國儒家傳統以道德勸戒做為主要限制政治權力的方法，做出一個根本性的區隔。林毓生當然不是要否認道德在政治活動中的重要性。他本人對政治倫理不但極度重視，而且撰寫過專文去闡釋韋伯說政治人物應該具有的「責任倫理」與「意圖倫理」。可想而知，他撰文的目的就是希望政治人物能將這兩種倫理做為交相互用的指導原則，並且能平衡的運用在實際的政治過程之中。[4] 準

4　林先生在2000年的一篇訪談稿中對這兩個政治倫理有詳盡的解

此，我們可以進一步確定：「以權力約束權力」之所以關鍵，就在
這個觀點可以為沒有發展出有效限權機制的中國社會，或者任何其
它的社會，提供一個思想上的突破。對林毓生來說，歐美社會因為
在17、18世紀有這個突破，才能進而發展出三權分立的相應機制，
使行政、立法和司法三權能夠通過彼此的制衡來限制權力的濫用與
誤用。毫無疑問，這種對權力的制衡制度，就是林毓生認同的憲政
民主制度，也就是他認為中華文明在現代應該追求的唯一合理出路。

二、什麼是憲政民主

　　學者早已指出憲政民主是以憲政主義原則為基礎而建立的制
度。這些基礎性的原則，除了三權分立與權力制衡，也包括不容國
家組織與政治生活規範侵害人民的權益。此外，「確保政權的行使」
能「符合人民的利益」也是不可或缺的另一原則。顯然，在植基於
憲政主義的制度下生活，個人的價值與尊嚴就能受到具有實質性的
法律保障。[5]如果根據這些基礎性原則去檢視中外歷史，我們可以

（續）————————————

　　釋，但他後來對此解釋做出大幅修訂，修訂本見林毓生，〈政治家
　　的條件——兼論韋伯的「心志倫理」與「責任倫理」〉，收入《林
　　毓生思想近作選》，頁267-282；亦請參考筆者對此之相關討論，
　　見《自由的追尋》，頁91-92；217-218。有關林先生在2000年訪談
　　文中的解釋，見唐光華、林毓生，〈從陳水扁當選看台灣民主發展
　　的過去與未來：再論作為政治家條件的「責任倫理」〉，收入林毓
　　生，《中國激進思潮的起源與後果》，〈附錄四〉（台北：聯經出
　　版公司，2019），頁476-493。

5　見陳弘毅，〈憲政主義〉，收入林毓生主編，《公民社會基本觀念》
　　上卷，中央研究院人文社會科學研究中心政治思想研究專題中心，
　　2014，頁1-25，此處引文見頁1。

看到任何政治權力的濫用與誤用不僅會對個人造成深重的傷害,也
一樣會對個人置身的社會帶來致命的災難。希特勒統治下的納粹德
國對猶太人的種族清洗早已是廣為人知的事實。中國大陸從1949到
1976年因為毛澤東統治時濫用權力造成的種種災難,同樣是一個不
應受到輕忽的歷史實例。在毛掌權的時代,權力是完全集中在一個
被視為東方「紅太陽」來頂禮膜拜的統治者手中。政治在彼時完全
吞噬了社會,異議者無可避免的都成為受到整肅、迫害,甚至致死
的「階級敵人」。這種不容異議的統治,在毛澤東1942年管控的延
安時期就已經存在。我們知道,彼時像王實味(1906-1947)的一位
作家,因為批評了中共高層特權造成的各種不平等現象,結果黨籍
被開除,而且未經法律審判就被長期拘禁。[6] 當然,我們也知道,
毛澤東有過「新民主主義」的説法。問題是,在沒有任何有效機制
可以約束他權力的情況之下,毛澤東的「一元」統治只會讓他無所
顧忌的操縱權力來追求他想像出的共產「新」中國。這個想像到頭
來證實了只是一個烏托邦式的無知空想,結果不但導致他在1950年
代末期動員整個中國社會去展開「超英趕美」的「大躍進」,更造
成了幾千萬民眾飢餓死去的一頁人間痛史。[7] 即使中共黨內有人對
「大躍進」的悲慘後果提出過批評,極端一元化的統治卻只能使批
評者受到嚴厲整肅。由此也揭露出毛的極端統治,與他説的「新民

6　有關毛澤東權力「一元」化的統治,可見陳永發,《中國共產革命
　　七十年》(上、下冊)(台北:聯經出版公司,1998),王實味的
　　經歷與被整肅的經過,見上冊,頁372-376;新民主主義的性質,
　　亦見上冊,頁455-458。

7　林毓生對毛的烏托邦思想有深刻的討論,見其〈二十世紀中國反傳
　　統思潮、中式馬列主義與毛澤東的烏托邦主義〉,刊氏著、丘慧芬
　　編,《林毓生思想近作選》,頁44-51;另可參照筆者的相關討論,
　　見《自由的追尋》,頁172-179。

主主義」根本不相干。更值得關注的是，在沒有任何有效的限權機制之下，毛澤東這個「紅太陽」不但沒有在面對「大躍進」中死去的幾千萬民眾做出任何負責的自省道歉、或是拿出什麼辦法讓政府對社會提供實質性的賠償措施，反而在1966年藉著防止中共恢復他認定的資本主義生產路線，與消除官僚主義的名義去動員年輕學子發起了「文化大革命」。結果，這個革命讓整個中國社會繼「大躍進」之後又一次走到幾乎解體的邊緣，也讓中共官方對這個革命給出了「十年浩劫」的評斷。[8]

三、「新民主」何以是假民主、反民主

上面提出毛澤東極端統治造成的災難歷史，應該有助我們理解林毓生為什麼會強調「只有」落實憲政民主才會有限制權力濫用的「希望」，也應該讓我們理解為什麼有學者會肯定建立憲政民主不

8　大躍進的歷史，見陳永發，《中國共產革命七十年》（下冊），第8章，頁680-768，特別是頁687-745；有關文革的解釋亦見該書第9章，頁770-858。另見楊繼繩2009年由香港天地圖書出版的《墓碑：1958-1962年中國大饑荒紀實》，此書對大躍進帶來的人為大饑荒有詳盡的記載；亦請見Frank Dikotter對大躍進的研究，*Mao's Great Famine, The History of China's Most Debastating Catastrophe, 1958-62*（Walker & Company, 2010）；Dikotter對文革的研究見其 *The Cultural Revolution: A People's History, 1962-1976*（London: Bloomsbury Publishing, 2017）. 文革的歷史，亦見 Roderick MacFarquhar的 *The Origins of the Cultural Revolution*（New York: Columbia University Press, 1987）；王友琴，《文革受難者：關於迫害、監禁和殺戮的尋訪實錄》（香港開放出版社，2004）。此書英文版見Wang Youqin, *Victims of the Cultural Revolution: Testimonies of China's Traegdy*（London: Oneworld publication, 2023）. 另可參考1994年由台北時報文化出版的李志綏《毛澤東私人醫生回憶錄》。

僅可以說是「人類文明進步」的一個表徵，也可以說是一種「道德的善」。[9] 對照這個正面的評價，我們有理由說毛澤東提出的「新民主」與一般提到的「極權民主」，從結果去看，其實沒有本質的區別。這也正是林毓生為什麼會說極權民主是「假民主」，是「反民主」。換言之，我們也可以說「新民主」根本也是「假民主」或「反民主」，這樣的「假民主」或「反民主」，無論怎麼界定都談不上是文明的進步，當然更談不上有任何實際意義的道德之善。按理，對政治人物原初的動機與理想，我們應該給予同情的了解。不過，根據政治行為的結果，以及政治人物對社會本來就應該有的責任倫理來看，毛的這種「新民主主義」，到頭來只能說是不同名稱的極權民主。而且這個極權民主所導致的巨大災難，事實上也完全悖離了任何的政治倫理。即使我們接受毛澤東要建設的共產主義新天堂有他崇高的道德理想，也就是說，接受政治人物原先有的理想是崇高的，然而，看到政治行為造成的慘痛後果，我們不得不對這樣的「崇高」打上問號，從而認定這種崇高製造出的悲劇，已經等同博蘭尼（1891-1976）說的道德逆反。[10] 簡單來說，博蘭尼認為像希特勒、或毛澤東式這種現代極權的政治領袖，往往都會以崇高的政治理想為名來動員群眾，使得群眾在受到感召之後，很容易在被激發的道德熱情驅策之下合理化所有被認為是可以達成崇高目的之

9　見陳弘毅，〈憲政主義〉一文，頁1。

10　道德逆反是譯自Michael Polanyi 說的 "moral inversion"。筆者非常認同Polanyi 用這個說法來解釋極權統治，認為如果將這個說法用來理解毛澤東和他發動的「大躍進」與文革及其造成的後果，更是如此。見 Michael Polanyi, *Personal Knowledge: Toward a Post Critical Philosophy*, the University of Chicago Press, 1962 edition, pp. 231-235, 特別是pp. 231-232。

手段，包括合理化極端暴力與殺戮迫害。可以想見，這種政治運動最終製造的「浩劫」，不但與崇高無關，而且根本只能說是一種文明的倒退與道德的惡。

四、台灣民主必須超越「初階」

根據上面的討論，我們可以毫無疑問的說，林毓生對憲政民主的堅持，也正是因為這樣的民主在文明與道德層面上都已經展現出對保障社會與個人的正面意義。這也是他為什麼會認為台灣從1987年下半年開始解嚴走向民主化的事實「已經獲得兩項破天荒的重大成就」。雖然他對李登輝與陳水扁執政時期因為台獨意識去炒作民粹式的國族主義曾經提出尖銳的批評，並且由此也可能引起過一些爭議，但是，不論我們是否同意他的看法，我們應該看到林毓生在這篇完整的訪談文字中很清楚的表明：他是「站在關懷台灣民主發展的立場，希望它能向前推進一步」來提出批評的。他也指出，即使台灣那時建立的憲政民主只是在一個「初階階段」，他卻相信一旦有了從威權走向民主的制度性突破，這個突破就已經「不可逆轉」，而且他才會毫無猶豫的肯定台灣已經獲得兩項華人歷史上前所未有的「破天荒成就」，亦即：政權可以藉著「普選」來和平轉移，與人民可以「普遍獲得人權的保障」的成就。需要強調的是，對林毓生來說，台灣民主當然不能只停留在「初階」的階段，而是必須超越「初階」，必須去發展他認為可以支撐並鞏固憲政民主的三個基本條件。這三個條件是：「法治的確立、公民文化與公民道德的培育，以及公民社會的養成」。[11]

11　見〈自由主義、知識貴族與公民德行〉，施雨華提問，林毓生口述

五、如何建設並鞏固憲政民主

　　林毓生多次提到法治（rule of law）不同於法制（rule by law），
也多次指出法治是根據其背後的一些原則逐漸發展建立的。除了重
申這些原則對三權分立的「界定與限制」，以及「國家有義務平等
地保障境內所有人的基本人權」，林毓生還一再提醒法律本身必須
有「普遍性」與「抽象性」，也就是說法律必須「平等應用到每一
個人身上」，同時也不可提供任何特定個人、團體或政黨的「具體
目的服務」。[12] 有關公民文化和公民道德的培育，林毓生著重的就
在公民參與民主政治過程中應該具備的「文明性」。他特別重視培
養公民的「德行」，也列舉出一些關鍵的德行，這些德行不但包括
正義感、愛國心，也涵蓋了公民「在群體生活中應有的自我肯定和
完成這些肯定所需要的知識與技能」。就林毓生來看，學校與社會
事實上就是培育「文明性」以及這些德行的實際場域。此外，公民
一旦可以通過社會機制去參與政治過程，他們對政策制定的方向也
就有可能會產生影響，公民社會也可以同時由此漸漸成形，並且獲
得持續的演進與發展。[13]

　　按照常理，任何憲政民主的社會大概都不太可能會自認已經在

（續）
　　　及修訂，收入《林毓生思想近作選》（2020），頁333-343，此處
　　　引文見頁340。
　12　舉例而言，在〈自由主義、知識貴族與公民德行〉（頁340）以及
　　　〈專訪林毓生〉的訪談（頁327）中，林毓生皆討論了法治之義。
　13　〈自由主義、知識貴族與公民德行〉，頁340。亦請參考筆者有關
　　　林先生對憲政民主及公民社會的討論，見丘慧芬，《自由的追尋》，
　　　第7章，特別是頁207-215。

制度與實際運作上達到了完美的境地。換句話說，每一個憲政民主的社會應該都知道，他們必須不斷的提升與深化自身的民主品質。因為唯有如此，他們的民主才有可能不致因為外因或內部因素的侵蝕而變質、腐化，甚至崩壞。

毋須諱言的是，比起像英美那些已經較為成熟的憲政民主，台灣民主的提升與深化都面臨更加複雜、而且難度也更高的挑戰。一個主要的原因明顯是因為必須面對中國大陸可能要併吞台灣的武力威脅。這樣的威脅，不僅影響台灣內部對國家認同的分歧，也使得公民社會對國家應有的發展方向比較不易凝聚共識。台灣的內部，因為中國大陸本身政治與經濟的跌宕起伏，台灣本身的經濟實力與在印太地區的戰略位置、美國與中國大陸時而緊張、時而舒緩的關係，以及美國和國際社會中其它民主國家對台灣的日益關注，當然也就有可能隨之而出現難以預測的變化。此處想要提醒的是，針對台灣面對的各種內外難題，林毓生曾經說過台灣必須「苦撐待變」以待客觀局勢的改變。上面提到的幾個因素，顯示台灣的「苦撐」，至少在目前看來似乎有稍可緩和的跡象。如果這個觀察是合理的，我們可以接著說林毓生建議台灣必須在客觀局勢改變時要能「積極籌劃、提出有實質性的改革方案」，就十分相關了。

六、台灣民主必須追求健康的永續發展

什麼是台灣今天最需要的改革？全面發展人工智慧的產業來開創另一個經濟奇蹟，大概會是最容易取得社會共識的經濟改革之道。然而，媒體報導的黑金政治是否也會是社會企盼的首要改革？改革是否也有必要包括提升社會的「文明性」與政治人物的政治倫理？提出「文明性」與政治倫理，主要是因為台灣媒體從2023年5

月底到6月中對執政黨、在野各政黨、以及媒體、教育與文化界的一些知名人士被控性騷擾做出了一系列的報導，筆者無意深究這些報導的內容，而是要強調這些報導涉及的不僅是相關人士應有的文明性和道德倫理，也牽涉到法律上對此應有的回應與進一步的可能修法。換句話說，這些案件的報導，事實上關係到台灣的法治，以及公民社會中的公民德行與文化素質，也就是關係到林毓生提出支撐憲政民主發展的幾個重要條件。由此，林先生之前提出憲政民主的條件對台灣當下具有的相關意義應該就更加突顯了。

記得1990年11月10日《紐約時報》在當天的意見欄上刊登了一篇短文，題目是 "Taiwan: too Big to Ignore,（暫譯：台灣太大而不容小覷）"。這篇文章說的「台灣太大」，是指台灣當時的經濟已經是國際社會不容忽視的力量，也應該就是指一般所說台灣已經創造出了一個「經濟奇蹟」。有趣的是，這篇文章只用了一句話說台灣也在走向民主化。只寫這樣的一句話，可能是因為短文作者不知道台灣的民主是否能像經濟一樣會發展出後來有學者說的「政治奇蹟」。即便如此，歷史的後見顯示，台灣從1990年代初到今天已經有3次的和平政權轉移，雖然台灣內部存在各種大、小難題，但是媒體對各種問題的挖掘與報導，基本上使得那些毫無作為、或是因循苟且的執政政黨以及政治人物都難以遁形，最終也使得他們都必須面對被選民唾棄而下台的可能。與1990年代初相較，我們可以合理的說，林毓生畢生追求的憲政民主，迄今不但只有在台灣落實，而且台灣也是華人世界中建立憲政民主的唯一代表。

面對中共官方過去幾年對中國大陸社會管控的全面增強，[14] 林

---

14 *The New York Review of Books*（即紐約書評）2022年10月20日一篇評論文章的題目就呈現了這個事實，見Ian Johnson, "China Back to

先生在離世前一年,也就是在2021年7月11日曾經在筆者去電時告知他覺得自己追求自由主義與建立憲政民主的理想,在中國大陸已經沒有什麼希望。林先生說這句話的語氣,比起他多年來談到中國大陸發展民主時給我的感覺,顯得悲觀的多。林先生當然知道沒有人可以預知歷史,而且他也說過憲政民主的建立是需要幾代人的努力。不過,他當時的確相當悲觀。這也許是因為他和殷海光先生,以及當年為《自由中國》雜誌撰寫宗旨的胡適,都曾經希望「整個中華民國」能「成為自由的中國」。[15] 從這個理想未竟的角度看去,再加上中國大陸這幾年全面管控的增強,林先生在生命的晚境會感到悲觀沮喪也應該是可以理解的。

必須提到的是,林先生當時並沒有進一步討論中國大陸的管控,而是緊接著跟我說「台灣的民主實在不容易」。這是林先生從2014年在訪談的完整文字發表之後,第一次在我去電問候時對台灣民主做出一個完全的肯定與稱許。即使他的健康在那個暑假已經不那麼理想,他的思維卻依然清晰。他對台灣民主在當時給出的完全肯定,應該正是因為他知道台灣民眾已經都能過著一種具有道德善的文明生活,儘管他很清楚社會上仍然有各種問題。他的稱揚,當然也有可能是因為在彼時他覺得台灣憲政民主不僅是華人歷史上一個空前的、恐怕也會是絕後的唯一實踐。

如果上面的解說可以被接受,在本文結束之前,筆者希望可以再提出的一個觀點就是,即使我們無法預知台灣憲政民主是否會是華人歷史上的唯一實踐,然而從建立憲政民主代表了一個「文明的

(續)————————

Authoritarianism (暫譯:中國又回到威權主義)," pp. 39-41.

15 對殷海光、林毓生和胡適而言,「整個中華民國」自然是根據當時中華民國憲法給出的定義,亦即是涵蓋了整個中國大陸。關於《自由中國》雜誌的宗旨,見丘慧芬,《自由的追尋》,頁67。

進步」與「道德上的善」來看，台灣的憲政民主，的確可以做為中國大陸在制度上的另一種選項。[16] 這麼說，當然是要有一個前提，那就是必須假設中國大陸在未來會有尋求制度轉型的可能。如果台灣的民主實踐可以幫助中國大陸建立憲政民主，進而使得中國大陸人民在這樣的制度下也可以過著一種具有道德善的文明生活，那麼台灣憲政民主的實踐就可以說是任何要「復興」中華文明的政治人物都應該追求的選項，尤其是因為歷史已經一再證實專制極權帶給人類的只有奴役與災難。從這個角度來看，台灣民主在整個華人幾千年的歷史上就不僅是林先生所說的「破天荒」成就，而且對中國大陸來說，也確實是一個具有實質意義的參照典範。筆者相信，要維繫這個典範，就必須根據林毓生提出建設憲政民主的三個條件去切實的提升並且深化台灣民主。事實上，也只有這麼做，才能使台灣社會容易形成最大多數的共識，在認同憲政民主這個制度的共識之下，願意齊心為台灣共同打拼，努力奮鬥，使得這個華人歷史上「破天荒」建立起來的憲政民主，能夠在一個有生機的道路上永續的健康發展。

丘慧芬，加拿大不列顛哥倫比亞大學亞洲學系教授，著作《自由的追尋：林毓生的思想與生命》，聯經出版。

---

16 筆者在它處已經提出了這個看法，見丘慧芬，《自由的追尋》，第9章，特別是頁262-263。

幽暗意識與超越意識：

張灝先生思想核心與思想資源

丘為君

　　過去一年多左右，在中國思想史研究上具有傑出成就的三位先生：余英時（1930年1月22日-2021年8月1日）、張灝（1937年8月24日-2022年4月20日）與林毓生（1934年8月7日-2022年11月22日），紛紛離開凡世，遽返道山。三位先生中以余英時先生年紀最長，張灝先生年紀最輕。因此我們在看待張灝先生逝世這件事，就必須將他們這三位互相交好的學者，一起納入思考。本文盡力避免在大量重複舊作的前提下，以幽暗意識與超越意識為線索，來簡略介紹張灝先生的思想核心與他建構起龐大的思想體系所依恃的思想資源。

一

　　張灝先生思想的核心，大體而言可以區分為五大塊：轉型時代；幽暗意識；經世思想；烏托邦主義；以及軸心文明。這五大塊當中，前兩者，即是「近代中國的轉型時代」與「幽暗意識和民主問題」，是直到目前為止比較廣為人知的。至於其它三者：「儒家經世思想」、「近代中國烏托邦主義」，以及「軸心時代」（Axial age），則是比較少受到大眾注意，其論點多半流通於相對少數的、中國近代思想史研究的專業社群之間。這裡必須指出的是，張先生的研究成績

並不是只局限於這五大領域，例如他的哈佛博士論文是研究梁啓超；但是他並不簡單地將自己局限爲梁啓超專家，而是從這裡耕耘起、並擴展出去。下面我們簡約地介紹張灝先生思想的這五大核心。

轉型時代

　　非常簡略地概括，「轉型時代」（或「轉型時期」，近代中國思想的轉型時期）是指「甲午」到「五四」約30年間（1895至1925），中國思想文化由傳統過渡到現代的承先啓後時期。這段時期的若干主流精英，自覺到自我置身於一個受到前所未見的西方衝擊的新社會形勢之中，而且無法或不願意再回到以儒家爲主的傳統政治與倫理體系。[1] 張灝先生最早提出「轉型期中國」（轉型時代）理念之處，應該是他1971年出版的《梁啓超與中國思想的過渡，1890-1907》一書。作者在〈前言〉開宗明義地指出，此書係藉由清末具有深遠影響力的知識分子梁啓超（1873-1929）的思想轉變，來探討1890年代中期到1900年代中期這一近代中國思想轉變最具關鍵的時期。必須指出的是，他在梁啓超一書中，雖然正式標舉了「轉型期」的概念——1890年至1911年前後，但並未具體明定「轉型期」的時間點。之所以如此，主要是因爲本書係以梁啓超早期的思想發展爲中心，因此探討重點爲甲午前後的晚清思想界。他將「轉型時代」延伸至包含民國時期的1920年代，是後來的事。先生在1978年發表的〈晚清思想發展試論：一個基本論點的提出與檢討〉一文，便是具體地爲「轉型期」劃出起點——1895。而到了1980年代，當他的研

1　張灝，〈中國近代思想史的轉型時代〉，香港中文大學《二十一世紀》雜誌1999年4月號，頁29-39。收入《時代的探索》（台北：中央研究院及聯經，2004），頁37-60。

究旨趣由晚清轉入民初以後，「轉型時代」便由晚清的最後15年，延伸了10年左右，成為清末民初的25年期間。也就是說「轉型時代晚清說」發展成「轉型時代清末民初說」。在1994年，我們終於看到他完整呈現「轉型時代」看法之論文的出現：〈轉型時代在中國近現代思想史與文化史上的重要性〉。[2] 在這篇宏觀的論文中，先生將「轉型時代」由先前的清末民初的25年，向下延伸5年成為30年，修正了先前的「轉型時代25年說」。[3] 先生從1971年起提出、發展「轉型時代」理論，過程中不斷調整、修訂，至1994年正式定音「轉型時代30年說」，總共耗時23載，可見其用心。

幽暗意識

所謂幽暗意識，根據張灝先生，是指發自對人性中或宇宙中與始俱來的種種黑暗勢力的正視和醒悟，因為這些黑暗勢力根深蒂固，這個世界才有缺陷，才不能圓滿，而人的生命才有種種的醜惡，種種的遺憾。他指出，幽暗意識雖然在中國儒家傳統中扮演重要角色，卻未能有充分的發揮。衡之幽暗意識在西方自由主義傳統裡的重要性，比較起來就可以了解到中國傳統之所以開不出民主憲政的一個重要思想癥結。[4]

---

2 張灝，〈轉型時代在中國近現代思想史與文化史上的重要性〉，《當代》雜誌1994年9月號，頁86-93。收入《張灝自選集》（上海：上海教育出版社，2002）。收入任鋒編，《轉型時代與幽暗意識》（上海：人民出版社，2018）。

3 參看丘為君，〈張灝先生思想的特色與價值〉，《漢學研究通訊》2022/11，41卷4期。丘為君，〈轉型時代──理念的形成、意義，與時間定限〉，收於王汎森等，《中國近代思想史的轉型時代》（台北：聯經，2007），頁507-530。

4 張灝，〈宋明以來儒家經世思想試釋〉，《近代中國經世思想研討

　　觸動青年張灝萌發幽暗意識觀念的機緣，主要有兩個：一是1963
年在哈佛受到當代美國神學家、公共知識分子領袖尼布爾（Reinhold
Niebuhr, 1892-1971）所傳布的、發軔於歐陸的「危機神學」（theology
of crisis）的啟示。二是1966年文化大革命爆發後，他目睹了文革氾
濫的暴力主義，於是重新回頭仔細咀嚼尼布爾神學對他思想的啟示。

　　關於後者，就在青年張灝即將完成哈佛學業的1966年，中國在
這年春夏之際爆發了震驚世界的「無產階級文化大革命」。對這個
掀動世界極左思潮的暴力群眾運動，剛以梁啟超研究作為博士論文
主題的他，卻沒有激起太高的情緒。這年夏天在結束哈佛學業後，
29歲的他去了美國南方的路易斯安那州大（Louisiana State
University）任教，那兒報紙很少登載中國方面的消息。但這種國際
事務與尤其是亞洲訊息的匱乏，反而提供他可以沈澱思緒的機會，
盤點在哈佛七年學習所吸收的各種龐雜的學問。所以儘管亞洲這邊
是文革批鬥的熊熊烈火，但是他的心境卻是出奇平靜。

　　關於前者，1963年當26歲的青年張灝於哈佛校園認識尼布爾以
及他的危機神學時，尼氏已經來到晚年的71歲，他那時不只已經建
構起完整的思想系統，同時也是聲譽登峰造極的時刻。尼布爾早在
20年前出版的名著《人的本性與命運》（*The Nature and Destiny of
Man*）（1943）中，就已經竭力闡明人的身與心都是上帝創造下的
產物，反對將身與心對立來看的二元論。對史學情有獨鍾的他，認
為如果《聖經》可信，那麼上帝是透過歷史對人類訴說祂的理念。
但是最能闡明其政治思想的著作，主要還是他在1944年出版的《光
明之子與黑暗之子》（*The Children of Light and The Children of*

（續）──────────────────────────
　　會論文集》，台北：中央研究院近代史研究所編印，頁3-19。收入
　　《張灝自選集》（上海：上海教育出版社，2002）。

Darkness）。必須指出的是，這兩本著作的性質不盡相同，但卻有關聯性；後者從前者的論述中延伸出來的。[5]

經世思想

關於「經世思想」方面，在儒學的義理結構裡，它是與「修身」觀念並立的。修身與經世，分別代表了儒家傳統核心的「內聖與外王」觀念。張灝先生指出，經世不是一個單純的觀念，它至少有三層意義。第一層意義指儒家的入世的「價值取向」，它可以說是任何形態的經世思想的前提。第二層含義最廣，相當於宋明儒家所謂的「治體」或「治道」。第三層才是晚清所謂的「經世之學」所彰顯的，它包含西方學者所了解的「官僚制度的治術」（bureaucratic statecraft），這相當於宋明儒學裡面所謂的「治法」，而治法絕非官僚制度所能全部涵蓋的。

關於第一層意義「入世精神」，他認為可以從兩個觀點去看：第一，是從宋明儒學的整個義理架構去看。「經世」就其作為儒家人文精神的一種基本價值取向而言，不能和儒家的成德精神與宇宙觀分開來考慮。第二，儒家的入世精神也是一種淑世精神，是無條件地接受既存的現實世界。儒家一方面入世，一方面具有它獨特的超越感。在這些超越感的對照下，現實世界往往顯得不圓滿、不合理。因此儒家的入世精神，是希望改善現實世界以實現其理想。換言之，經世觀念不僅代表一種入世精神，也代表一種淑世精神，它是二者的綜合。第二層意義：修身與經世綜合為一——政治是人格

---

5   Gary Dorrien, "Introduction" in Reinhold Niebuhr, *The Children of Light and The Children of Darkness*（Chicago & London: The University of Chicago Press, 1944）. p. xi.

的擴大。經世所代表的淑世精神,是以政治為主要表現方式。也就是說,在以人世為關懷的前提下,儒家進而要求建立一個和諧的政治社會秩序。在這一層意義上,經世和宋明儒學常常用到的兩個觀念──「外王」和「治平」是同義的,而與「修身」「內聖」則常常是對舉的。即是,政治是人格的擴大,這在宋明儒學傳統中的經典《大學》尤其明顯。表現在《大學》一書的「人格本位政治觀」,是宋明儒學所謂的「治道」或「治體」。後者用現代的話來說,就是政治的基本原則。第三層意義:治法。宋明儒者在討論經世,不僅談「治道」,也談「治法」。這裡所謂的「治法」,就是用以實現「治體」的客觀制度規章。這第三層意義的最好例證,就是晚清嘉道以後流行的所謂「經世之學」,當時的經世之學之提出,是藉以區別其它三種學問:義理之學,考據之學,詞章之學。「經世之學」是講究如何由制度的安排,政府多種政策的運用,以及法令規範的約束,以求政治社會秩序的建立。[6]

烏托邦主義

　　張灝先生分析中國的烏托邦思想在近代中國轉型時代(1895-1925)興起的過程,依據尼布爾的分類,將烏托邦思想分為兩種類型:軟性與硬性。[7] 前者以康有為與胡適為代表,後者以譚

6　張灝,〈宋明以來儒家經世思想試釋〉,《近代中國經世思想研討會論文集》,台北:中央研究院近代史研究所編印,1984,頁3-19。收入《張灝自選集》(上海:上海教育出版社,2002)。

7　張灝,〈轉型時代中國烏托邦主義的興起〉,《新史學》雜誌2003年6月號,頁1-42。譯自英文原著"The rise of Utopianism in modern China"收入《時代的探索》(台北:中央研究院及聯經,2004),頁168。

嗣同、劉師培與李大釗為代表。張灝先生認為由儒家及西方入世樂觀主義共同哺育的中國轉型時代的烏托邦主義，常環繞科學主義與民主的理想化而展開。這種烏托邦的思維模式，繼續引起五四以後的知識分子的共鳴。不單在各種軟性的烏托邦主義思想中看到這種思維模式，特別在中國共產主義的硬性烏托邦主義裡引起了強烈的迴響。毛澤東主義，尤其是到了晚期，便是展現了極為濃厚的烏托邦色彩。

軟性的烏托邦主義：康有為在《大同書》中仔細勾畫了他的烏托邦，並詳論了共同社會的理想。康有為認為創造共同社會的前提是，人類社會必須打破現有社會及政治秩序所規範的等別與藩籬。他認為當今的等別與藩籬可分為兩類：其一生於社會內部，由階級、私有財產、性別歧視、婚姻與家庭所造成；另一生於不同社會之間，由種族偏見、領土國家的制度所造成。在胡適這邊，張灝先生認為胡適的烏托邦思想與儒學中的樂觀主義有關。在《四書》成為宋明儒家學說核心的時期，此一樂觀主義顯得更為突出。《四書》對人性提出樂觀的看法，極易轉變成烏托邦思想。胡適在年輕時就受到新儒家主流思想的影響。他後來確實反對新儒學傳統，但反對的僅是其中的道德與知性內容。他始終保持新儒學的信念，認為個人與社會道德的至善，必賴於知性的培養與知識的增長。另一方面，胡適的儒學知識背景以及杜威、赫胥黎的知識樂觀主義，最終導致他發展成以科學主義為主的烏托邦主義。

硬性的烏托邦主義：在戊戌變法時代與康有為合作的譚嗣同，是第一位清楚表達出硬性烏托邦思想的人。譚嗣同通過政治及歷史的發展，看到存在的「二元秩序」。他認為現實的存在秩序，就是自秦統一天下以來的王朝秩序。他批判此種秩序，只是一連串的政治掠奪與道德虛偽。不過譚嗣同並未像儒家傳統一樣，將王朝秩序

的道德衰敗，與遠古三代的道德純潔相對比。反之，他瞻望未來，相信以「仁」為代表的理想秩序，正在前面召喚我們，歷史會「自苦向甘」。

繼承譚嗣同的硬性烏托邦主義精神的，並非他的維新改革派同志，而是鼓吹革命與無政府主義的激進分子劉師培。劉師培從青年時期就被西學吸引，但儒學早已在他的心中生根。1905年出版的《倫理學教科書》，便可以發現儒學對劉師培的影響，因為他仍然以儒學的「修身」來闡述倫理學。不過他的修身觀念已經跟傳統的看法不同。他排斥儒家的禮教，尤其是其核心思想的「三綱說」。劉師培東渡日本，並一變而為無政府主義者。無政府主義者追求的烏托邦社會，主要展現在關於「公理」的理念，這個理念相信，現代社會進步的動力來自公理與革命的結合：公理為人類設定目標，革命只是達成目標的工具。而他們相信公理與革命的結合，必定有利於開啟無限的進步，而且會為20世紀帶來理想秩序。

一直到1910年代下半葉，硬性烏托邦主義，始終局限於一小群激進知識分子的圈子裡。五四運動期間，共產主義運動的興起，加速了這種烏托邦主義在中國知識階層的傳播。關於這點，可以從中國共產黨創始人之一的李大釗思想當中，大約看到這一個硬性烏托邦主義所含有的目的論史觀。李大釗認為，世界將進入「新紀元」，而俄國革命正是將世界帶入20世紀的主要動力。李大釗的「時代意識」不只是期待新時代的即將降臨，同時也是認為革命具有基督教救世的意義，使人得以躍進光明的未來。李大釗的時代意識，反映了一種目的論史觀。[8]

8　張灝，〈轉型時代中國烏托邦主義的興起〉，《新史學》雜誌2003年6月號，頁1-42。譯自英文原著"The rise of Utopianism in modern

軸心文明

最後關於「中國古代軸心文明」（「軸心時代」）的問題，張灝先生主要是從比較文明的途徑來思考這個議題。所謂軸心時代，是指公元前1000年間，在古代東西幾個文明的區域裡，大約同時發生空前的思想躍進——即是所謂的「哲學的突破」（philosophical breakthrough）。[9] 關於「軸心時代」的思想特徵，他認為最令人注意的西方兩位學者，是艾森斯塔特（S. N. Eisenstadt）與史華慈（Benjamin Schwartz）。這兩位猶太裔學人都強調「超越意識」出現的重要性。不過，張先生指出，想要認識「軸心時代」的思想特徵，不能只限於超越意識，而需要進一步看到由超越意識衍生的「原人意識」，後者才是「軸心時代」真正的思想創新。所謂「超越意識」是指現實世界之外有一個終極的真實，後者不一定意味否定現實世界的真實，但至少代表在價值上有一個凌駕其上的領域。「軸心時代」的超越意識，有一內化於個人生命的趨勢，以此內化為根據，去認識與反思生命的意義，這就是張灝先生所謂的「超越的原人意識」。

「軸心時代」在影響方面，先生指出至少有兩點。第一、就道德文化而言，它開啟了後世的「德性的精神倫理」。在政治文化方

（續）————————————————
　　China"收入《時代的探索》（台北：中央研究院及聯經，2004），頁161-208。
9　Karl Jaspers, *The Origin and Goal of History*（New Haven: Yale Univ. Press, 1953）, pp.1-22; 張灝，〈從世界文化史看樞軸時代〉，香港中文大學《二十一世紀》雜誌2000年4月號，頁4-16。本文後來經過修訂後，以〈世界人文傳統中的軸心時代〉收入《時代的探索》（台北：中央研究院及聯經，2004），頁3。

面，它間接產生另外一種思想發展——終極意識與無限精神。即是，
人的生命可以有著徹底的自我轉化能力，如果配上入世取向，這種
自我轉化的觀念，很容易進而形成另一種觀念——由群體的自我轉
化，可以通向人世的改造與完美的理想社會的出現。這就是現代社
會大革命的一個間接的重要思想種因。職是之故，近現代三次社會
大革命的發生，決非偶然。[10]

二

　　上面簡略介紹了張灝先生的五塊思想核心，這裡進一步說明他
建構起龐大複雜的思想體系，究竟是本於哪些思想資源。大體而言。
可以分成六項，分別是：殷海光的自由主義、韋伯的研究方法論與
比較宗教、儒學義理結構、尼布爾的危機神學、史華慈的「問題導
向」思維方式，以及沃格林的宗教哲學與歷史哲學。

殷海光與自由主義

　　殷海光（1919-1969）是台灣1950-60年代代表性的公共知識分
子。這裡所謂的公共知識分子，根據張灝先生，是指本著理念與知
識，走入公共空間，面對時代的問題，真誠而勇敢地發言與介入，
以別於一般的知識分子。關於殷海光作為公共知識分子所走的生命
道路，張灝先生認為在三個方面的表現，特別值得注意：一、超越
學術專業的限制，走入公共空間。面對現代中國的政治社會危機，
殷海光不斷地提出自己的看法，熱烈地參與當時的各種政治社會的

---

10 張灝，〈世界人文傳統中的軸心時代〉收入《時代的探索》（台北：
　　中央研究院及聯經，2004），頁1-26。

活動與討論，從此終生把他的知識與理念，投入公共空間，發為社會良知、批判意識與抗議精神。他甚至不惜冒著自己職業與生命安全的危險，為當時臺灣與20世紀後半葉的華人世界樹立了一個公共知識分子的典型。二、以大無畏的精神，面對白色恐怖，批評時政。在中國的環境裡，公共知識分子要面臨另一個更大的困難，那就是來自政治權威的威脅與迫害。殷海光作為一個公共知識分子，在這方面的慘痛經歷，是他生命中最光輝、最動人心弦、最可歌可泣的一頁。三、反潮流的批判精神。[11]

　　殷海光先生對青年張灝最深遠的影響，主要是人格上的，即是他所謂的道德理想主義。在他看來，殷海光一生的生命基調是他堅持自由主義的理想主義精神，這種精神是高度的價值意識、道德勇氣、和生命熱情所揉匯而成的。殷海光在政治和社會態度上，這種基調表現為強烈的責任感和正義感；在生命上它反映為真摯的情感和他那份脫俗的生活情調。不過他觀察到，在殷海光的生命基調和思想主流之間，卻存有一種不可解釋的歧異和矛盾。他有一顆詩人的心靈，但這心靈卻以純知識的追求為企向。他的內心深處蘊藏著強烈的價值意識，但在思想上卻堅守英美式的主知主義傳統。他的精神傾向是尼采式的生命哲學，他的治學方向卻朝著維也納的分析學派。在他逝世的前幾年中，這歧異似乎在縮短，矛盾似乎在消淡，他生命的基調和思想的主流，終於漸趨匯合。[12]

　　張灝先生指出，殷海光一生精神生命的一個重要特質、一個基調，那就是他的強烈的理想主義。這種特質在中國近代早期知識分

11　張灝，〈殷海光先生的理想主義道路：從公共知識分子談起〉《思想》14期（2010/01/ 01），頁1-18。

12　張灝，〈殷海光先生的理想主義道路：從公共知識分子談起〉《思想》14期（2010/01/ 01），頁1-18。

子中間很具有代表性。張灝先生認為，在殷海光的心靈深處，在其
理想主義的深處，是有一股強烈的精神創造的衝動，以及烏托邦的
嚮往，與他的自由主義同為他作為公共知識分子的重要思想資源。
他為自由主義所作的努力，已為世人所共知。但他的理想主義以及
隨之而來的烏托邦意識，卻不那麼容易為世人所了解。[13]

韋伯：研究方法論與比較宗教

其次我們要簡略談一下韋伯作為張灝先生的重要思想資源。張
灝先生在兩方面受到韋伯影響最為深遠。一個是研究方法論，一個
是比較宗教。在前者那裡，最明顯之處為其論證的方式。張先生在
這方面有兩種風格：一種是辯證論證。另一種是堆疊論證。以前者
來說，韋伯的工具理性（Zweckrationalität，Instrumental rationality）
與價值理性（Wertrationalität, Value rationality）兩個對立的概念，
便是經常被他用來闡釋現代化的問題。例如他指出，韋伯的「理性
化」概念對了解近代西方物質文明發展的成就上具有貢獻，但對與
民主制度之間的關係著墨不多。他宣稱，任何一個社會的現代化過
程，如果沒有民主制度支撐，則韋伯的功效理性無法扮演社會中的
穩定性與持久性。他批判道，韋伯對中國傳統的看法與五四的反傳
統主義是殊途同歸，一個是對傳統輕率地否定，一個是簡單地化約，
兩者都未能認清傳統是一個多層多面的複雜建構。因此不能把傳統
與現代的關係，視作一個簡單的對立，接受現代化並非必須否定傳
統。[14]這裡他借用了韋伯的概念，但又批判了韋伯。

---

13 張灝，〈殷海光先生的理想主義道路：從公共知識分子談起〉《思
   想》14期（2010/01/ 01），頁1-18。
14 張灝，〈傳統與現代化──以傳統批判現代化，以現代化批判傳
   統〉，收入《幽暗意識與民主傳統》（台北：聯經，1989），頁117-138。

　　在堆疊論證（hierarchical argumentation）方面，他論證的形式
受到韋伯式的德意志傳統觀念論論證風格的影響，又受到梁啟超
式——特別是《新民叢報》時期——論證的左右，產生出一種奇特
的具有高度原創性的堆疊論證風格。有時候呈現出韋伯式的語
言——將問題層層提出、層層堆高；有時候卻又似梁啟超的思考風
格——具有八股文精簡效益的層次分明宏大闡釋。在很多時候，他
是將韋伯與梁啟超這兩種思維方式交拌在一起，在論證密度很高的
型態下，展開其波瀾壯闊的精彩論述。張灝先生的堆疊論證不是線
性邏輯論證，而是帶有濃郁批判性氣息之辯證風格的堆疊論證，這
種論證方式，也有別於闡釋學（hermeneutics）的闡釋方法，雖然兩
者看起來有某些類似。

　　比較宗教（comparative religions）是一個籠統的說法，廣義的
說，它也屬於方法論的範疇。比較精確地說，應該是指比較文化，
或者是比較思想。在韋伯那裡如此，在張灝先生自己的理解裡也是
如此。在韋伯那裡，他將文明視為一個宗教系統，而不是純粹的物
質文明或行政系統，例如他看待儒教、印度教，都是多少帶有這種
態度。對張灝先生來說，他借用韋伯的比較宗教研究方法，主要的
目的是將西方的基督宗教或東方的佛教與印度教當作「他者」（the
other），用以理解與分析中華文明的特質——特別是儒家文明。

儒學義理結構

　　關於儒學義理結構（Confucian ideological structure）方面，這
主要不是在研究儒學發展史或是個別的儒學問題，而是儒學義理結
構——特別是展現在原始儒家中的基本世界觀與人生觀，以及它們
與現代性之間的問題；或者非常簡約地說，即是儒學與民主之間的
緊張性關係。張灝先生在1959年進入哈佛沒多久，就相繼認識了余

英時、杜維明（1940- ）與墨子刻（Thomas A. Metzger, 1933- ）等
這些朋友。在他們的影響下，開始接觸一些從前「殷門」很忌諱的
現代新儒家的著作，例如錢穆（1895-1990）、牟宗三（1909-1995）
及熊十力（1885-1968）的作品等等。

　　由於開始認真讀新儒家的書，青年張灝的思想內容發生了兩種
變化，一方面漸漸走出五四反傳統主義的框框，開始正視中國傳統
的複雜性，深深體會到認識一個古老傳統所需要的耐性與同情地了
解。另一方面，他開始接觸到新儒家內聖功夫裡的幽暗意識問題。[15]
職是之故，他後來在1974年就提出這樣的論點，宣稱帶有「入世」
意義的「經世」思想的開展，係以具有「出世」性格的「修身」思
想作為前提，經世觀念（外王）是以修身觀念（內聖）為基礎，不
能單獨運作，我們無法避開內聖觀念來談外王思想問題。其次，他
描繪出經世觀念的兩項重要特徵：帶有「實用」（pragmatic）或「功
效」（utilitarian）色彩的經世精神（practical statesmanship）與具有
道德色彩的經世精神（moral statesmanship）。[16] 在他看來，儒家的
信念是人有體現至善，成聖成德的可能，既然如此，那麼社會中想
要政治清明，就應該把權力交給已經體現至善的聖賢們手裡。這就
是儒家思想中「聖王」與「德治思想」的由來。而對儒家這種觀念，
張灝先生認為應該予以批判。因為這種根深蒂固的聖王觀念，使得
傳統儒家即便有抗議精神、道德勇氣的表現，但也因此開不出民主

15　張灝，〈我的學思歷程〉。丘為君，〈張灝先生思想的特色與價值〉
　　《漢學研究通訊》41卷4期 2022.11，頁11。

16　"On the Ching-Shih Ideal in Neo-Confucianism," *Ch'ing-shih wen-t'i*,
　　vol. 3, no.1, Nov. 1974, pp. 36-61〈論新儒家的經世理想〉發表於《清
　　史問題》。

政治來。[17]

尼布爾的「危機神學」

　　青年張灝在1963年正式接觸尼布爾的「危機神學」（Theology of Crisis）──又稱「辯證神學」（Dialectical theology）。這年春天開始，一向對社會科學抱持濃厚興趣的他，在北國寒冷的天氣下一早便要冒著酷寒前去旁聽一門西方近代民主理論的課程。他這樣做的動機，可能是一方面為他即將進行的博士論文課題、近代中國民主先驅梁啟超進行準備。另一方面，主要是為了向這門課的客座教授尼布爾學習，特別是關於基督教德性倫理與西方民主發展之間的問題。自此，具有保守主義特徵的尼布爾批判、反思民主的「幽暗意識」，便開始在先生思想中埋下種子。1966年中國文革爆發，張灝自哈佛完成學位、準備到美國南部任教，他從得自尼布爾「危機神學」獲得的啟示：「人行不義的傾向使得民主成為必要」（Man's inclination to injustice makes democracy necessary），反思文革運動的暴力革命。他在人性的陰暗裡，找到了文革所展示的權力泛濫的根源；這讓他之前受到中共民族主義宣傳的左轉迷夢──群大己小，犧牲小我貢獻大我──忽然被震醒了。他又一次在思想上作了重要調整，回頭肯定自由民主，但告別年輕時代受到五四影響的「高調的民主觀」。[18]

17　〈訪張灝教授談幽暗意識與中國民主化運動的前途〉楊白／採訪，收入《幽暗意識與民主傳統》（台北：聯經，1989），頁229-243。

18　丘為君，〈張灝先生思想的形成與意義：以幽暗意識為中心〉《思想》46（2023.3），頁119-122。

史華慈：「問題導向」思維方式

　　史華慈教授對青年張灝最深遠的影響，主要之一是在「問題導向」（problematiq）的思維方式。所謂「問題導向」的研究方式，是指在進入歷史研究的文本場域之前，需先設定一個先驗的假設，並不斷地提升這一假設的問題含量，例如將史學問題由經驗意義的歷史事實考掘，提升到知識論或本體論或其它層面的討論。[19] 在這種研究方式下，歷史事實不再是優先性問題，而是退到第二位——即是，問題先行。史華慈自己在《尋求富強：嚴復與西方》這本著作裡，就示範了這種「問題導向」的研究方式。

　　史華慈這樣思考說，在當下流行的現代化理論（modernization theory）情境中，西方看「非西方」時，經常假設西方自己為一個發達區域的已知量體（a known quantity），然後去檢驗還存在於「傳統狀態」、還沒有經歷現代化的「非西方」區域。西方學者們經常從這個角度去觀察、批判這些落後區域在「西方衝擊」的情況下，經歷了哪些無法現代化的困難？史華慈認為，這種假設係建立在一個前提之上：就是我們已經充分認識了西方。他逼問道：西方的清晰度真的讓我們自己到了洞若觀火的地步了嗎？他指出，當我們將視野深入東方，看看東方的智者如何看待西方時，原本不是太清晰的「西方」，藉由「他者」的反思，清晰度反而大大地提升了。他

19　像是史華慈在1985年出版的晚年重要著作《中國古代的思想世界》（*The World of Thought in Ancient China*）一書就指出：人的本質（essence）與現實（actuality）之間的區別是，人的本質是超越的天的內化，惟其如此，人才能在現實世界以外，看到理想秩序的可能性。參見張灝，〈轉型時代中國烏托邦主義的興起〉，收入《時代的探索》（台北：中央研究院及聯經，2004），頁165。

宣稱。在對待西方與任何一個非西方社會及文化的衝突上，必須盡量深刻地把握住雙方的特徵。因為這涉及的，並不是一個是已知，而另一個是未知的變項（variable），而是兩個龐大的、不停地變動、充斥著各類問題的人類實驗區域。[20] 史華慈是帶著這樣一個具有現象學特質的思維方式，藉著嚴復研究這個個案，來挑戰現代化理論的問題。對照史華慈的作法，如果說張灝先生後來成為經典的關於梁啟超的博士論文，是模仿史華慈教授這部經典而來的，這個判斷應該不是離事實太遠。

沃格林：宗教哲學與歷史哲學

最後讓我們談談沃格林（Eric Vogelin, 1901-1985）。張灝教授接觸到沃格林學術思想，是他完成學位後去美國南部任教的事情。沃格林政治哲學對張灝先生的影響至少有兩方面。第一、宗教哲學，特別是人神問題和與之相關的烏托邦主義問題。第二、歷史哲學，尤其是宇宙秩序（cosmic order）的概念。關於前者，沃格林政治哲學建立在其神學興趣上，這讓他與維也納的主流學風，例如同一時期的強調邏輯實證論的、信從啟蒙運動理念的維也納學派（Vienna Circle），產生很不同的形象。在宗教哲學方面，沃格林反覆再三強調，人不要企圖扮演上帝（play God），要避免「扮演上帝」的誘惑；人世本不完美，在人世建立天堂是癡人說夢，是建構烏托邦，執意而為將帶來意想不到的災難。[21] 張灝先生晚年（2002）有一篇批判五四啟蒙運動的重要論文〈扮演上帝：20世紀中國激進思想中

20　Benjamin I. Schwartz, *In Search of Wealth and Power Yen Fu and the West*（Cambridge: Harvard University Press, 1964），pp. 1-2.

21　Eric Voegelin | Philosopher of Consciousness | Documentary
　　https://www.youtube.com/watch?v=KjKxAyrjDm8

的神話〉，便是呼應沃格林的論點。他以毛澤東為中心，探討毛與
近代中國思想中「自我神化」的現象，批判地揭露了20世紀中國激
進思想裡「極端人極意識」（radical anthropocentrism）傾向的歷史
背景。[22] 先生寫作此篇的靈感，應該就是來自沃格林這位美國政治
保守主義理論家。

在歷史哲學方面，沃格林十分關注秩序（order）問題。沃格林
這裡所提到的秩序，是指現實結構的體驗以及人對不是他所創造的
秩序——即宇宙秩序——的調適。[23] 張灝先生對宇宙秩序的關注，
在他1987年《危機中的知識分子：尋求秩序和意義》（*Chinese
Intellectuals in Crisis: Search for Order and Meaning, 1890-1911*）一書
裡，便是借用了沃格林這一「秩序」與「失序」（disorder）概念，
來探索轉型時期中國（1895-1925）代表性知識分子如康有為、譚嗣
同、劉師培與章太炎等的世界觀與人生觀。[24] 在這一本著作中，張
灝先生關注的核心議題是，轉型時期的代表性知識菁英，對於從殷
周以來就作為政治秩序礎石的「宇宙王制」（cosmological kingship）
的解體憂心忡忡。面對這種困境——他稱之為「取向危機」
（orientation crisis），中國知識界企圖尋求新的政治秩序。在這種
新秩序的追求過程中，他們充滿了國家存亡的焦慮，以及民族受侵

---

22 〈扮演上帝：20世紀中國激進思想中的神話〉，劉述先主編，《中
   國思潮與外來文化（思想組）・第三屆國際漢學會議論文集》中央
   研究院中國文哲研究所（2002/12），收入《時代的探索》（台北：
   中央研究院及聯經，2004），頁141-160。

23 Eric Voegelin, *Autobiographical Reflections*, p. 184.

24 Hao Chang, *Chinese Intellectuals in Crisis: Search for Order and
   Meaning, 1890-1911*（Berkeley and LA, University of California Press,
   1987）.

犯的恥辱感。[25]

三、結語

　　張灝先生史學的特色，在於他對時代危機之起源與本質的關注和深層考掘。具體來說，他帶有保守主義特徵的幽暗意識理論，是他對當代人類文明最大的烏托邦主義運動——中國共產主義運動，的深層反思。張灝先生不太直接討論當代中國共產主義運動中衍生的各類光怪陸離的個案事件，但是他在探索近代中國思想的發展裡，發現作為近代中國最巨大的烏托邦主義運動的中國共產主義運動，其源頭是來自「轉型時代」知識菁英於中國千年「宇宙王制」（cosmological kingship）——即「普遍王權」（universal kingship）——在「西方衝擊」（或是現代化衝擊）的解體過程中，所產生的「亡國滅種」惶恐與焦慮；是這種深層焦慮，使得近代中國看到一波波以民族主義作為號召的各類「救亡」或「振興中華」等等的政治、社會或文化運動。

　　有意思的是，即便現實如此醜陋不堪——國家貧窮落後，人民愚昧，帝國主義的侵擾，但這些時代的代表性知識菁英——例如康有為、梁啟超、譚嗣同、劉師培、胡適、李大釗等等，仍然樂觀看待未來。對未來抱著很大的期待，認為黑暗總會過去，光明的「新世紀」——中國人富庶且自由的美好新紀元一定會到來。這種嚮往美好未來的實現——烏托邦主義，無疑給了政治野心家一個很好的

25　張灝，〈轉型時代中國烏托邦主義的興起〉，收入《時代的探索》
　　（台北：中央研究院及聯經，2004），頁162。Hao Chang, *Chinese*
　　Intellectuals in Crisis: Search for Order and Meaning, 1890-1911
　　（Berkeley and LA, University of California Press, 1987）.

機會。而在近代中國中總結其近代中國烏托邦主義運動成果的，無疑就是毛澤東。雖然如此，在「扮演上帝」的毛澤東那裡所建構起來的烏托邦主義大廈，如所周知，不是天堂而是人間地獄。[26]（2023/5/24）

丘為君，東海大學歷史系兼任教授。主要研究中國近代思想史、史學方法與理論。著作有《啓蒙、理性與現代性：近代中國的啓蒙運動，1895-1925》（2018），《牟潤孫先生學術年譜》（2015），《自然與名教：漢晉思想的轉折》（2010），《戴震學的形成：知識論述在近代中國的誕生》（2004）等。

---

26 張灝，〈轉型時代中國烏托邦主義的興起〉，《時代的探索》（台北：中央研究院及聯經，2004），頁161-208。

合力推動自由主義理念的轉轍：
記殷海光、林毓生和張灝三位師生的志業

顧忠華

直接支配人類行為的是利益，而不是理念。但是，透過理念創造出來的「世界圖像」，經常如鐵路上的轉轍器，規定了軌道的方向，在這軌道上利益的動力推進著行為。

——Max Weber

林毓生先生在紀念殷海光先生逝世30週年的研討會上，發表了〈論台灣民主發展的形式、實質、與前景〉，文中他清楚指出：「殷先生服膺五四初期所鼓吹的自由主義……，（他）時常慨嘆，早期五四精神與風格在台灣的失落；而重振五四精神，徹底實現五四早期所揭櫫的自由、理性、法治與民主的目標乃是救國的唯一道路。」[1]

眾所皆知，殷海光先生自詡為「五四之子」，生前每年皆維持追念五四的儀式，而殷先生堅持自由主義的價值理念，對於林毓生

---

[1] 林毓生，〈論台灣民主發展的形式、實質、與前景〉，收錄於瞿海源、顧忠華、錢永祥編，《自由主義的發展及問題》（台北：桂冠圖書公司，2002），頁2。

的治學生涯有著深遠的影響。據林毓生的自述，他原先不很確定自己究竟想投入哪一個研究領域，但和指導教授海耶克面談後，終於選擇「個人關懷」的主題，亦即專注研究中國的近現代思想史，並以《中國意識的危機：五四時期激烈的反傳統主義》一書成名。

　　由於林毓生先生認同博蘭尼（Michael Polanyi）提出的「支援意識」（subsidiary awareness）概念，我們可以說，林先生於大學求學期間，在殷海光教授的潛移默化下，早已形成了自己未來從事學術研究的「價值關聯」（韋伯語，德文Wertbeziehung），也就是引導問題意識的價值關懷。包括他提出「創造性轉化」的概念，便是站在自由主義的立場，思考中國文化及政治的發展可以有何種「導向」，方能「有利於自由與民主制度的建設」？[2]

　　再看殷海光教授的另一位學生張灝，張灝先生在紀念殷海光先生逝世四十週年時，發表了〈殷海光先生的理想主義道路：從公共知識分子談起〉，文中他大力推崇殷先生在中國現代知識分子思想傳統中的「獨特」角色。在他看來，如果當年台灣有一個「殷海光現象」，殷先生在生命與人格中散發的理想主義精神就是這種現象的精神核心。[3]

　　張灝先生回憶自己就是受到殷先生理想主義性格的「牽引」而投到他的門下，而與林毓生先生類似的是，張灝先生生平學術研究的「價值關聯」，同樣受到殷先生的重要啟發。因此即使張先生曾經「受到民族主義情緒的渲染，被文革熊熊烈火所震撼感動」[4]，但

2　林毓生，〈「創造性轉化」的再思與再認〉，收錄於林毓生，《中國激進思潮的起源與後果》（新北：聯經出版公司，2019），頁47。

3　張灝，〈殷海光先生的理想主義道路：從公共知識分子談起〉，《思想》，第14期，2010，頁4。

4　廖天琪，〈追憶張灝二三事〉（廖天琪乃張灝的姻親），民報網路

或許一方面他對殷教授有如「北斗星」似的感召念念不忘；另一方面又「很快認識到人在權力鬥爭中，人性會如何扭曲而不自知，這跟他後來發展出『幽暗意識』之說，有著很大的關聯。」[5]

同樣是繼承了殷海光先生的五四情懷與思想志業，張灝先生和林毓生先生著力的面向稍有不同，他注意到西方民主制度的宗教根蒂，提醒必須時時警覺權力的濫用來自人性的墮落，因此大聲疾呼民主制度除了制衡的設計外，更要「正視和省悟」種種人性中的黑暗勢力，以有效防範權力的腐化。相對地，傳統儒家的「聖王」觀念失之於過度樂觀，以致於數千年來囿於由上而下的專權統治。[6]張灝的這一套論述回歸了英美早期的自由憲政運動，也和林毓生發揚海耶克自由主義的理念相互輝映，共同豐富了殷海光先生在台灣建構的自由思想資源，不啻是接力耕耘了孕育民主根苗的園地，終於結出了纍纍果實。

2022年，林毓生和張灝兩位研究中國思想史的中央研究院院士相繼仙逝，他們在學術上的成就超過了殷海光先生，然而從他們的字裡行間湧現出的，是對於殷先生的孺慕之情，在在顯示這三位師生在台大期間，已經建立起十分深厚的情誼，並且超過了半個世紀，實在是非常難能可貴。

為了探究殷海光對於林毓生和張灝兩位學生如何能產生如此強大的「牽引」力量，本文想從三個面向作若干觀察和論證：第一個面向是由知識社會學的角度，切入台灣在二戰後面臨的文化斷層困境，而胡適、雷震、殷海光等隨國民黨「播遷」來台灣的外省籍知

(續)————————————————
　　版，2022/5/25，https://www.peoplenews.tw/articles/de2b329095
5　見前註；亦參閱張灝，《幽暗意識與民主傳統》（新北：聯經出版公司，2020）。
6　張灝，《幽暗意識與民主傳統》（新北：聯經出版公司，2020）。

識分子，以發行《自由中國》月刊之利，可說填補了當時台灣受到二二八事件衝擊，同時又因語言隔閡、無法競逐文化主流地位的本省菁英階層空缺。亦是在這樣的特殊時空背景下，殷海光所代表的五四精神，無論在台灣的社會輿論或大學校園都成為顯學，型塑了歷時甚久的「五四神話」。[7]在我看來，殷海光先生基於他個人的使命感，使得他最有資格取得詮釋五四的話語權，以下將再細述。

　　第二個面向涉及到自由主義的「轉轍」，事實上，「五四」作為一種價值關懷或問題意識，本身即蘊涵了特定的「世界圖像」（Weltbild），譬如一般耳熟能詳的「德先生」和「賽先生」，便以隱喻的方式，歸納了五四運動追求將民主與科學引進（或移植）至中國的目標，以此重振積弱不振的國格。但是在現實政治的形格勢禁下，自由主義在辛亥革命到共產主義革命之間，根本無法立足於中國。如胡適雖被稱作中國自由主義的標竿人物，但他始終沒有系統性地發表過相關著作，即使他身為《自由中國》月刊的發行人，亦鮮少提出重要的論述。[8]回顧起來，殷海光先生不只是《自由中國》的健筆，更非常殫思竭慮地為自由主義找到最合理的論據。根據紀錄，殷海光自1951年起，和張佛泉、徐道鄰、周德偉等人共同研讀海耶克的著作，他所翻譯的《到奴役之路》，則是連載在《自由中國》月刊，確立了依循古典自由主義的基本原則。[9]也因為殷海光在

7　簡明海，《五四意識在台灣》（台北：民國歷史文化學社，2019）；亦見潘光哲，《遙想德先生：百年來知識分子的歷史格局》（台北：南方家園，2011）。

8　參見潘光哲主編，《容忍與自由：胡適思想精選》（台北：南方家園文化公司，2009＿。

9　周渝，〈紫藤憶往〉，見https://www.wistariateahouse.com/mainssl/modules/MySpace/BlogInfo.php?xmlid=53205

理念上的這個選擇，形同在自由主義論證脈絡中的重要「轉轍」，從此也開闢了一條軌道，供後人繼續推進。林毓生和張灝這兩位他的學生，何嘗不是因為殷海光先生先行在理念的世界不斷摸索，終於照亮了前路，他們倆在思想史的學術領域中，才能克紹箕裘，針對「五四」的問題意識，分別提出了他們的解答。沿續著這一條問題史的線索，究竟殷海光的「原則性」自由主義（陳弱水語），[10]以及林、張兩位的研究成果，對於我們目前的台灣民主政治和公民社會又有哪些啟發，留待下文分解。

　　第三個面向，我想借用韋伯〈學術作為一種志業〉和〈政治作為一種志業〉的標題，以「教師作為一種志業」來概括殷海光先生在台大的教學風格。也就是說，殷海光之所以能夠令林毓生和張灝這兩位外系學生，以無比的熱情接受教「理則學」老師的薰陶，相信一定有著特殊的魅力，或如林毓生所自承，殷先生的性格帶有韋伯形容的「卡里斯瑪」（Charisma）。其實殷先生即使晚年不被允許講課，但仍有眾多學子親自登門探訪，其中還包括了與彭明敏共同撰寫〈台灣人民自救運動宣言〉的謝聰敏，證明殷先生有教無類的志業精神，而這一段軼事也可旁證殷海光秉持自由主義的信念，對於學生輩的包容與支持。[11]隨著台灣轉型正義的進程，近來諸多當事人的回憶錄紛紛問世，給予我們更多第一手資料來評價殷海光先生短短11年的教學生涯，如何建立起他無可取代的「經師和人師」地位，產生了巨大的風行草偃影響力。

10　陳弱水，〈殷海光與1940、50年代的自由主義──殷海光歷史位置的一個探討〉，收錄於《思與言》，第60卷3期，2022，頁10-61。

11　金恆煒，《面對獨裁：胡適與殷海光的兩種態度》（台北：允晨文化公司，2017）。

　　總括來說，本文嘗試由殷海光、林毓生和張灝三位師生的關聯性出發，以知識社會學觀點解析台灣戰後的「五四情結」，說明三位極為相同的「價值關聯」所具有的時代背景及積極貢獻。另一方面，受惠於殷先生釐清了五四以來困擾中國自由主義論述的混沌狀態，林毓生和張灝的治學方向能夠精準地診斷自由主義無法落實的歷史因果，各成一家之言。本文擬從問題史的視野進行梳理，將殷、林和張三位師生的努力，接軌到台灣當前的現實情境，賦予這一支「原則性」自由主義新的生命力。再者，殷海光先生在教師志業中散發出來的親和力與激勵作用，光從林毓生和張灝兩位身上，就顯得無與倫比，他的相關軼事，由學生們的回憶中，更是令人動容。這也是林正弘、陳宏正等人籌組「紀念殷海光先生學術基金會」的真誠動機。

　　首先就本文第一面向而言，五四運動發生於1919年，距今已超過百年，而參與其中的人物與衍伸的事件不計其數，相關的文獻也汗牛充棟。本文則是想透過韋伯式的理念型（ideal type）方法，將「五四」以來的歷史視作是可以攫取出根本的特徵，將其整理成不相互矛盾、邏輯一致的「思想秩序」，並以此建構出來的概念單位作為我們論證的依據。[12]易言之，經過「理念型」這個概念工具抽離出來的「五四精神」，有如韋伯所界定的「資本主義精神」——他表示基督新教倫理型塑的是幾代人的「入世制慾主義」，從而促成了資本主義在西方的興起——[13]；我個人認為，最純粹的「五四精神」，完全不需混雜著各式各樣的政治意識形態，就是當時集體

12　關於理念型方法，請見韋伯著，顧忠華譯，《社會學的基本概念》（台北：遠流文化公司，1993）。

13　參閱顧忠華，《韋伯「基督新教倫理與資本主義精神」導讀》（台北：開學文化公司，2023）。

熱切盼望的「民主、科學與啟蒙」而已。[14]

　　這樣有意地簡化，本身便是避免陷入無止境的糾纏在紛亂的史實和價值判斷中。更何況，殷海光一生心心繫念的便是「五四情懷」，他在求學期間，感受到西南聯大就像個「小五四」，可以自由辯論各種立場。[15]到了任職《中央日報》，1949年的「五四」20週年，他還連寫了兩篇社論，似乎這是比國共內戰更重要的時事。而他逝世前四個月，1969年的5月4日，他最後一篇文章是在香港《大學生活》期刊發表紀念文章。[16]這麼徹頭徹尾的「五四人」，大概也只有殷先生憑藉擇善固執的毅力做得到！我們舉出以上的例證，是為了指出殷海光在《中國文化的展望》一書中，毫不含糊地斷言五四運動的核心特質，除「民主、科學與啟蒙」外不作他解。

　　所以，殷海光先生不只是最有資格為「五四精神」下定論的「後五四人物」，也是最有底氣的「五四精神」繼承人。正因為他對於追求「民主、科學與啟蒙」終生不渝，在他的人格感召下，林毓生和張灝兩位投入思想史研究領域的歷史學家，都獻身於爬梳龐大的五四史料，甘心承續殷先生這位老師的「價值關聯」，並都走出了自己的一片天地。

　　目前的年輕世代恐怕無法想像為何台灣在50、60年代會出現「五四情結」，但從知識社會學的觀點來看，1949年由中國撤來台灣的菁英階層，除了政治、軍事等領導人物外，學術文化界有不少是代

14　殷海光，《中國文化的展望》（上）（台北：台灣大學出版中心，2009），頁191。

15　引自王中江，《煉獄：殷海光評傳》（北京：群言出版社，2003），頁34。

16　潘光哲，《遙想德先生：百年來知識分子的歷史格局》（台北：南方家園文化公司，2011），頁162。

表了五四時代，如胡適、傅斯年……不勝枚舉。當時在戒嚴氛圍下，
五四的議題也相對安全，因此每年的5月4日，幾乎所有報刊媒體都
應景式地登載「五四專題」，大學校園不遑多讓，多會競相邀請學
者舉辦紀念五四的座談會。這種表面的榮景，難怪會被簡明海批評
為「五四神話」。當然，如果只是口號式的紀念，率皆船過水無痕，
但在殷海光先生這種認真面對五四問題意識的態度下，絕不應敷衍
了事，他對「五四精神」的踐履，便是全心尋覓自由主義的康莊大
道。

　　殷海光先生傳達給林毓生和張灝這兩位傑出學生的關鍵信念，
便是「五四」遺留的問題，唯一的解方是全力邁向自由主義。而林
毓生和張灝也未辜負殷先生的指點，在他們學有成就之後，陸續在
台灣發表不少推廣自由主義理念的言論，有時甚且可以鼓動風潮。
張灝回憶他有次回台灣演講，聽眾竟然多到上千人，讓他震驚不已；
[17]唐光華也表示，林毓生發給《中國時報》的文章經常在副刊連載
數日，讀者反應熱烈。[18]這種種現象反映了台灣社會雖然歷經長達
38年的戒嚴，但是社會變遷帶來的自我意識覺醒，不斷累積成爭取
自由民主的社會力，而在1987年解嚴前後，包括民進黨的成立，都
象徵著黨國體制已然壓制不住蠢蠢欲動的能量，殷海光、林毓生和
張灝三位師生形成的自由主義「鐵三角」論述，正好戳破了長期桎
梏思想的牢籠，讓渴望自由的力量蜂湧而出，掀起了台灣自由化、
民主化的風潮。

　　本文揭櫫的第二個面向，不欲再去追溯殷海光先生個人的自由

17　張灝，《幽暗意識與民主傳統》（新北：聯經出版公司，2020），
　　頁252。

18　唐光華於「創造性轉化與幽暗意識──紀念林毓生院士 張灝院士論
　　壇」之發言，2023年4月15日。

主義思想，是否有著明顯的「轉軌」（何卓恩語）歷程？[19]而是想從「問題史」（Problemgeschichte）的角度，來設想本文標題所陳述之「自由主義理念的轉轍」如何可能？所謂「問題史」，是指類似「自由主義」這樣的概念，本身即是鑲嵌在時空脈絡之中，因此在不同時代脈絡的問題意識取向，亦會隨著認知旨趣的焦點轉移，產生了對於界定及處理問題的不同模式。舉例來說，自由主義作為五四時期受到廣泛注意的政治理論之一，卻在國難當頭的大環境下，很難被視為「救亡」的藥方。相對地，共產主義因為在1917年成功主導了俄國革命，成為解決中國面臨內憂外患的良藥。這樣的問題提法，使得自由主義在理念競爭中無法取得舉足輕重的地位，反而顯得缺乏一致的主張，雜亂無章。[20]

就算《自由中國》在胡適的領軍下，標榜要建立一個自由主義的國家，但由於1949年國民黨遷到台灣後，急欲維持統治權威，實行的是威權鎮壓。自由主義思想仍然呈現了「先天不足、後天失調」的狀態。殷海光自己便說：

> 中國早期的自由主義者多數只能算是「解放者」，（他們）迄未定型。因此，我們要決定誰是徹頭徹尾的自由主義者，這是辦不到的事。[21]

也就是在時空轉換後，殷海光先生深切體認到，自由主義在台

---

19 何卓恩，《殷海光與近代中國自由主義》（上海：上海三聯書店，2004）。

20 參見張忠棟等編，《什麼是自由主義》（台北：唐山出版社，1999）。

21 殷海光，《中國文化的展望》（上），《殷海光全集1》（台北：臺大出版中心，2009），頁277。

灣有了重新開始的機會，絕不應該錯過。他加入了《自由中國》的
陣容，等於進入一群信奉自由主義理念的同好圈，不過，誰又是他
可以認同的「徹頭徹尾的自由主義者」呢？殷先生本人對於胡適的
評價，看得出相當不以為然，覺得：

> 胡適所指出的大路是不錯的，可惜他自己卻做考據去了。由做
> 考據而訓練出來的思想模式及心理狀態，怎應付得了近40年來
> 五花八門的思想魔術？[22]

既然「掌門人」無心投入經營自由主義理念的志業，殷海光責
無旁貸地肩負起大任。我們從自由主義的「問題史」來推論，以殷
先生長期寫社論的敏感度來說，他早已意識到台灣不可能反攻大
陸，黨國體制也無法長治久安，唯一的出路便是走上自由民主的制
度。只不過，真正可以成為治理國家的理論依據——自由主義，似
乎仍處在朦朧不清、眾說紛紜的階段，不易形成對於政治及社會明
顯的推動力量。換言之，殷先生此時苦思的問題，已非五四情境下
的自由主義，而是轉換成如何在台灣的現實政治條件下，創造出自
由主義能夠具有理念競爭力的一套思想系統。

經過問題意識的重新設定，雖說殷海光尚不致於「告別五四」，
但的確與整個「中國往何處去？」的原始關懷已愈益疏離，反倒在
批判國民黨在台灣實施的各種政治、經濟、教育、文化等等政策方
面，殷海光與夏道平兩位《自由中國》主筆屢屢得罪當道，並且愈
戰愈勇。我們更應該注意，殷先生對於探索自由主義的動機已朝向

---

22 殷海光，《中國文化的展望》（上），《殷海光全集1》（台北：
　臺大出版中心，2009），頁349。

具體解決台灣生存及發展的重要課題，他的認知旨趣便自然帶有了「本土化」色彩。殷海光先生在和林毓生和張灝的書信往來中，清楚表達他吸收西方的知識，絕沒有攀附強權的自卑心理。相反地，他自小精研邏輯，完全依據自己獨立的思考判斷能力，來評估西方學者的學說論證。因此，林毓生強調殷老師相當重視自主的鑒別能力，絕不是學舌般人云亦云。[23]

同樣的，林毓生和張灝即使獲得中央研究院院士的殊榮，他們兩人在自由主義的問題史方面，可說緊緊追隨著殷海光先生的腳步，善盡公共知識分子的言責。我們可以從張灝對於殷先生所作出貢獻的評價，看到此一「問題史轉向」的成效：

> 在大陸時期的五四思想傳統裡，自由主義的理念，常常受到左右兩派的曲解與誤會，同時本身亦為群體意識所滲透，而有民粹主義的傾向。殷先生的貢獻是把五四傳統中的這些內外夾纏與混淆清除掉，同時把自由主義移置在英美自由主義所著重的個人主義與人權觀念的架構上。這是中國自由主義發展的一個重要轉向，日後自由主義能在台灣的土壤生根滋長，未始不與當年這思想轉向有密切關係。[24]

23　殷海光、林毓生，《殷海光、林毓生書信錄》，《殷海光全集19》（台北：臺大出版中心，2010），頁21。

24　張灝，〈殷海光與中國知識分子——紀念殷海光師逝世三十周年〉，《當代》，第11期，頁116。亦見賀照田，〈大經典、問題史閱讀與中國新思想傳統的形成——以《中國文化的展望》閱讀問題為中心的討論〉，收錄於賀照田，《當代中國的知識感覺與觀念感覺》（台北：唐山出版社，2006），頁143-170。

　　正因如此，台灣在解嚴前的70、80年代，思想的園地逐漸不再只有黨國意識形態的一言堂，而在土地上緩慢地長出蘊含自由主義價值的花芯，這些含苞待放的「新品種」，終於等到了春雨滋潤，在解嚴的春雷乍響時，遍地開花，讓威權的舊勢力在民主選舉中節節敗退。也可以說，殷海光、林毓生和張灝三位所代表的自由主義理念，即使沒有很明確的「承載者」，只是盱衡台灣自解嚴之後，檯面上的政治主張已完全找不到不認同自由民主制度的聲音。台灣的集體意識有如團結在自由主義的理念下，除了在面對中國武力威脅時，會出現政黨立場的分歧外，自由主義已成為台灣人習慣呼吸的空氣，多數人選擇的生活方式已和殷海光提倡的理念完全一致。

　　這個「理念的轉轍」如何可能？以「思想實驗」的想像而言，當時若非殷海光先生以勇氣和毅力確立「原則性自由主義」，並透過林毓生和張灝不斷參與台灣的民主化過程，散播啟蒙種子，或許整個「轉轍」可能遭遇到保守勢力的更多阻礙，就如許多威權國家無法順利轉型的經驗一般。我們自己來描述台灣民主化與殷海光先生的關係，不免失之主觀。然而看在旁觀者眼裡，殷海光對於自由主義理論所下的功夫，和這番努力產生的影響，實在非常的巨大。舉中國學者傅國涌為例，他來台灣訪問時，特地到溫州街殷海光故居參觀，回中國後發表感想，表示殷海光曾預言「歷史在自由的一邊」，而他感佩殷先生的預言在台灣已一一實現，這讓他見證到殷先生堪稱為台灣影響力最大的知識分子。同時他則感嘆，在通往自由的路上，中國卻是遠遠滯後了。[25]

25　傅國涌，〈歷史在自由的一邊──重溫殷海光的預言〉，出自《愛思想》網站：http://www.aisixiang.com/data/19211.html2008/6/15，殷海光原文為「歷史應在自由這一邊」，見殷海光，《中國文化的展望》(下)，《殷海光全集2》（台北：臺大出版中心，2009），頁

　　進入到本文的第三個面向，乃觸及到殷海光先生在十餘年教學期間發揮的光和熱。從殷海光16歲即能自力翻譯查普曼與罕勒的《邏輯基本》一書，以及金岳霖和熊十力對殷先生做學問的潛力皆肯定並推薦來看，殷先生本有可能走上學術研究的生涯，但或許只能以「生不逢時」來形容，令他無法以「學術作為一種志業」。他對不同的學生都坦承過自己在學術上沒有成就，雖說表達了某種遺憾，但也是他自己面對大環境時作出的選擇。另一方面，殷先生很早便參與了政治，擔任《中央日報》主筆，即使是在外圍，卻也接觸了不少國民黨的黨政要員，如果他如同雷震和傅正般，踏上「政治作為一種志業」，可能是另一條不歸路。

　　不過，殷海光在因緣際會下，進入台灣大學任教，等同開啟了他真正的「天職」。他所親近的學生，毫無例外都回憶殷海光先生作為老師，每堂課皆充滿了「身教」和「言教」的震憾，而他與學生們以真誠且平等的態度相待，更贏得學生回報以尊敬與愛戴。如前文所述，張灝表示所謂的「殷海光現象」，便是殷先生在教學的場域中，讓學生們強烈感受到他在「生命與人格中散發的理想主義精神」，這個現象自然可以用「教師作為一種志業」，來概括殷海光先生在台灣大學期間，的的確確像韋伯描述的喀爾文教派信徒般，將盡心盡力完成「天職」視作是終極的救贖。

　　殷海光自小在基督教環境中成長，[26]不過他鮮少提到和信仰有關的議題，我們事後知道，殷海光夫人夏君璐女士是非常虔誠的基督徒，也是殷先生重要的精神支柱，這些精神食糧對於殷先生在無

(續)───────────────
　　559。

26　殷海光父親殷子平1918年擔任基督教聖公會牧師，全家住在福音堂，引自李文熹，《拈花一笑野茫茫：殷海光及其他文人舊事》（台北：秀威資訊公司，2013）。

比的逆境中仍然堅定立場、屹立不搖，想必曾經起過關鍵作用。或許秉持著基督宗教的博愛精神，殷先生據說在個性上有剛正不阿、脾氣暴躁等等很難相處的特質，但對於學生，卻是胸襟十分開闊，來者不拒，因此他教過的學生，在政治光譜上涵蓋之廣，令人很難想像。

本文是以殷海光、林毓生和張灝三位師生作為主軸，並以他們接續推動自由主義理念的轉輟，來論證殷海光起頭的「功業」。但是殷海光先生的另一批學生，則是謝聰敏和魏廷朝。有關謝聰敏起草〈台灣人民自救運動宣言〉的經過，以及謝聰敏接受金恆煒訪談時，自述「殷海光是我唯一可以諮商的人」說法，目前有更多的證據。魏廷朝在他的回憶錄表示：

> 我敢幫謝聰敏修改〈自救宣言〉，受殷海光影響很大，他是台灣邏輯學權威，為了民主自由，放棄本行，投入政論，是希望台灣變成自由中國。他最大隱憂是怕國民黨在台灣作惡太多，激起台灣人憤怒，因此希望開明派要站出來。[27]

在殷海光眼裡，「愛才」可能也是他從事教職最欣慰的成就之一。在國家風雨飄搖，而他自己被嚴格控管，連教學和演講皆被禁止之際，有懷抱大志的學生主動向他請益，殷先生自然會有「一澆塊壘」的同理心，真情流露。更有代表性的是在2022年不幸過世的林正弘教授曾提到，他在高中時就讀過殷海光的《邏輯新引》一書，由於林正弘對於《文星》雜誌引發的「中西文化論戰」有興趣，1963年主動向《文星》投稿文章，但被《文星》的編輯轉給殷先生詢問

---

27 張慶惠，《賭鬼的後代：魏廷朝回憶錄》（台北：前衛出版社，2017）。

意見，結果殷先生寫了信勸告林先生不要花時間去論戰，還有很多好書要讀。而林先生之後拜訪殷海光教授，當時剛好高中採用新數學，殷先生就邀請林先生擔任他女兒殷文麗的數學家教，兩人因此締結了深厚的情誼。[28]

　　以這幾個師生關係的故事來看，殷海光先生於「教師作為一種志業」的道路上，落實了因材施教、循循善誘的理想，也難怪不少親炙殷先生「師道」風格的學生們，包括林毓生、張灝、林正弘、陳宏正、陳鼓應、李敖、王曉波……等等，都會在紀念殷海光先生的場合中，誠心誠意地向兼具「經師和人師」風範的老師致敬。

　　本文最後，想再一次重申「歷史在自由的一邊」之預言，也令人聯想起殷先生在1960年《自由中國》停刊號發表的〈大江東流擋不住〉社論。這篇社論義正詞嚴地宣告，即使審震因籌組反對黨被捕，《自由中國》難逃停刊命運，但是自由終將降臨台灣，民主也必然實現。殷先生篤信分析哲學，對於黑格爾「歷史終結論」的歷史哲學想必不以為然。[29]有趣的是，他在政論文章作出的種種預言，卻和「歷史終結論」相當異曲同工，或許殷海光先生骨子裡確信自己有能力扮演歷史進程的「轉轍手」，一方面自己成為了一位「徹頭徹尾的自由主義者」，另一方面則在冥冥之中藉由學生輩們的集體努力，共同推動了台灣由威權體制「轉轍」成邁向自由民主制度的軌道。

---

28 陳瑞麟：〈知識與哲學的人生：林正弘教授學述〉，收錄於陳瑞麟主編：《分析的技藝：林正弘教授七十祝壽論文集》，台北：學富文化公司，2009。

29 福山著，區立遠譯：《歷史之終結與最後一人》，台北：時報文化公司，2020。

參考文獻

王中江：《煉獄：殷海光評傳》，北京：群言出版社，2003，頁34。

李文熹，《拈花一笑野茫茫：殷海光及其他文人舊事》，台北：秀威資訊公司，2013。

何卓恩，《殷海光與近代中國自由主義》，上海：上海三聯書店，2004。

林毓生，〈論台灣民主發展的形式、實質、與前景〉，收錄於瞿海源、顧忠華、錢永祥編，《自由主義的發展及問題》，台北：桂冠圖書公司，2002，頁1-24。

林毓生，〈「創造性轉化」的再思與再認〉，收錄於林毓生，《中國激進思潮的起源與後果》，新北：聯經，2019，頁39-92。

周渝，〈紫藤憶往〉，見https://www.wistariateahouse.com/ mainssl/modules/ MySpace/BlogInfo.php?xmlid=53205

金恆煒，《面對獨裁：胡適與殷海光的兩種態度》，台北：允晨文化公司，2017。

韋伯著，顧忠華譯，《社會學的基本概念》，台北：遠流文化公司，1993。

張灝，〈殷海光與中國知識分子──紀念殷海光師逝世三十周年〉，《當代》，第11期，1999。

張灝，〈殷海光先生的理想主義道路：從公共知識分子談起〉，《思想》，第14期，2010，頁1-18。

張灝，《幽暗意識與民主傳統》，新北：聯經，2020。

張忠棟等編，《什麼是自由主義》，台北：唐山出版社，1999。

張慶惠，《賭鬼的後代：魏廷朝回憶錄》，台北：前衛出版社，2017。

殷海光，《中國文化的展望》（上），《殷海光全集1》，台北：臺大出版中心，2009。

殷海光，《中國文化的展望》（下），《殷海光全集2》，台北：臺大出版中心，2009。

殷海光、林毓生，《殷海光、林毓生書信錄》，《殷海光全集19》，台北：臺大出版中心，2010。

陳弱水，〈殷海光與1940、50年代的自由主義——殷海光歷史位置的一個探討〉，收錄於《思與言》，第60卷3期，2022，頁10-61。

陳瑞麟，〈知識與哲學的人生：林正弘教授學述〉，收錄於陳瑞麟主編，《分析的技藝：林正弘教授七十祝壽論文集》，台北：學富文化公司，2009。

傅國涌，〈歷史在自由的一邊——重溫殷海光的預言〉，《愛思想》網站http://www.aisixiang.com/data/19211.html2008/6/15

福山著，區立遠譯，《歷史之終結與最後一人》，台北：時報文化公司，2020。

賀照田，〈大經典、問題史閱讀與中國新思想傳統的形成——以《中國文化的展望》閱讀問題為中心的討論〉，收錄於賀照田，《當代中國的知識感覺與觀念感覺》，台北：唐山出版社，2006，頁143-170。

廖天琪，〈追憶張灝二三事〉，民報網路版，2022/5/25, https://www.peoplenews.tw/articles/de2b329095

簡明海，《五四意識在台灣》，台北：民國歷史文化學社，2019。

潘光哲，《遙想德先生：百年來知識分子的歷史格局》，台北：南方家園文化公司，2011。

潘光哲主編：《容忍與自由：胡適思想精選》，台北：南方家園文化公司，2009。

顧忠華：《韋伯「基督新教倫理與資本主義精神」導讀》，台北：開學文化公司，2023。

顧忠華，曾任教於國立政治大學社會學系，2012年退休後成立開學文化出版社。專長領域為社會學理論、公民社會、非營利組織。專書著作包括《韋伯學説當代新詮》、《顧老師的筆記書I：學習社會》、《顧老師的筆記書II：公民社會》、《顧老師的筆記書III：自由社會》等。

林毓生思想的社會啓蒙意義

唐光華

　　林毓生先生自1974年開始用中文發表文章，介紹他在美國十多年的思想研究成果外，1980年起，特別是台灣1987年解除戒嚴前，非常頻繁地在台灣報章雜誌發表文章。這些文章內容除了介紹西方自由主義、反思五四運動外，還有不少涉及台灣民主轉型的策略與方向，甚至包括具體的政策建議。何以1960與70年代初期在美國潛心學術研究的林毓生先生，在1980年代特別如此熱切與頻繁地在台灣最有影響力的中國時報與聯合報，以及多家有分量的雜誌發表的文章或受訪表達看法？

　　要回答此問題，可從台灣於1970至1980年代出現國家生存與政治轉型的雙重重大危機探討。

　　台灣於1971年退出聯合國後，面臨國際孤立危機，有識之士多憂慮台灣何去何從？自由派知識分子與黨外人士的共識是：實施民主政治是台灣面對國際艱困處境的唯一出路。當時自由派知識分子主編的《大學雜誌》除發行專輯首倡全面改選中央民意代表外，還支持台大、政大等大學生舉辦座談會，呼籲全面改選中央民意代表。當時更有大學生到陽明山中山樓國民大會會場外，集結抗議，要求中央民意代表全面改選。政府在民意壓力下，被迫同意舉辦自由地區增額中央民意代表選舉，首次為台灣有志從政者開了一個小口，

得以進中央國會問政。

1977年，許多不畏政治威嚇的黨外人士參加縣市長與省議員選舉，在省議會與縣市長席次大有斬獲，特別是許信良在國民黨全黨打壓、發生中壢事件的情況下，仍高票當選桃園縣長，帶動全台黨外人士的氣勢，激勵許多在學研究生、大學生對黨外民主運動的關心與期待，甚至勇敢參與黨外運動，使台灣反對運動進入新一波高峰。當然，許信良等黨外人士1977年選舉勝利帶來的政治反對派聲勢，也激發國民黨保守派的焦慮，擔心黨外人士政治力量繼續成長，國民黨很可能失去政權。

1978年底台灣舉行增額中央民意代表選舉，黨外人士組台灣黨外人士助選團，由黃信介擔任召集人，施明德擔任總幹事，黨外候選人提出十二大政治建設共同政見，內容包括解除戒嚴、開放黨禁、解除報禁、國會全面改選、廢除違警罰法、審檢分立、制定選舉罷免法、制定勞動基準法等。此次選舉，參與黨外陣營的候選人增加甚多，包括作家、大學教授、新聞記者、律師。這是繼1960代雷震籌組反對黨遭鎮壓，20年後，反對力量強大，出現政黨政治機會最大的一次選舉。十二項政治主張，不僅代表黨外人士的共同政見，也為當時自由派知識分子支持的共同目標，甚至為國民黨內改革派提供可依循的民主改革方向。

就在1978年增額中央民代選舉活動熱烈展開，黨外人士候選人競選演講吸引廣大民眾聽講之際，美國卡特總統於台灣選舉投票前一週，無預警宣布1979年1月1日美國將與中華人民共和國建交，與台灣斷交。蔣經國面對外交突發變局，立即頒布緊急處分令，宣布增額中央民代選舉停辦。卡特政府只給台灣一年的緩衝時間，美軍1979年12月31日前將全部撤走。

面對台美斷交引發的台灣的國際地位與生存危機，如何因應快

速茁壯的黨外政治反對力量，以及黨外所提十二項政治建設訴求？對當時領導國家的蔣經國而言，是非常艱難的抉擇：

第一、蔣經國本人面對台灣社會要求政治自由化與民主化、本土化的聲音，採取現實主義態度，多根據國內外壓力的大小，被動開放。

第二、國民黨內保守派，認為若接受黨外人士的十二項政見，解除戒嚴，台灣會亂。國會全面改選會導致台灣實質獨立，因此傾向全力圍堵與壓制黨外力量成長。

第三、國民黨自1949來台之後，黨內一直存在非主流的開明派，認為反共保台或革新保台一定要實施自由民主，這股力量在1960年代自由中國雷震事件後遭重挫，1970年代隨著蔣經國接掌權力，國民黨內開明派期待能影響蔣經國的決策。

第四、蔣經國晚年為疾病所苦，也造成國民黨內保守派與開明派暗中更激烈的角力。保守派盡量阻擋或拖延蔣經國的民主改革政策。開明派則盡可能加快政治民主化的步伐。

1979年1月1日年台美斷交，中央增額民意代表選舉停辦，黨外人士合法參政的管道遭封鎖，只好走上街頭，逐漸升高集會遊行的熱度與頻率，而街頭遊行集會，正好給國民黨保守派鎮壓黨外的藉口。1979年6月美麗島雜誌社成立，重要黨外人士皆為成員。1979年12月10日世界人權日美麗島雜誌社於高雄舉辦集會演講，蔣經國受黨內保守派誤導，認為高雄集會遊行是暴力叛亂，必須鎮壓與逮捕美麗島政團人士。美麗島眾多菁英遭軍法審判，重罪服刑。從1971年近十年不斷成長的政治反對力量於1979年底因美麗島高雄事件遭重挫，台灣可能再次退回政治反對力量全面遭壓制的年代。為了不讓黨外民主薪火遭撲滅，林毓生先生與許多自由派學者，發揮知識分子的使命感與道德勇氣，在中國時報、聯合報與多家雜誌，頻頻

發表文章，給台灣民主力量最大的支持。

　　林毓生先生於台灣民主轉型危機關鍵時刻——1979年高雄美麗島事件至1987年7月解嚴——所發表的文章，其社會啟蒙與支持台灣民主轉型的貢獻，可從下列幾個角度分析：

　　第一、林毓生先生在1980年台美斷交後，曾多次撰文指出，面對新的國際形勢，台灣對美國與西方國家的戰略價值降低。早年台灣經濟好時，每年都組農業採購團到美國各州採購農產品，平衡台美貿易逆差，爭取美國各州與國會議員的支持，以鞏固台美關係。然而，在美國與中國建交，中國經濟發展後，台灣這方面優勢不再，台灣如果在國際上要繼續得到道義支持，就要民主化。正因了解面對國際孤立危機，台灣應儘早從威權國家轉為民主國家，林毓生先生以其深厚的自由主義學術素養，對如何保障自由，如何建立憲政民主政治，提出許多深刻的洞見與建議。

　　第二、林毓生先生支持與同情黨外民主運動。他深信政治反對運動的出現與壯大，可以帶來自由法治與憲政民主。例如：1978年底因台美斷交而終止的增額中央民代選舉，使已經積聚近三成選民支持的黨外政治反對力量，失去合法的管道宣揚政治主張與從事政黨競爭，公民也無法透過選票表達政治立場，非常不利台灣民主政治正常發展。這段期間，林先生幾次撰文，都不忘呼籲國民黨政府早日恢復增額中央民意代表選舉。此一呼籲，看似平常，但在1979年台美斷交後，是主流報紙不敢碰觸的議題。記得1980年初夏，中國時報在頭版頭題獨家發布增額中央民代選舉年底將舉行的新聞，引發當局震怒，時任總編輯常勝軍先生當天就被迫下台，足見國民黨內保守派多麼恐懼選舉恢復。林毓生先生此期間一再呼籲政府儘早恢復增額中央民代選舉，開放黨禁，其對黨外民主運動的支持十分明顯。

　　第三、台灣在1980年代能夠民主轉型成功，黨外人士甘冒犧牲自由與生命的風險，勇敢投入政治反對運動，當然是主要的貢獻。但當時海內外支持台灣民主轉型的泛自由派知識分子社群（如余英時、林毓生、楊國樞、呂亞力、黃越欽、李鴻禧、田弘茂、張旭成、丘垂亮、金耀基、朱堅章、江炳倫、荊知仁、李奕園、葉啟政、陳其南、文崇一、瞿海源等數十位人文社會科學學者），以及以中國時報創辦人余紀忠先生為首的自由派新聞人（包括自立晚報、聯合報系中國論壇），加上國民黨內的開明派，這三股進步力量，與黨外人士呼應，互為奧援，加上美國採人權外交，不斷向台灣施壓，國民黨政府才能在蔣經國有生之年，解除戒嚴，開放黨禁、報禁，李登輝接任總統後，順利終結萬年國會，使台灣成功完成民主轉型。

　　第四、林毓生先生在中國時報人間副刊發表的文章影響特別大。1980年代中期中國時報發行量高達100萬份，董事長余紀忠先生雖然身為國民黨中常委，辦報的信念仍是「開明、理性、求進步，自由、民主、愛國家」，因支持台灣實施民主憲政，同情與支持黨外民主運動，此立場為國民黨保守派不滿，視為眼中釘，先後發動極右派雜誌抨擊余紀忠先生與中國時報，軍中下令禁止官兵訂閱中國時報，保守派以斷金流逼迫余紀忠先生於1984年11月宣布停辦美洲中國時報。余紀忠先生在保守派敵視與高壓下，甚至一度考慮停辦台北中國時報。可見1980年至1987年間，國民黨內保守派與開明派鬥爭之激烈。從這角度觀察，更能理解余英時先生、林毓生先生、楊國樞先生、胡佛先生等國內外自由派學者，這段期間何以如此支持中國時報，許多文章都在中國時報發表。

　　了解1980年代林毓生先生於報章雜誌發表文章或受訪談話的背景後，進一步介紹這段期間林毓生先生所傳達的幾個重要理念與主張：

第一、傳統可以也應該創造性轉化

林毓生先生指出，五四運動是激烈的全盤反傳統思想運動，領導者主張透過全盤否定中國傳統，才能在中國發展民主與科學。林毓生先生指出，根據他對西方思想史的研究，特別是引用波蘭尼（Michael Polanyi）的支援意識（subsidiary awareness）概念，指出現代西方科學與民主都是得到傳統的滋養才得以發展。林毓生先生注意到一百多年來，無論是台灣或中國，主張自由民主的知識分子，多主張全盤西化與現代化，否定傳統，而擁抱與堅守中華傳統的人是則反對在中國實施自由民主，認為與中國傳統格格不入。林毓生先生不贊成這兩種主張，認為中國傳統中的人文精神，可以與西方自由主義人文精神橋接，成為建立中國人權法治、憲政民主政治的支援意識。如果採取全盤否定傳統的激進立場，很難想像可以成功建立有文化、道德內涵的憲政民主。至於中國傳統儒家、道家人文精神，如何創造性轉化，林毓生先生多篇文章思考此問題，嘗試找出一些答案，如仁、禮等，但林先生給的答案很有限，有待年輕一代有識之士尋找答案。

第二、中國傳統創造性轉化應以建立憲政民主為目標

林毓生先生研究中國清末以來，包括對五四激進主義的批評、中國傳統具有創造性轉化的價值，以及對西方自由主義的研究，1990年後，引起許多中國大陸知識分子重視。甚至強調中國民族復興的保守派知識分子與官方學者，都引用林毓生先生中國傳統應創造性轉化的概念。林毓生先生與這些中國民族復興論者最大的差異是，林毓生先生明確指出，中國傳統的創造性轉化一定要以建立憲政民主為目標。若不以憲政民主為目標，就會出現剝奪自由，政治權力不受節制，破壞法治的極權獨裁政治，也會使中國儒家與道家的人文精神遭摧毀與壓抑。

第三、從政者與責任倫理

林毓生先生於1982年於時報雜誌發表專文，引用德國社會學家韋伯所撰〈做為安身立命的一種志業的政治〉一文的觀點，期勉新當選台北市黨外市議員的林正杰，從政除了要有符合意圖倫理的切實的熱情外，更需要具備責任倫理，亦即要有責任感與冷靜的判斷，對政治行動的結果負責任。林先生當時撰文指出，政治是獨立的範疇，與其他範疇不同，手段的選擇比較有彈性，但又不可為達目的，不擇手段。

第四、對胡適容忍比自由重要的反思

林毓生先生指出胡適「容忍比自由重要」的主張，仍然不脫傳統儒家以提升道德，追求內在超越，來解決政治社會問題的模式。林毓生先生指出，西方自由主義者並不認為單靠人有道德修養，一個社會就能維護自由。因為人的道德有很大局限，一定要用外在規範（法律），才可能維護人人都有自由的自發性秩序。另方面林毓生先生多篇文章強調，法治是政治秩序的基礎，也是人權保障與建立民主的首要條件。唯有建立法治社會，憲政秩序才得鞏固，人權才得保障，公平正義才得以維護，掌權者才不會濫權。

第五、多元社會與憲政民主

林毓生先生身為自由主義大師海耶克的傳人，主張多元社會有助憲政民主發展。林先生1980年代先後曾撰文，讚美黃春明、林懷民、郭小莊在文學藝術上的創作成就，消費者文教基金會保護消費者的貢獻的出現，佛教慈濟功德會大量志工行善助人。林毓生先生主張，在政治領域之外，文化、學術、經濟、社會、宗教等各領域也應受法律保障，多元蓬勃發展。1980年代台灣解嚴前，林毓生先生撰文指出建立多元社會的重要，同時指出保障自由是建立多元社會的要件。他讚許台灣文學、藝術、社會方面，發揮多元創造力的

先行者。台灣解嚴後，長期被桎梏的各種社會力鬆綁，勞工運動、農民運動、婦女運動、環保運動、教育改革運動、國會監督運動、小劇場運動、無殼蝸牛運動、動物保護運動等蓬勃發展，且多朝立法方向保障權益。蓬勃的社運團體與非政府組織的出現，使台灣在林毓生先生發表文章後三十多年，終能出現林先生期待的有法治與自由的多元社會。

第六、自由與其他價值的緊張關係

基於對西方自由主義的長年研究，以及對美國民主現狀的體認，林毓生先生期待從政者、知識分子與一般公民推動民主轉型過程，一定要了解與民主發展有關的幾個重要價值之間的緊張關係：如自由與平等之間關係的緊張，過度強調自由，可能威脅平等價值，犧牲弱勢族群權益。過度重視平等，又可能剝奪部分人的自由。另外，自由與威權也存在緊張關係。林毓生先生指出，許多主張自由民主的人，常一味反權威，不知權威有兩種：一種是心安理得的權威，另一種是獨斷的權威。反獨斷的權威可，對心安理得的權威就不應反對。

第七、歷史不必然進步，需要一代一代人不斷努力

林毓生先生基於對歷史的研究與了解，不贊成黑格爾認為人類歷史必然越來越進步的看法，他也不贊成社會科學的現代化論與經濟政治發展論，這些理論多對世界發展過於樂觀。林毓生非常重視人的主觀行動與努力，因此鼓勵公民行動，參與政治過程，他甚至向學者建議，除了以學術為志業，專注研究，減少酬酢外，應花時間參加社會活動，或政治活動，為改善社會與政治盡責任。林毓生先生不僅鼓勵學者用部分時間參與公共活動，自己即為典範，數十年專注思想史研究與教學外，常透過演講、寫作、受訪，傳播理念，批判現實，發揮巨大的社會啟蒙與促進自由民主發展的效果。

　　林毓生先生於1980年代所發表的關於西方自由主義、中國現代激進主義、五四運動反思、華人社會如何建立憲政民主等文章，在三十多年後的今天，無論是對台灣或中國未來的發展，仍然有重要的啟蒙價值。特別是傳統的創造性轉化主張最值得後繼者深思與實踐。台灣民主實踐三十多年，是否已經轉化了傳統？台灣過去30多年，佛教、道教、民間信仰比戒嚴時代更蓬勃發展，許多教派更吸納了儒家的人倫道德。這些傳統宗教信仰在21世紀今天，其部分精神元素是否成為台灣人生為公民的精神資源？還是阻礙了現代公民精神的發展？台灣的傳統宗教有無可能像基督新教一樣發生創造性轉化或宗教改革，成為支持自由民主、現代公民的精神資源？

　　台灣民主轉型已經三十多年，無論人權保障與民主發展，有許多可貴的成就，當然，需要改善的地方也非常多。亞里斯多德早在兩千多年前就根據比較古希臘一百多城邦憲法後指出，有兩種民主政治，一種是參政者都以促進公共福祉為目標，另一種是參政者以追求私利為目標。台灣政治人物與公民都應取法乎上，以建立好的民主政治為目標，不要讓台灣民主政治沉淪為私利的競逐與分配場。林毓生先生曾於2003年撰文，指出台灣民主形式上有很多成就，但精神內涵仍不足，其中重要缺失之一即為從政者追逐私利比重太重。

　　林毓生先生於1980年代在台灣與海外發表關於如何建立憲政民主的許多重要文章、著作，仍值得關心台灣與中國未來自由民主發展的有志之士閱讀與思考，從中獲啟發，以行動為台灣民主建設的改善與深化，中國憲政民主的催生，盡些心力。

　唐光華，中國時報前副總編輯，德國薩爾大學政治學博士候選人，台灣樂觀書院創辦人，青少年哲學教師。

公共哲學

前言

　　蘇格拉底是哲學家的原型：在雅典街頭，不懈地與公民辯論城邦正義，反思何謂美好生活，更視靈魂的完善為生命首要之事，最後被告上法庭，以身殉道而不悔。蘇格拉底實踐的，是一種公共哲學。這種實踐哲學的方式，在我們的時代，幾已遭人忽略。本專題三位作者，諶洪果、戴遠雄和本人，都有在公共領域以不同形式參與公共哲學的經驗。我們的文章，不約而同地回到蘇格拉底，嘗試探問何謂公共哲學、如何實踐公共哲學，以及公共哲學對個人及社會的意義。我們的論述背後，有著共同的現實關懷：在言論自由日益受到限制和哲學探索愈加學院化的今天，公共哲學對觀念水位的提升、公共文化的建設，以及公民德性的培養，理應可以起到重要作用。我們期望這個專題是個開始，能夠引發知識界對相關議題更多的關注和討論。

周保松

公共哲學的理念

周保松

　　政治哲學的根本關懷，是思考人類應該如何合理地活在一起。我在本文將指出，為了處理這個問題，政治哲學至少有三項任務：理解政治規範、實踐公共證成，以及尋求另類的政治想像。這是三種性質不同卻彼此相關的知性探索，目的是為了更好地了解我們的政治世界，證成更公正的社會秩序，以及尋找集體生活的另類可能性。這是本文頭三節的工作，我嘗試在這裡勾勒出一種我對政治哲學的理解。

　　從第四節開始，我將進一步論證，這三種探索可以具有一種「公共哲學」（public philosophy）的特質：作為哲學工作者，我們可以在公共領域，以公民身分，就重要公共議題，運用清楚明晰的語言，作出理解、證成和想像，並積極以不同方式介入公共討論，與其他公民一起建設有道德底蘊的公共文化，從而為政治轉型和社會進步提供有用的道德資源。[1]

1　本文是拙著《左翼自由主義：建構未來的正義社會》其中一章，即
　　將由春山出版社出版。本文部分想法源起於〈政治哲學的旨趣〉，
　　收在《政治的道德》（香港：香港中文大學出版社，2020，第三版），
　　頁217-224。錢永祥、陳祖為、王邦華先生對本文初稿提出許多寶
　　貴意見，謹此致謝。

　　本文無意提供一個關於「何謂政治哲學」的普遍性定義。事實上，對於政治哲學可以做什麼和應該做什麼，不同哲學家有不同的理解，這很正常，我們不必在此問題上要求共識。我對公共哲學的理解，深受我多年來公共參與的經驗影響，本文可說是我對這些經驗的總結和反思。公共哲學的理念，目前或許得不到哲學界足夠的認可和重視；公共哲學的實踐，現在更須面對各種艱難考驗。可是正因為此，我特別希望為它作出辯護，希望大家見到它的價值。

一

　　我們先來談「理解政治規範」。我們一出生，便活在政治世界。這個世界以規則為基礎，形成各種制度，並以強制性的方式要求我們服從。定義這些規則的，是一套規範性語言；其中骨幹，往往是政治社群共享的觀念和價值。舉例來說，「主權在民」和個人權利是民主社會的核心價值。這些價值體現於制度，沉澱成文化，模塑我們的政治道德觀，從而指引我們的思考和行動。一個穩定的政治社會，也必然是一個道德社群，其共享的價值不僅為人們的行動提供規範，更為強制性權力的行使提供正當性。若要評價政治秩序的得失好壞，我們便須先理解這個充滿規範性和強制性的世界。

　　「理解」作為人的一種知性活動，必然預設「我」作為理解的主體。理解的過程，是指「我」作為主體對政治社群的觀念、價值、歷史、文化和制度展開廣義的反思性探究。這種探究有助我們認識觀念的定義與意義，價值的起源與演變，傳統的活力與限制，以至整個社會制度對人的影響和支配等。更進一步來說，反思性也意味著「我」可以運用各種思想資源，對探究對象作出批判性的詮釋和評價，而不是先驗地受到意識形態和習俗成見的規限。

　　當然，這並不意味著，我們可以徹底擺脫歷史和社會條件的約束，成為完全自主的（fully autonomous）主體。由於人總是活在某個特定的歷史語境之中，「有限性」遂無可避免。儘管如此，在正常社會條件下，我們仍然有能力發展成為有效的反思性主體，使批判和超越成為可能。與此同時，理解的過程，也非完全主觀和任意，而是有其客觀性，其背後的判斷標準，往往由知識社群通過持續的反思性探究形成的價值共識來提供。

　　因此，我們須留意，作為主體的「我」，總是活在世界之中而非世界之外，而政治秩序中的觀念和制度，也必然會以不同方式影響「自我」的構成。既然如此，自我的內涵必然也是規範性的，並在最深的意義上界定人的身分。例如在民主社會，我們理解自身為「平等的自由人」，就顯然和我們生活的政治秩序分不開。在此意義上，我們對世界的理解，同時是對自我的理解；同樣，我們對自我的探索，也是對世界的探索。由此可見，理解的過程，無可避免地將「我」和世界聯結起來：它既是主體尋求對外在世界的客觀認識，也是一種內在的自我認識，並幫助我們更好地看到政治的規範性如何從根本處影響自我的構成。

　　一旦意識到「我在政治世界之中」以及「我可以系統地反思這個強制性的規範世界」，我們作為主體的能動性就會彰顯，政治秩序就不再是不可改變和無法質疑的既定事實，而是我們可以作出道德評價並提出正當性訴求的對象，包括要求受到國家公正對待的權利。這種意識的覺醒，是政治哲學思考的起點：個體在內在和外在的各種限制中，努力嘗試建構一個政治道德的觀點，藉此理解和要求世界。

　　有人或許會問，既然我們活在制度之中，同時每天在運用不同觀念，要理解它們還不容易？實情恐非如此，而這至少有三方面的

原因。其一，我們正在運用各種觀念，並不等於我們便能夠確切知
道這些觀念的意義，更不要說清楚背後的證成理由。例如我們天天
在談論自由，可是對於如何定義「自由」，哲學史上卻有數之不盡
的爭論。其二，我們不是活在真空狀態，而是活在某個特定的歷史
文化脈絡之中，因此，我們接受的觀念和制度都有一個傳統。要了
解當下，我們往往必須認識過去；而要認識過去，就必須對我們的
傳統有深入了解，包括觀念史和精神史。其三，要認識當下和了解
過去，我們須先建構出合適的問題意識和理論框架，再通過細緻的
分析整合，才有可能形成有意義的詮釋和論述。

　　以上三者，均是極大的知性挑戰，需要知識人的共同努力。以
源起於16世紀歐洲的「現代性」文明為例，它的觀念和制度給世界
帶來根本改變，包括科學革命、工業革命、國家與教會分離、資本
主義的興起、民族國家和民主制度的出現等等。理解和反思「現代
性」文明及其後果，是過去數百年西方思想家的共同關注。[2] 而到
了今天，現代性文明席捲全球，對前現代的傳統文化和宗教構成巨
大挑戰，也同樣是當下中國面對的大問題。

　　讀者或會質疑，理解政治世界為什麼那麼重要？畢竟對制度和
文化的反思性探究，不僅需要大量的知識勞動，也可能令我們付上

2　我認為，洛克、盧梭、康德、黑格爾、馬克思、韋伯等思想家的著
　　作，都是在努力理解和把握現代性的精神和產生的問題，並尋求應
　　對之道。來到當代，羅爾斯和哈伯瑪斯的政治哲學，同樣有十分清
　　楚的現代性意識。John Rawls, *Political Liberalism* （New York:
　　Columbia University Press, 2005, expanded edition）; Jurgen Habermas,
　　The Philosophical Discourse of Modernity, trans. Frederick Lawrence
　　（Cambridge, Mass.: MIT Press, 1990). 也可參考Anthony Giddens,
　　The Consequences of Modernity (Stanford: Stanford University Press,
　　1991).

不菲代價，例如不為當權者所喜（因為揭穿了社會某些虛假景象），又或承受一種「世界解魅」的失落（因為原來的意義世界不復存在）。[3] 在威權國家，統治者總是想盡辦法控制人民的思想，令人們不加反思地崇拜領袖和敬畏傳統，原因正在於此。問題是，我們若對於制度和傳統缺乏足夠理解，一旦社會出現巨大變動和嚴峻挑戰，人們將難以知曉問題的根源，更不知該以什麼方式去應對這些挑戰。

讓我舉例說明。清朝末年，內憂外患，李鴻章曾上書皇帝，感嘆他們的時代「實為數千年未有之變局」。[4] 李鴻章和那個時代的士大夫意識到中國正面臨前所未有的大危機，可是卻不知道如何應對，因為傳統文化的知識資源不足以幫助他們去理解那樣的大變局。中國現代化之所以舉步維艱，其中一個原因，正是對自身傳統和西方欠缺深入理解，所以往往只能「摸著石頭過河」。洋務運動、百日維新，以至新文化運動，可視之為中國知識階層一波接著一波的自救運動。他們一方面努力尋找中國積弱的病因，另一方面積極仿效西方以求出路，所以有「師夷之長技以制夷」、「中學為體，西學為用」、「君主立憲」、「全盤西化」等主張。[5]

中國近代知識人這樣對現代化的上下求索，雖然挫折重重，直

3　「世界解魅」（disenchantment of the world）的說法借用自韋伯。Max Weber, "Science as a Vocation" in *From Max Weber: Essays in Sociology*, translated and edited by H. H. Gerth & C. Wright Mills（London: Routledge, 1991），pp. 148-149.

4　這句話出自李鴻章的〈光緒元年因台灣事變籌畫海防折〉。光緒元年即1875年。

5　「師夷之長技以制夷」出自魏源的《海國圖志》，「中學為體，西學為用」的說法出自張之洞的《勸學篇》，「君主立憲」是康有為、梁啟超的主張，「全盤西化」則是新文化運動時的口號。

到今天仍是前路未明，卻是集體自救和社會變革必須要走的路。[6]石元康先生便認為，自我了解是自我超越不可或缺的條件：「我們必須要先了解到自己所處的環境究竟是怎樣的，以及自身主觀所擁有的世界觀，價值觀究竟是怎樣的之後，才有可能擺脫它們對我們的羈絆。」[7]我們甚至可以說，這種反思性的自我了解，包括與不同傳統和制度的比較，是一個社會面對困境不斷集體學習以求出路的過程。[8]

回到個人層面來說，自我理解對於幸福的追求同樣重要。作為自己生命的主人，我們每個人都渴望活好自己的人生。可是怎樣才叫「活得好」（living well）？要回答這個問題，我們首先要對「活得好」這一概念本身有所把握，否則我們根本無從判斷怎樣的生活才值得過；其次，我們須對自身有所了解，否則我們不知道如何在眾多可能性中選擇最適合自己的「生命模式」（mode of life）；[9]最後，我們須對實現幸福的社會條件有所認識，例如要知道怎樣的制度安排，才能確保每個人有基本的自由和必要的物質條件去實現自己的人生計畫。由此可見，人的幸福不能簡單地等同於個人欲望的最大滿足，而須對「自我」和「社會」有深刻了解。

誠然，其他人文和社會科學學科也會促進人對世界的理解，而

6　關於中國的現代化之路，可參考金耀基，《中國的現代轉向》（香港：牛津大學出版社，2013），增訂版。

7　石元康，《從中國文化到現代性：典範轉移？》（台北：東大圖書，1998），頁36。

8　「集體學習」這個想法來自錢永祥先生，謹此致謝。

9　通過生活實驗和自由選擇，找到最適合自己的「生命模式」，是穆勒論證自由的價值的一個重要觀點。J. S. Mill, *On Liberty and Other Writings* ed. Stefan Collini （Cambridge: Cambridge University Press, 1989），p.57.

政治哲學的獨特之處，是以人類社會的「規範性」（normativity）
為主要探究對象。規範性關心的是應然問題，包括行為的對錯、權
力有無正當性、法律是否正義、政策的好壞，以至制度能否給予個
體公平對待等。規範性貫穿我們生活的每個領域，構成集體生活和
個人行為的基礎。在此意義上，政治哲學的反思性探究絕非可有可
無，而是我們致力尋求公正社會秩序、活出幸福人生不可或缺的條
件。

二

　　政治哲學的第二項任務，是公共證成（public justification）。公
共證成是指政治哲學的實踐者，積極運用人的理性反思和道德判斷
能力，在公共領域就規範社會制度的基本原則和影響深遠的公共議
題，提出合理的理由為自己的立場辯護，並在必要時進行修正。公
共證成有以下特點：
　　第一，證成的目的，是尋求合理和經得起理性檢視的答案。證
成的過程，不是簡單的立場宣示，而是公開說理。證成的重點，不
在於你相信什麼，而在於你所信的是否有充分理由支持。同時，這
些理由不能只有你自己認為合理，也要有理由相信其他人可以同樣
合理地接受。[10]說理的過程，是一個面向他者，公平對話，來回反
思，和持續修正自己的觀點的過程。
　　第二，為了實現上述目標，公共證成必須盡量將操縱、欺詐、

---

10 關於這裡出現的雙重「合理性」，可參考羅爾斯的說法。John Rawls,
　　Political Liberalism （New York: Columbia University Press, 2005,
　　expanded version）, p. xlii.

宰制、壓迫等行為減到最少，並創造一個自由、公平、透明的社會
環境，使公共說理得以順利進行。言論和思想自由、新聞和資訊自
由，以及多元開放的討論平臺，是公共證成的基礎。與此同時，參
與者也須具備「證成的德性」（virtues of justification），例如：耐
心聆聽、容忍異見、平等尊重、以理服人、謹守程序正義，並在必
要時修正或拋棄自己原來的觀點等。顯而易見，這些德性對促成有
效的公共說理十分必要。可是，在一個文化多元、利益分殊、黨派
分明的社會，怎樣通過公共生活有效發展出這些德性，無疑是個極
大挑戰。證成的德性不僅對民主社會重要，對那些正在努力尋求政
治轉型的社會也同樣重要，因為它們更加需要具備這些德性的公民
來耕耘公共文化，提升公共討論的質量，為社會改革累積道德資源。

　　第三，哪些證成的理由更有說服力，須在證成的過程中，通過
比較、論證、詰問、回應來逐步呈現和達致。這個過程沒有止境，
因為新的觀點和相關證據總可以對原來的結論提出質疑，因此沒有
所謂「證成的終結」。與此同時，證成可訴諸的理由也不應該預先
限定邊界，假設它們只有在相對於某個文化時才能成立。例如我們
不能說，由於我們是中國人，所以只有從中國傳統中產生的理由才
應該被採納；又或者說，因為某些觀念源自西方，所以一開始就必
須被排除出去。當然，這並不是說文化本身並不重要，或者我們不
可以訴諸傳統，而是說文化傳統本身沒有任何不證自明的權威，所
以同樣須通過我們的反思性認可的測試。

　　第四，公共證成關乎道德對錯，所以提出的理由必須和討論的
問題的性質相關。例如，在論證什麼是公平的社會分配時，我們不
能只訴諸經濟效率，因為效率本身並不涵蘊公平；在討論民主制度
的優劣時，不能只訴諸歷史起源，因為某種制度是否合理和它源於
何處，是兩個完全不同性質的問題。我們也須知道，社會批判和公

共證成並非互不相干，而是如同一枚錢幣的兩面：我們對現狀的批
判，往往預設了某些我們認為值得肯定的價值。例如我們批判種族
歧視，因為我們相信種族平等；我們反對言論審查，因為我們重視
言論自由。人們有時覺得公共證成的理念過於抽象和理想，卻忘記
了它是社會批判的預設。因此，當有人批評某項公共政策時，我們
只須追問一句「請問你的批評基礎何在」，就已進入公共證成的領
域。

　　最後，公共證成是政治哲學追求的目標。我們希望它不僅能實
踐於學術社群，也能實現於公共領域，形成健康的說理文化，使得
所有公民都有機會就公共議題慎思明辯。在自由社會，公共證成往
往體現這樣一種理想：權力來自人民並屬於人民，每個公民都有要
求得到國家公正對待的權利。要充分實現這項權利，法律的制定、
政策的推行，以至公權力的行使就須在最大程度上得到合理證成。[11]
惟有如此，我們的社會才有條件建立共識，才有機會改良和進步，
也才有可能不靠暴力來維持和諧穩定。

三

　　在自我理解和公共證成的基礎上，政治哲學還有一項重要任
務，就是運用人的想像力，致力呈現人類集體生活的其他可能性。
另類想像並非無中生有，不過既然被稱為「另類」，便通常意味著
要對既有的觀念作出根本挑戰，提供新的角度去重新檢視我們的生
活世界，以及揭示主流社會不曾或不敢觸及的禁忌。也正因為此，
這些主張往往不能在當下社會得到公眾理解，甚至很難在目前的知

11　這個想法可參考Rawls, *Political Liberalism*, pp. 136-137.

識傳統中獲得充分證成。相反，這些觀念由於過於前衛，常常被視為異端，受到權力和輿論打壓：輕則言論和出版自由遭到限制，重則生命受到威脅。

讀者或許會問：為什麼政治哲學要努力思考另類的政治可能性呢？這是因為，這些可能性一旦被呈現，往往會改變我們原來習以為常的看世界的方式，也因此能產生一種解放的效果，即將人們從既有的某些根深柢固的習見偏見中釋放出來，並用全新的眼光來審視我們的社會制度和權力關係。因此，另類可能性往往是見時人所未見，思時人所未思，並為我們提供新的角度去想像政治道德。

在政治思想史上，蘇格拉底、洛克、盧梭、馬克思都是這樣的哲學家。在當代政治哲學中，女性主義、動物權利、墮胎和安樂死、全球分配正義、綠色政治等方面的討論，同樣極大地拓寬我們的視野，改變許多我們過去視之為理所當然的觀念和制度。在政治轉型過程中此起彼落的社會運動，更往往催生出基進的、顛覆既有秩序的新思想。當然，新的觀點可能會錯，也可能過於烏托邦，可是正如穆勒所說，如果我們不能容忍這樣的思想討論，社會就會變得平庸，缺乏原創性，也就很難有道德進步。[12]

如果以上所說仍然過於抽象，那麼讓我舉幾個例子。在自由主義傳統中，17世紀的洛克聲稱人生而自由、平等、獨立，國家的統治權力必須得到所有人的「同意」（consent）；國家一旦背棄承諾，不能充分保障個體的生命、自由和財產權時，人民就有進行革命的權利。[13] 這個說法端的是石破天驚，使得人們可以從一種新的視角

---

12 Mill, *On Liberty and Other Writings*, pp. 56-74.

13 John Locke, *Two Treatises of Government*, ed. Peter Laslett （Cambridge: Cambridge University Press, 1988）, pp. 330-333.

來看待國家和個人的關係，甚至影響後來美國的《獨立宣言》。又例如，穆勒讓我們看到即使在自由社會，多數人仍然有可能用群眾輿論去壓制那些特立獨行的少數，從而令我們意識到「個性」（individuality）是追求幸福和社會進步的必要條件。[14] 回到當代，羅爾斯的正義理論幫助我們看到，如果要達到真正公平的社會合作，人們就必須分擔彼此的命運，並致力將自然能力和家庭出身對財富所得的影響減到最低。[15] 這些例子實實在在說明，新的政治想像可以給我們帶來思想上多大的解放。

當然，建構新的政治想像，不是在要求我們完全脫離身處的社會環境和文化傳統，甚至要全盤否定既有的一切。事實上，大部分的思想突破都是在前人基礎上推陳出新。至於前面所說的理解、證成和想像三者，也不是非此即彼，而往往是同時進行，甚至互相支持。我們也須留意，充分的思想自由、公平的教育機會、開放的觀念市場和公共媒體，以及容忍異見的文化氛圍，是新的可能性得以產生的重要條件。

在中文世界從事思想探究，我們經常羨慕西方學術界人才輩出，新思想層出不窮，有人甚至因此懷疑我們的民族文化是否欠缺創造性基因。我認為，這是問錯了問題。我們缺乏原創性，主要不是人的能力問題，而是我們的社會制度、教育環境和學術規則，無法給予有想法的個體自由呼吸的空間和成長的土壤，所以才難以形成敢於挑戰傳統和質疑權威的知性文化。

---

14 Mill, *On Liberty and Other Writings*, pp. 56-74.

15 Rawls, *A Theory of Justice* （Cambridge, Mass.: Harvard University Press, revised edition, 1999）, pp. 86-91.

四

　　以上所談，是我所理解的政治哲學的三重目標。那麼，在追求這些目標的過程中，我們如何體現政治哲學的公共性？也許此處有必要先說明，什麼不是我所理解的公共哲學。首先，它不是一般人所稱的「普及哲學」，即致力將學院中的專業哲學知識以淺白方式介紹給普羅大眾的嘗試，因為哲學普及不是公共哲學唯一或主要的目的，而且公共哲學也牽涉對重要哲學問題的原創性思考，包括理解、證成和想像。其次，它也不反對所謂的「學院哲學」，因為在學科分工日益細緻的今天，學院在推動哲學研究上無疑起到重要作用。簡言之，學院哲學、普及哲學和公共哲學之間，不是彼此對立的關係，而是具有不同的角色和任務。

　　所謂公共哲學，是指知識人在公共領域有意識地從事的一種哲學實踐，其中包括對公共議題的反思和批判、對話和論辯，以及書寫和出版，也包括不同形式的公共行動，例如策劃思想論壇、組織文化沙龍、參與公共論爭，以至發表政治宣言等。在這種理解中，「哲學家」不再只是一個人留在書房沉思冥想，而是積極以哲學介入社會，同時在公共討論中發展出具現實感且能有力回應時代的思想。[16]在當代，有不少這樣的思想家，例如歐洲的沙特、福柯、哈伯瑪斯，在美國任教的鄂蘭、杭士基、德沃金、彼得‧辛格等，是其中的佼佼者。華人社會的胡適、殷海光和余英時先生，同樣是深

16　這裡須留意，我理解的公共哲學的實踐，並不等同於政治上的行動主義（political activism），因為前者的目標，主要是通過思想討論來影響公共文化，而不是直接介入政治行動。當然，在某些關鍵的歷史時刻，這條界線未必會那麼清楚。

具公共關懷的知識人。而在西方哲學史上，蘇格拉底可說是公共哲學的先驅和楷模：終日在雅典城邦和公民討論美善和正義，為了真理不怕得罪權貴，最後甚至為了堅持實踐哲學而不惜以身殉道。[17]蘇格拉底沒有留下任何著作，卻透過與無數人面對面不斷地對話、辯論，被認為是西方哲學之父——他的思想體現於他的生命，而他的生命和他作為雅典公民的哲學實踐密不可分。[18]

要進一步理解公共哲學的特質，我們可循以下四個問題作出思考：憑何言說？向誰言說？如何言說？為何言說？以下是我的初步想法。[19]

首先，是憑何言說。實踐公共哲學的人，是以政治社群平等一員的身分參與其中。這樣的身分認定至少有兩重意義。其一，它表達了這樣一種政治認同：我屬於這個國家，這個國家也屬於我，我因此有權利也有義務去關心這個社群的福祉和正義。當然，這不是我們唯一的身分，可是這個身分卻使得我們和其他成員活在同一個政治共同體，並使得公共生活成為可能。[20]其二，我們不會因為哲

---

17 蘇格拉底的生平及在雅典城邦的受審，可參考Plato, "The *Apology* of Socrates" in *The Trials of Socrates: Six Classic Texts* edited by C. D. C. Reeve（Indianapolis: Hackett, 2002），pp. 26-61.

18 諾齊克對此有很好的分析。Robert Nozick, *Socratic Puzzles*（Cambridge, Mass.: Harvard University Press, 1997），p. 154.

19 對於「公共哲學」理念的討論，可參考Lee McIntyre, Nancy McHugh, Ian Olasov eds. *A Companion to Public Philosophy*（Oxford: Blackwell, 2022）. 桑德爾有一本書便以「公共哲學」為名，不過他主要是指從政治哲學的角度，去分析政治和法律爭議背後的道德問題。Michael Sandel, *Public Philosophy: Essays on Morality in Politics*（Cambridge, Mass.: Harvard University Press, 2005）.

20 原則上，我們也可以想像自己是地球人，並以此身分來與他人展開對話。不過，在以國家為政治共同體的今天，嚴格來說，地球人並

學家這個身分而擁有任何政治和社會特權，而是以平等的地位和心態來與他人進行哲學對話。學問有高低，觀點有對錯，可是我們不應利用這些差別將人分類，更不應藉此剝奪某些人接受思想啟蒙的機會。正如蘇格拉底的教導，哲學家的學問不是用來標榜自己的高人一等和與眾不同，而是幫助城邦公民活出一種有反省的人生。

其次，是向誰言說。公共哲學言說的對象，是政治社群中的所有公民，而不是局限於大學中的專業同儕，又或者服務於權力，並為當權者提供各種合理化其統治的論述。這意味著，投身公共哲學的人，是投身於一種公共生活。這種生活的主題是政治社群的公共議題，實踐這種生活的方式，是與他人進行持續的思想對話。可是，我們也知道，現代社會是個合理的多元社會，公民會基於自己的理性反思而選擇不同的宗教觀和人生觀，又會基於這些觀點的不同而對公共事務作出極為不同的價值判斷。因此，我們一方面承認所有參與者都是享有平等權利，且擁有理性判斷和自主選擇的公民，同時也承認每個公民可以合理地擁有不同的觀點和判斷。[21]

承認上述兩點，並不會令我們滑向犬儒主義和相對主義，而是會令我們參與公共生活時保持一份知性上的謙遜和謹慎：哲學家不一定就真理在手，也不一定就擁有關於美善和正義的絕對知識。我們每個人都有可能犯錯，而哲學家的任務，是盡其所能以其所識所學對公共議題作出反思，同時接受他人的批評和指正。我們期望，通過這種公共討論，一方面可以為許多問題找到更合理的答案，另一方面也能提升公民社會「觀念的水位」，改善公共生活的質量。[22]

(續)————————————————————————

　　不是一個政治身分。

　21　關於現代合理多元社會的討論，可參考Rawls, *Political Liberalism*, p. xvi.

　22　「觀念的水位」一說借用自劉瑜，《觀念的水位》（南京：江蘇文

雖然由於立場的不同，公民之間難免有激烈爭論，但這不應是所謂敵我之爭，更不應視之為非此即彼的零和遊戲；相反，在謹守公共討論基本規範的前提下，我們應將這些爭論視為豐富道德資源和建設公共文化的共同努力。

再其次，是如何言說。公共哲學既然發生於公共領域，重視的是人與人之間的交流對話，那麼它就必然不限於大學課堂和學術期刊，而是可以在報章、雜誌、書店、咖啡館、廣場、公園、臉書、推特、Podcast、YouTube等平台上進行；至於交流的方式，隨著科技進步和社會轉變，同樣有了各種各樣的新嘗試，例如新冠疫情期間出現的視頻會議軟件，就打破地域界限，容許來自不同國家成千上百的人共聚於同一網路空間進行討論。這是過去難以想像的事。

事實上，在網路時代，知識的學習和觀念的傳播方式，正在發生翻天覆地的轉變，而傳統教育中那種偏重單向、由上而下、權威式的教育模式，正變得愈來愈不合時宜。對於公共哲學的發展來說，這是很大的機遇，也是很大的挑戰。一方面，我們可以用更平等和互動的方式來設定議題和引發討論，讓哲學以有效和創意的方式走進社會；另一方面，我們也須嘗試掌握新的溝通工具，願意用清楚明晰的語言和開放包容的心態去參與公共討論，即使網路時代的「公共」，經常有碎片化，甚至於同溫層化、舒適圈化、巴爾幹化的危險。如果公共哲學的精神是回到蘇格拉底，我們就必須思考如何將他的精神更好地實踐於今天無比複雜的社會。

最後，是為何言說。例如，有人會問，網路時代各種資訊充斥，眾聲喧嘩不斷，公共哲學真的有它的必要和重要性嗎？這是大問題，我這裡只集中談一點。羅爾斯曾經說過，正義是社會制度的首

（續）─────────────

藝出版社，2014）。

要價值。既然如此，政治哲學家的首要任務，是思考如何證成正義
和實現正義。我在前面指出，制度正義關乎權力和資源的合理分配，
因此必須得到合理的公共證成。在民主社會，哲學家有必要將自己
對於社會正義的想法放到公共領域作出充分討論，爭取公民的反思
性認可，才有可能滿足公共證成的要求。

　　同樣地，要在不正義的社會逐步實現正義，我們不可能坐等當
權者的施捨，而必須要靠足夠多有正義感的公民團結起來共同爭
取。許多國家社會轉型的經驗告訴我們，要培養出這些公民，就必
須要有活潑的公共文化，容許人們有機會就廣泛的社會政治議題作
出深入討論，從而意識到自己的權利和義務。毫無疑問，愈多哲學
家願意投身公共哲學，我們的公共文化就會愈豐富，也就愈能為思
想啟蒙和公民賦權（citizen empowerment）出一分力。過去二十年，
我持續地以不同方式在大陸和香港實踐公共哲學，包括長年在微博
和網友討論哲學，出席各種公開講座，以及主持咖啡館文化沙龍等。
這些經驗都讓我真實體會到，在思想和言論自由受到嚴重限制的社
會，人們對政治哲學知識的渴求有增無減，而我們可以做和值得做
的事情實在太多。

　　與此同時，我們也須知道，公共哲學並不只是將一些既有的觀
念普及給大眾，而是同時在進行創造性的哲學探究。在學院哲學的
訓練中，我們常被教導必須跟從各種既定的常規和範式去從事學術
生產，而生產出來的論文即使有時是閉門造車之作，仍然會被視為
有自足價值。長期活在為生存而出版的狀態，對社會有關懷和對自
己有要求的哲學人，難免會有虛空和異化之嘆。可是，當我們嘗試
走出象牙塔，並與其他公民一起面對各種社會壓迫和制度不義時，
我們對於「政治是什麼」，就會有迥然不同的感受，並因此有機會
發展出植根於所屬社會的問題意識和理論框架，甚至建構出有生命

力和原創性的政治思想。到了那一天，我們或許就可以說，我們有屬於華人世界在地的政治哲學傳統。

五

　　如果以上所論有理，公共哲學就是值得我們追求的目標。可是理想歸理想，現實卻是大部分學者寧願留在學院，從事較為純粹的學術研究，卻對公共哲學敬而遠之。這不一定表示他們不認同公共哲學的價值，而可能是覺得在這樣的時代作這樣的參與，只會吃力不討好，甚至須付出巨大的個人代價。就我觀察，困難至少來自三方面。

　　第一，今天從事政治哲學的人，大部分在學院工作，而現在的大學體制，對學者主要甚至唯一的要求，是在學術期刊發表論文。換言之，要在這個體制生存，學者必須放下所有「雜務」，全力掌握期刊的書寫語言和遊戲規則，傾注所有心力於論文生產。在不少大學，甚至教學也變得無足輕重。在這種環境下，使用母語從事哲學書寫以及積極參與公共討論便跟體制的要求背道而馳，不僅不會得到鼓勵，甚至會遭到排斥。有志於公共哲學的人，就要有難以在學院生存的心理準備，甚至從一開始就須考慮走一條體制之外的路。可是，這樣的路，在目前卻很難得到知識界的認同和肯定，畢竟在許多人眼中，哲學只能在學院裡做。蘇格拉底如果活在今天，恐怕也不能被稱為哲學家。

　　第二，要從事公共哲學，並非想像般容易。它要求哲學家放下菁英心態，走出舒適圈，學習使用清楚明晰的語言參與公共討論，同時要有面對各種直率批評的心理準備。更大的考驗，是來自網路時代的言論生態。過往的公共討論，主要發生在報紙雜誌，由於有

專業媒體人把關，討論的方式和內容的質量都會得到保障。可是來
到今天，網路平台已取代傳統媒體，成為觀念傳播和公共討論的主
要媒介。網路討論的好處，是開放多元，人人都可發聲。不過，它
也可以導致混亂失序，讓平等尊重和理性交流變得愈來愈困難。立
場先行、動機揣度、上綱上線、情緒勒索，以至人身攻擊，成為網
路常態。我們因此見到，不少本來有志於積極參與公共哲學的人，
最終都選擇退回到自己的書房。

　　第三，在民主社會，面對上述情況，個人多少仍有可選擇和可
努力的空間。可是，在不民主不自由的威權社會，卻須面對另一重
更為艱難的處境，那就是公民社會萎縮，言論自由、新聞自由、出
版自由、結社自由嚴重受限，任何具有公共性而為當局不喜的活動，
都有可能遭到嚴厲打壓，甚至失去個人自由。以我為例，有差不多
十年時間，我曾在中國大陸的微博平台，和數不清的網友進行哲學
交流，引起頗大迴響。可是，隨著言論審查日益加劇，我持續受到
有組織的人身攻擊，個人帳號更數度遭微博刪號，以至完全失去發
表個人言論的空間。[23] 和我有著類似遭遇的自由派學者和公共知識
人，不知凡幾。同樣地，香港在2020年引入《國家安全法》後，不
少獨立媒體被迫解散，各種被視為政治敏感的書籍從書店和公共圖
書館消失，以往那個眾聲喧嘩、百家爭鳴的自由社會不再復見。可
以說，這是最迫切需要公共哲學，卻又是公共哲學最難生存的時代。

　　綜上所述，投身公共哲學的人，很可能會面對遭學界排斥、被
網路言論攻擊，以及受政治打壓的風險。在缺乏制度保障和社群互

23　我的微博經歷，可參考拙文〈自由誠可貴——我的微博炸號紀事〉，
　　刊於《端傳媒》，2019年7月16日。連結：https://theinitium.com/article/
　　20190716-opinion-chow-po-chung-weibo-censorship-experience/ 。

援的情況下，知識人的公共參與，最後很可能會變得孤立無援，並讓人傷痕累累。這是我們必須正視的現實。

如何改變這種情況？首先，學術界必須認識到公共哲學的意義和價值，爭取改變現在的遊戲規則，給予有志於公共哲學的年輕一代更多的肯定和支持。其次，建設有質量的網路討論文化，是我們的共同責任。袖手旁觀或退回書齋，只會使得劣幣驅逐良幣。相反，如果有更多知識人願意走入公共世界，以身示範理性討論應有的規範，我們的公共文化就有改善的可能。最後，言論自由和思想自由是學術存在的基礎，無論政治環境如何艱難，我們也不應輕易向威權屈服，而應盡可能利用各種機會拓寬我們的言論空間。

六

最後，讀者可能會問，儘管道理上我們可以同意公共哲學的必要和重要，可是在目前的大環境下，要改變制度實在是難上加難。既然如此，從個體的角度看，我們堅持下去的理由是什麼？這樣做，真的是理性的嗎？

坦白說，對於這個問題，我沒有斬釘截鐵的明確答案。在個人自由得到充分保障的民主社會，問題會相對簡單一些。可是，在一個接近威權主義式的社會，情況卻複雜得多。許多時候，我們面對的，不是某個時刻的某個決定，而是須持續面對的艱難抉擇，例如：該就某個事件公開表態嗎？發表這篇文章會有風險嗎？應該組織這個活動嗎？受到警告和限制後，要作公開抗議嗎？如果做，該以什麼方式進行，又應做到什麼程度？你心裡清楚，每個決定都可能有無法預料的後果，而一個後果又會導致另一個後果，產生的連鎖反應非你所能控制，影響的也不只是你一個人。不安和恐懼，開始侵

擾你的內心，甚至左右你的思考。

在這種不確定的環境中，唯一你能夠確定的，是什麼對你重要（what matters to you）。什麼對我重要呢？我後來發覺，推動我去從事公共哲學最重要的原因，主要不是抽象的理念，而是具體的人——那些在各種思想交流場合遇到的人。回想這些年，在微博、臉書、Zoom，在2014年雨傘運動的街頭和2019年自由之夏運動的咖啡館沙龍，在書店、廣場、教堂和社區中心，還有夏令營、中學和大學，我曾經和無數萍水相逢的朋友一起討論政治哲學，留下許多難忘回憶。例如，我曾在香港政府總部的草地公園和上千計市民討論穆勒的《論自由》，也曾在zoom和數以百計大陸年輕人一起閱讀羅爾斯的《正義論》逾六小時，甚至和一群馬來西亞大學生在他們的國會席地而坐探討公民抗命的理念。

我留意到，在大大小小的不同場合，儘管大部分參與者都沒有受過什麼哲學訓練，可是幾乎毫無例外地，每次我都能明顯感受到，他們十分珍惜這樣的交流機會，並在討論過程中有問不完的問題和敞開心扉的對話。那種熱切和投入，不身在其中真的難以想像。為什麼人們會有這樣的反應？哲學給人的印象，不是曲高和寡並令人敬而遠之嗎？我有以下幾點觀察。

第一，人活在社會，對於社會發生的一切，許多時候會有自己的判斷和感受。這些判斷和感受，常常是直覺的、未經整理的，更會彼此不連貫和互相衝突。與此同時，人們也觀察到，身邊的人對同樣的事件，也會有他們的判斷和感受，而大家的意見往往並不一致，甚至有嚴重衝突。人們於是感到困惑、不安和痛苦。我們的正義感，讓我們在乎對錯；我們對他人的重視，教我們不可能對彼此的道德分歧無動於衷；我們對道德完整性的追求，也令我們不滿足於長期活在一種價值混沌的狀態。我想說的是，在一個正常社會，

人們對於公共事務的倫理思考，其實有很大的需求。可惜的是，這些需求常常被忽略，甚至被權力體制有意識地加以壓抑。我的經歷告訴我，一旦創造出一個合適的環境，容許人們自由表達自己的困惑和分享自己的感受，他們就會感受到巨大的釋放和解放，因為他們渴望他們的觀點可以被聆聽和被理解，也期望他們的道德關注能夠被承認和被重視。

第二，一種恰當的公共哲學的討論形式，同樣能給人帶來難以想像的愉悅。好的公共討論常常能提供一種環境，讓人們坐下來就共同關心的公共議題，自由地、平等地暢所欲言。參與者既要在眾人面前清楚表達自己的觀點，也要學習聆聽他人的批評，並嘗試作出回應。這是一個理性思考和理性對話的過程。許多參與過我的活動的人告訴我，他們幾乎從來未體驗過這種討論，因為身邊的人要麼認為政治議題不值得關心，要麼覺得這些議題不可能有對錯可言。人們明明活在政治之中，卻對政治漠然置之，甚至嘲笑別人對政治的較真。因此，那些不滿於這種狀態的公民一旦感受過公共討論的滋味，就無異於打開一個新世界，令他們體會到嚴肅認真的思想交流是何等美好。

最後，公共討論還有一個很大的好處，就是使得人們有機會實現一種公共生活。舉例說，我曾經在香港城市中心一家咖啡館主持過一個文化沙龍，歷時三年，每月一場，每次邀請一位講者來做分享，討論各種社會及思想議題。沙龍很成功，每場都擠得水洩不通，很多出席者往往要站著聽幾小時。他們中的不少曾告訴我，沙龍最吸引他們的，是那種大家在一起的氛圍。在一起做什麼呢？在一起思考。他們說，討論後能否形成共識並不重要，重要的是大家能在這個急劇變動的城市找到那樣一片公共空間，大家不談股票不說樓市不聊八卦，而是談哈維爾、鄂蘭和尼采，又或八九六四和雨傘運

動。[24] 這樣的生活，在這個繁華璀璨的光輝都市，幾乎無從得見。

　　一旦嘗試過這樣的公共生活，人們便會見到活著的另一種可能性，並漸漸形成一種自信：原來我也可以像哲學家那樣思考，我深藏心中的想法原來別人也有共鳴，我對社會的不滿竟然可以得到這樣的理解，如此種種。不要小看這種自信，因為這很可能是培養獨立公民的重要起點，更是推動社會改變的積極元素。[25]

　　長期待在學院的朋友，或許覺得以上所說言過其實。我有時也覺得難以置信。回望這十多年走過的路，經歷各種挫折，如今香港城破山河在，可是記憶中留下來，給我鼓舞和希望的，竟然是無數場合，那一張張因思想激盪而煥發出明亮光彩的年輕人的臉。沒有人知道，那些光亮是轉瞬即逝，還是長留於心；可是我們知道，它們確實存在過。

　　有了這些年的經歷，政治哲學於我也不再是書齋中的概念遊戲，又或使用晦澀語言生產學術論文的謀生手段，而是能在公共生活給自己和他人帶來美好的一門技藝。它是技藝，因為如何和人討論問題，如何進行公共說理，如何創造出理想的思想交流空間，絕非輕而易舉，而是需要長時間的摸索和嘗試。我也比以前更清楚地看到，社會轉型需要更多知識人意識到公共哲學的重要，並以不同方式將進步價值灌溉到公民社會。這是日拱一卒的耕耘，努力未必得到認同，付出未必立見成效，可是只要投身其中，我們自然會感受到思想對話的愉悅和公共生活的美好。

24　這個名為「Brew Note 文化沙龍」的系列視頻，可在此看到：
　　https://www.youtube.com/@brewnote2257。

25　關於公共文化和社會轉型的討論，可參考錢永祥，〈哲學與公共文化：台灣的經驗〉，《二十一世紀》，158期，2016年12月號，頁4-18。

我始終相信，這樣的哲學實踐，正是二千多年前，蘇格拉底在雅典用他的生命給我們的教導。就此而言，公共哲學不是離經叛道，而是回到哲學的源頭。

周保松，香港中文大學政治與行政學系副教授，台灣國立政治大學政治學系訪問學者（2022-2023）。研究政治哲學，也積極實踐公共哲學，主要著作有《政治的道德》、《自由人的平等政治》、《在乎》、《我們的黃金時代》、《小王子的領悟》等。

政治哲學公共性中的個體性證成
（或曰：個體性宣言）

諶洪果

　　政治哲學乃真正關注公共性的哲學，或者以公共性為其唯一關注的哲學，因為政治的核心品質，就在於其公共性。政治哲學家的分歧僅僅在於，什麼樣的公共性，以及如何抵達公共性。

　　讓我們先從亞里斯多德說起。從政治哲學的公共性立場出發，亞里斯多德提出了兩個密切相關的命題。第一個命題是，人在本性上是政治的動物；第二個命題是，城邦在本性上先於個人。

　　為什麼人的本性是政治的動物呢？亞里斯多德的論證思路是，自然不會做徒勞無益之事。世間萬事萬物都有獨特的稟賦，具備獨特的功能，由此彰顯其獨特的存在方式。只有充分發揮這種稟賦或功能，才能實現自身作為存在者的目的或「卓越」。反之，如果閒置、浪費或誤用了這種稟賦或功能，那就違背了自身的自然（nature），不值得再存在下去。就人類而言，其最獨特的稟賦就是擁有語言邏各斯的能力，從而能夠在交流、協調、合作的過程中創建公共生活，完成公共任務。通過人的理性和語言，利與弊、善與惡、公正與不公正、權力與權利、自由與約束等公共領域的邊界和規則得以確立。語言的共同體也就是政治的共同體，想像一種語言也就是想像一種生活形式。只有在語言／政治的共同體形式中，人類自身的德性才有可能得到完全發展，由此實現美好的幸福。反之，

人如果拋棄了公共的政治生活，也就陷入了要麼是神、要麼是野獸的孤獨狀態中，而野獸和神靈是不需要語言的。

與此相關的結論便是，城邦在本性上先於個人，因為在亞里斯多德的時代，城邦代表了純粹、完美、唯一的公共政治生活形式。儘管從發生學意義上，先有個體，再有家庭，再有村落，最後才有城邦，但是，與中國儒家「家國一體」的同構關係不同，在亞里斯多德看來，城邦從邏輯上先於家庭和個人，因為所有的事物都是由它的功能和能力定義的，而城邦是最高的目的，最完善的自然。進而言之，城邦在組織和運作上與家庭有實質的不同，他把作為城邦統治的政治和作為家政管理的經濟進行了區分。依據這個標準，亞里斯多德甚至認為那些東方的帝國並不具有真正的政治屬性，它們不過是家的放大而已，尚未進入政治文明的行列。

不管什麼樣的政體，亞里斯多德心目中公共政治的最基本條件在於，它必須由自由平等的公民以公開的方式積極地參與到政治活動中來。他因此拒絕那種家族統治中慣常出現的陰謀化操作，也強調政治生活本身就是人生的實質、意義和目的所在，並且，與此文討論的個體性相關的是，由於組成城邦的個體是多樣的，所以他反對柏拉圖以善的理念把城邦變成了「一」，他認為，政治共同體不該追求人在各方面的同質性，而應讓異質性在共同生活中發揮作用，因為城邦的自足與豐富恰恰建立在異質性的基礎之上。

政治哲學的公共性還體現在它必須滿足公民對於正義、美德和幸福的期待。這樣的公共品質，雖然在亞里斯多德的《尼各馬可倫理學》中有詳細的論證，其實更突出地體現在他的老師柏拉圖筆下的蘇格拉底這個個體身上。無論是在《理想國》中蘇格拉底對於正義價值的捍衛以及對於正義和幸福的內在關係的充分論證，還是在《申辯篇》及其他對話中描述的蘇格拉底為追求無知之知及公共責

任所展現出來的道德人格魅力，都為我們樹立了公共生活中好人與好公民的高度統一的典範。可以說，今天的公共政治哲學，在宣導現代公民以公共理性精神就重要公共議題作出理性的論證與對話，從而構建公共正義、建設公共道德、實現共同幸福時，仍然是以蘇格拉底在公共實踐中所確定的原則和目標作為理想的效法榜樣的，儘管今天的我們對於正義、道德和幸福的理解與蘇格拉底有很大的不同。

然而，在探究政治哲學的公共性問題時，有一個重要的維度似乎被有意無意地迴避了，那就是個人主體性的維度。我們從亞里斯多德的公民公共生活中，看不到那些異質的公民，在面臨公共的爭議和政治的得失時，會從個人自由和自主的角度，產生怎樣的困惑，做出怎樣的抉擇。在他那裡，雖然有公民的多樣性，卻不存在公民的自主性，因為公民只有一個身分，那就是政治人的身分，公民的自由和公共的需求似乎是無縫對接的。

反倒是在柏拉圖那裡，公民的個體性與公共性的關係問題以更加複雜的張力體現出來。《理想國》的一個基本設定是，個人的靈魂秩序與城邦的公共秩序有著嚴格的對應關係。城邦秩序是靈魂秩序的放大，而且他是為了更好地看清靈魂秩序才著手研究城邦秩序的。靈魂的正義秩序是理性在激情的輔佐下征服了欲望，城邦的正義秩序則是在哲學王的治理下，護衛者階層、普通民眾階層各司其職、各盡其能。無論是個體的靈魂還是城邦的政治，都離不開智慧、勇敢、節制等品德。問題在於，這種表面上的和諧對應卻潛藏著各種混亂和衝突。比如天賦異稟的正義之人一旦墮落，就可能淪為最不義的人；那些具有德性的人可能被埋沒，而無德的人卻可能佔據了統治者的位置。還有，即便作為個體的統治者很優秀，也難免身陷墮落的城邦而無能為力。

　　個體性和公共性的根本衝突則通過蘇格拉底的哲人生活及其被
判死刑的最終結局而突顯出來。儘管我們今天認為哲學與政治的聯
姻對於實現高品質的公共生活而言乃是一件值得努力的事情，但其
實政治與哲學之間具有內在的緊張。政治追求效果，講究修辭；哲
學追求智慧，熱愛真理。政治需要謊言，以迎合大眾；哲學揭示真
相，卻淪為眾矢之的。更要命的是，哲學對政治正當性的追問，會
損害政治的基礎和權威。政治哲學的美好願望當然是要以哲學的講
理方式對政治進行批判、回應和塑造，讓政治成為一種有理性可言
的活動，但實際上，二者的矛盾是難以化解的。政治的強硬，哲學
的傲慢，最終導致兩敗俱傷。蘇格拉底的死，既是個人以愛城邦為
始卻又與城邦為敵的悲劇，也令雅典政治留下了抹不去的創傷和恥
辱。

　　但是，蘇格拉底在雅典公共政治舞臺上的高度個性化的哲學行
動依然是富有意義的。他甘願做獨立的哲人，而不願當柏拉圖嚮往
的哲人王。蘇格拉底明確宣稱自己不是政治人，但他作為哲人與政
治之間的持續性緊張，卻構成了雅典政治的一個重要部分和寶貴遺
產。無論如何，蘇格拉底所有那些非常「不政治」的言說，都指向
了雅典政治的核心病症。他痛心於雅典人熱心的公共事務本身出了
問題，一個以自由和力量著稱的城邦，卻孜孜於聚斂財富，追逐名
譽，而不關心智慧和真理。因此蘇格拉底致力於做雅典的牛虻，他
的哲人的孤獨姿態恰好是對於公共問題的有效回應。他與雅典政治
之間的對峙感，為城邦的公共生態帶來了不同的體驗和經驗，也為
其政治的運作注入了新的省察和活力。一個城邦如果沒有獨立的主
體、高貴的靈魂，以及有德性的領袖，其現實政治無論多麼自如與
英明，也無法塑造一個偉大的城邦。

　　在今天平等主義盛行的背景下，我們當然會質疑蘇格拉底作為

公民在面對城邦這個共同體時缺乏應有的謙卑。然而，蘇格拉底是相當虔誠的。他知道人的聰明相對於神的智慧來說毫無價值；他憂心於城邦在德性上的分裂和墮落；他以公民不服從的精神在挑戰了城邦的正當性之後，又服從城邦的法治權威而欣然赴死。正是他的虔誠讓他聽命於內在精靈的呼喚，有勇氣說出真話，極力做到思想、言談和行動的統一。近代以來，擔負啟蒙角色的政治哲學家或許會以蘇格拉底的傳人自居，這一點無可厚非，可是，我們不要忘了蘇格拉底精神的精髓所在——未經省察的人生不值一過。他最關心的仍然是啟蒙自己、檢視自己，那是一種真正的自我解放運動，也是他發揮公共力量的唯一源泉。相比而言，今天的啟蒙思想家可能更在乎如何說服大眾，而缺乏蘇格拉底與大眾自覺保持距離的德能。

　　對於當下中國的「啟蒙者」或「政治哲人」而言，回到蘇格拉底、效法蘇格拉底，看來是一個尤為必要和迫切的任務。理由顯而易見，在我們這裡，公共性和個人性的衝突已經表現為完全不同的樣態，它不再是哲人與政治的對抗，因為公共哲人要麼消失了，要麼沉默了，要麼變異了。另一種偽公共性長驅直入，無所不能，它在政治、經濟、文化、教育、娛樂、生活的各個領域，蠶食、矮化、扭曲、抹平、湮沒了一切個體性。這種公共性實現了國家權力和社會權力的同構和合謀，個體性在其中沒有立足的空間。與古典城邦不同，這種政治是由缺失自然本性的人組成的，儘管表面上人們顯得如此自我、如此有個性、如此個人主義，如此新潮，但實際上卻是毫無自我、毫無個性、毫無主體性、毫無新意的內在空洞和迷失。如海德格爾所說，常人就是無人。

　　當然，我說效法蘇格拉底，不是效法他的那種居高臨下的姿勢（儘管這種「姿勢」其實也是我們的誤解），而是堅持他的那種清新子立而又一以貫之的姿態。我想借此機會表達我在特殊政治境遇

下的公共關懷、公共使命、公共立場、公共擔當。與蘇格拉底類似，我的身分早已與學院和體制絕緣，我在低處，在邊緣，在大地上，卻被我的天空托住。所以，我對公共性所投注的一切，都從我出發，都在建構某種主觀的真理。由於我的底層身分和底層邏輯，反倒使我有底氣說，要想真正貫徹現代公民的平等主義，就得旗幟鮮明地主張所有公民都要力爭做有自尊的精神貴族。每個普通人都是菁英，每個平凡人都是英雄，這也許是一種理想的圖景，但我有理由從我做起，一切從我出發，在眾人之中，抵制各種宏大的、集體的、偽公共性的力量對我的同化或解構。我寧願被拋棄，也不願被湮滅。

在這樣的時代處境下，討論政治哲學的公共性，其前提、進程和目標，都在於捍衛公民的個體性。在實踐層面，公共性和個體性之間，並沒有先後的次序。套用康德的說法，離開公共性的個體性是盲目的，離開個體性的公共性是空洞的。進而言之，脫離個體性的公共性乃是偽公共性，而脫離公共性的個體性則根本不能稱其為個體性。這還意味著，在公共性和個體性兩位一體的關係中，個體性不是公共性的手段，個體性本身就是目的；反過來，公共性不是服務於個體性的工具，公共性本身也是目的。準確的說法是，在自主的個體之間的政治公共生活中，個體性和公共性都同時得到展開、磨練和豐富。

那麼，我所說的個體性到底有怎樣的內涵呢？以下我將概括個體性的七個特點，前三個特點說明個體性不是什麼，後四個特點說明個體性是什麼。在此基礎上，我會簡略提出個體性作為公共行動邏輯的六個理念，以供同道參考。

個體性的特點具體如下：

一、個體性不是私人性

　　如前所述，個體性和公共性是具有內在關聯的範疇。離開個體性，談不上公共性；也只有透過公共性，個體性才能得到理解。在某種意義上，個體性和公共性是相互規範、相互界定、相互建構的。與個體性不同，私人性完全沉迷於私人的感受、私人的經驗、私人的生活，從而試圖與公共性徹底絕緣。嚴格來說，這種強意義上的私人性在現代政治中是不可能存在的，就像維特根斯坦說不存在完全不可交流、不可理解的私人語言那樣。姑且不論人的社會性本質，在今天，國家公權力也好，各種公共的或私人的機構也好，它們借助大資料等技術手段，對於私人領域的侵入已是暢通無阻，無論在政治層面還是在社會生活層面，個人都沒有任何私人性的隱私可言。對於個體來說，這是一個裸奔的時代，藏無可藏，逃無所逃。

　　弱意義上的私人性，主要是指對待公共政治生活的冷漠態度。要麼因為感到無力推動公共建設，從而選擇不參與、不負責，明哲保身、獨善其身，要麼則是利用公共規則的漏洞，以不正當的方式謀取私人的利益，敗壞公共道德。雖然如今私人性的力量不足以破壞既有的公共性，但眾多私人性的集合，將不斷降低公共性的品質。對雅典公共政治的墮落痛心無比的蘇格拉底，要是看到今天私人性彌漫、娛樂至死的情形，恐怕會一百倍的痛心。需要注意的是，我們反對私人性並不是反對私人利益，根據古典自由主義，生命權、財產權、自由權和追求幸福的權利，都是神聖而不可剝奪的，而這些權利，都是立基於個體性、針對著公權力，並在公共性的憲制架構下所確立起來的。私人性本身不可能維護私人利益。寒心的是，那些自私冷漠的、原子化的私人，常常會對那些擔負起公共責任，為爭取他們的權利而付出代價的自主的個體，冷眼旁觀，冷嘲熱諷，

甚至充當打手。在集權體制下，這種以精緻利己主義為標誌的私人性，很容易就會滑向單一性。

二、個體性不是單一性

　　簡單講，當私人性的自我和偽公共性的幻象這兩個糟糕的東西組合在一起，就製造了單一性。與個體性的獨立自主和反思判斷相對立，單一性則缺乏基本的批判性思考的能力，這樣的人格因此類似於阿倫特所謂的惡的平庸。他們一方面依賴於權力體制而贏得自身的生存性利益，另一方面又以遵從體制角色的名義而為自己的惡意行徑找到了卸責的理由。他們甚至以為自己就是體制的代表，在做正確的事情，並從集體的憤怒或狂歡中構建起虛假而空洞的自我。單一性人格又像瑪爾庫塞所說的「單向度的人」，他們屈從現實而又讚美現狀，其思維是單一的，生活方式是單一的，對於另外的觀念、另外的價值、另外的文明，總會出於本能地採取敵視的態度，而對於自身的境況以及自身所依附的體制，不管多麼糟糕或多麼不公正，總是不由自主地要加以辯護。單一性是千人一面的，你看不到他們之間有什麼差別，而在他們的眼中，也看不到具體的、活生生的人。他們的主體意識都埋沒在集體無意識之中。他們是自我膨脹與自我矮化的矛盾體，卻從來不認為自己是撕裂的，反而在沉淪於世中感覺如魚得水。單一性是個體性最大的敵人。

三、個體性不是消極性

　　如果說私人性完全關注自我私利，自動隔絕於公共性；單一性在完全投入偽公共性中尋求虛假的存在感，卻使自己和他人都淪為無人，那麼，消極性就是介於這兩種極端的中間狀態。消極性對於自由和權利的邊界尤為敏感，希望從法律制度的層面，維護「風能

進、雨能進，國王不能進」的神聖個人領地。持消極性立場的個體也知道，要做到這一點，離不開對公共性的關注。他們強調的是不被公共或社會權力所干涉、強制而採取自主行動的自由，與此相對的則是一種被奴役的狀態。為此，他們試圖通過完善的制度和程式裝置，設定社會所能合法施加於個人的權力的性質和限度，從而一勞永逸地保護個人的基本自由和權利。然而，即便我們承認有一些不可剝奪的自由和權利的清單，但落實到可操作的實踐層面，公權力與私權利的邊界，仍然需要在應對具體事件和問題的過程中，以及在持續而動態的關係格局當中，才能得到真正的確定。

當我把消極性作為與個體性相對立的範疇之一而論說時，我所宣導的積極，與一般所謂的積極自由並不是一回事，因為一說到積極自由，就會有人擔心為了實現公平和福利，政府和社會權力的手就侵入了個體自由的空間。而我在批判消極性時，所採取的積極的、肯定的姿態，始終是心無旁騖地從個體性出發，以反對那種被動的、否定的因而是過分簡單的公共態度。個體性就是公共性，因此不存在把國家作為必要的惡或純粹的工具性價值來看待的問題。在這個意義上，消極性把個體性和公共性割裂了，也引發了與共和主義、保守主義、社群主義等的無謂的爭論。而且，過分強調消極性，也使自由主義者即便不是原子化的散沙狀態，也成為小清新的、孤芳自賞的個人，難以具備建構公共空間或對抗偽公共性的力量。關於個體性的積極和肯定的特點，我將在下面第五點中展開論述。

四、個體性是內在的，自足的

我們一般把公共性理解為以可見的、外在的、表現的方式展開的人與人之間的行動。然而，這種互動要想切實有效，就必須要求參與者是內在而自足的個體。私人性的自我和單一性的個人都根本

無法實現真正的公共性，因為他們的內在是匱乏的，他們的人格是依附性的，而內在自足的個體，是獨一無二的，他的獨一無二，正是來自於他的自我豐盈。也許有人會問，這種內在自足性具有什麼實質性的、可把握可推廣的標準？可是，當一個人這樣問的時候，就已經把內在性作為外在性、把自我作為他者來對待了。

個體的內在自足，取決於個人切身體驗到的精神性的境界、觀念性的力量。其具體內容，雖然無法進行普遍而明確的認定，但個體性對公共性發揮的影響卻是實實在在的。這種看上去無以描述的潛能，恰好反映了個體豐富性的題中之義。儘管如此，個體的內在自足仍然有著程式性的、形式化的判斷依據，它要求人真誠地面對和挖掘真實的自我，不管你的起點是什麼，有什麼樣的缺失，重要的是你能擁有可以終身學習、持續發展的開放性結構，能不斷自我省察、自我糾錯、自我超越。無論蘇格拉底式的自我對話，還是維特根斯坦式的絕不隱藏「自己之所是」，都充分表明了這一點。

尼采說，「每個人都發明自己的美德，他自己的絕對律令。」維特根斯坦說，「就改善你自己好了，那是你為改善世界能做的一切。」聽起來，他們都只關注個體性本身，但顯然，他們所有完善內在自我的努力，其出發點、過程和結果，都深深嵌入這個公共性的世界當中。自我的存在是自足的，卻從來不是孤立的，千萬個豐富的自我構成了一個共在的關係，他們自我豐富而又相互豐富，不是因為內在的匱乏而對外「擴張」，而是因為內在的自足而充分發揮主體的能動性，向著更大的自我——公共性的空間——而不斷「擴展」。

總結我自己的經驗和教訓，為了實現個體性的內在自足和公共性的統一，我必須不斷告誡自己：與時代保持若即若離的關係，永遠不要入戲太深，不要拉幫結派，不要激動和盲從，不要被政治正

確、意識形態、現象潮流所綁架，不要忘了自己幾斤幾兩。儘量活出自己的個性和自由，不要試圖以「活得和別人一樣」來找到自我，也不要刻意以「活得和別人不一樣」來證明自己。這樣的表述還不大準確。更準確的表述在於，我活出自己，僅僅是為了成全自己，為了我的純粹，我的眼光始終是向內的，根本不是為了外在地對抗什麼或改變什麼。因為人不是手段，每一個個體本身就是最大的目的。生命不能耗費在無意義的紛爭上，不能淪為時代風雲的殘渣或歷史沉浮的炮灰。捍衛個體的獨特性，就是對當下社會的最大貢獻。

五、個體性是積極的，肯定的

　　如前所述，沒有一個人的活動是完全私人性的、消極的，再純粹的自由和權利，都得在與他人的共在中展開，從而也會以不同的方式影響別人的領地，由此形成某種權力制衡的局勢。我這樣說意味著，享有自由的程度說到底取決於擁有多大的力量和話語權。狼的自由就是羊的末日；亞里斯多德也舉例說，森林裡開大會，獅子聽到兔子要求有平等的發言權時，問它有沒有獠牙和利爪。我提到的當然屬於極端的情形，在那種實力懸殊又缺乏基本規則保障的情形下，的確談不上什麼公共性了。不過，這樣的例子也可以表明，多樣化個體在行使自由和權利時所牽涉的價值和利益的多元，絕不可能是各行其是、相安無事的，它們必然存在競爭和衝突的關係。我們需要以理性的、積極的姿態看待這一點，既不是非友即敵、弱肉強食，但也不是軟弱無力，任人宰割。具體採取什麼樣的維權、抗爭等行動，同樣是多樣化的，有很多具體的策略和技術。我在這裡只想說，當我們主張個體性的積極立場時，重要的不是奢談什麼善意、寬容、和解的政治正確，而是堅持自己的信念，活出自己的自由，留下自己的烙印。

　　這就涉及到個體作為肯定者的意志問題。馬克斯‧韋伯曾振聲發聵地說，一個人得確信，即使這個世界在他看來愚陋不堪，根本不值得他為之獻身，他仍然能無怨無悔，承受全部希望的破滅，執著尋求這個世界上的不可能之事，這樣他就聽從了政治的召喚。但肯定者的意志，比這還要決絕、還要徹底。對於肯定者而言，人生在世所遭遇的一切，都照單全收。肯定者無條件地擁抱世界，接受所有外在的必然，是為了重建自己內在的必然。肯定者從來不會喪失這個主體的我，而把這個世界當作我重建自己的熔爐。那些世事紛紜，悲歡離合，都是鼓風、是烈火，是爐灰，它們是必要的，但只有在熔爐中的我，才是值得關注的唯一。肯定者的自我是一個過程，是正在進行式，是翻新大地的推土機，是一次次的意志抉擇及鍛造。

　　我在與不在，世界都在，我否定不了世界。如果世界會因我而改變，那只是由於我肯定了世界。在肯定之下，才有現實，才有對現實的忍耐。離開肯定的忍耐，只是順從與羞辱。肯定者肯定了自然的世界，外在的世界，煩惱的世界，是為了創造一個屬於自我的公共的世界。我存在，我接受，我逆轉。如果我不在，世界將如其所是，應無所住生其心，情順萬物而無情，我不會放大我自己，卻也知道我擁有廣闊的心靈。然而，另一方面，只要我還在，我就會在世界當中改變著我，也讓世界的底蘊和色彩有所不同。通過肯定的意志，個體性和公共性才得到了完美的融合，我與世界和社會的關係，從我與他，進化到我與你，再進化到我與我的關係。我會從有形的世界消失，但肯定的意志，將不斷創造我的驚奇。

六、個體性是對話的，獨白的

　　在公共性中，對話的精神，怎麼強調都不為過。對話文明要求，

對於事關眾人利益的公共議題，皆可公開討論，每個人以說理的方式發表自己的意見，所有的命題都要接受理性或實證的檢驗，坦率的交流被視為解決問題、實現人類可能性的方式，最終形成對公共議題的有充分理由支持的判斷。基於現代社會的價值多元和利益多樣，以及個體性的獨特與差異，重要的不是對話中的一方或另一方，也不是對話的實質內容是否取得共識，而是對話本身。通過對話實踐的涵養，我們培育起自由、公平、透明、規範的社會土壤，並具備了同情的理解、善意的包容、平等的尊重、理性的較真、開放的糾錯、規則的意識等對話的精神或探究的德性。

對話是必要的，但對話也是不夠的。在中國當下的特殊情境下，以網路平臺為主的「言論自由」空間在議題設置和資訊交流方面，都面臨各種操控、遮罩、污染和扭曲，很多時候，對話的品質是低劣的，對話的結果是無效的，不僅沒能達到理性的共識，反而導致更多的非理性和撕裂。那些價值觀一致的群體內部，似乎已經心領神會、無話可說，而在價值觀不一致的人群之間，則充滿情緒化的宣洩。

對於我來說，如果有理性對話的機會，我會以真誠而建設性的姿態積極參與其中，力所能及達成共識，增進自己和他人的智識判斷力。但是，如果對話是毫無意義的，低水準重複的，我不會為此浪費時間和精力。如今我更傾向另一種言說方式——獨白。我所謂的獨白，其實也是改頭換面的對話，只不過它更關注那些與自我的生命內在相關的內容，從而對我來說是建設個體性、塑造公共性的更重要也更可行的方式。獨白分為三個方面：一是和那些偉大的靈魂對話；二是和自己的心靈對話；三是不以對話為設限的自我公開表達。

關於和偉大的靈魂對話，主要是進入經典閱讀的譜系，融入由

最智慧的先哲所構建的精神共同體當中。我想到了馬基雅維利流放
鄉間時的生活。那時他在政治上失意了，精神卻並不孤獨。白天，
他在田間和森林辛苦勞作，到了黃昏，他就沐浴更衣，身著禮服，
進入神聖的古人世界，與柏拉圖、亞歷山大等英傑對話。他得以從
自己的時代抽身出來，借助古人的眼光，反思當下那些政治人物和
政治事件的成敗得失，最終寫出了《君主論》和《讀李維羅馬史》。
就如芝加哥大學校長哈欽斯所言，偉大的經典本身就是對話的典
範，它們挽救、保存並凝聚了傳統，並為文明的發展提供了新的能
動性和創造力。這些偉大的作品，為我們處理人類最基本最重大的
難題，提供了清晰而又富有洞見的思考。而我個人，從經典當中，
獲得了長足豐盛的滋養，靈魂茁壯成長，也能愈加淡定地回應今生
今世。

　　關於和自己的心靈對話，蘇格拉底是這方面的大師。阿倫特指
出，個人如果沒有這種與自己無聲對話的思考能力，就會造成艾希
曼式的惡的平庸的悲劇。從我出發，並不意味著我是眼光向外的，
我自己毫無問題，不需要思考。不敢與自我對話的人，才會用外在
的事物來填充自己。思考者把自己一分為二，獨處不再是孤單。這
種自我對話和個人獨白，源自認識自我的最深沉的衝動，使自己成
為自己的朋友，最終走向自我的更高統一。其實，與自我的對話所
喚醒的自我，一定是比自我更內在的自我，超越於自我之上的自我。
在奧古斯丁這裡，自我對話構成了一個人的不同聲音之間的衝突，
它比蘇格拉底的對話更具自我省察的意義。這種對話不僅是獨白意
義上的，而且是告白意義上的。它讓自己傾聽來自另一個世界的傳
言，只有意識到理性的有限、意志的軟弱、自由的危險，我們才能
更好地認識自己，在公共生活中以全新而謙卑的姿態，切實發揮人
的理性、意志和自由。

　　關於自我公開表達意義上的獨白，並不是自說自話，完全不在乎別人是否理解。如果那樣的話，就淪為毫無公共性的私人語言了。獨白不是私人語言。公開的自我表達之所以不是一般意義上的對話，是因為表達者不以說服、解釋、申辯、促成共識為目的，儘管他的話語是有理有據的、可以辯護的、能被普遍檢驗的，並且也是針對公共性而言說的，但他不刻意尋求聽眾，不批判，不迎合，他只是表達自己。他深知，任何辯白式的解釋、對抗式的闡明，都容易陷入到他所反對的話語體系當中。因此，他設定自己的框架，闡述自己的議題，建構自己的話語，不受流俗語詞的污染，他以肯定者的意志，不去破壞既有的語言遊戲，卻如一縷清流，增添新的遊戲規則，並讓這種遊戲規則在公共的自我表達中得到展現的機會。他在眾人之中，卻不對眾人說話，然而，他的話總能被同伴聽見。他的話是對所有人講卻又不對任何人講的話。

七、個體性是多中心的，關係性的

　　上文我曾提到自己如今在社會中的邊緣地位，這不過是生存層面的他者性身分，沒什麼重要的，也沒什麼好說的。從個體性的角度，不存在什麼邊緣，因為從來沒有什麼中心，或者說，每一個個體，都是一個中心，每一個中心，都是一個節點，每一個節點之間的關係，構成了公共性的自生自發的繁榮。

　　前面說過，個體性從來不是孤立的。個體的多樣性，既是個體的生命狀態，又是個體間的生態系統。按照阿倫特的說法，多樣性是人的諸境況中尤為重要的一種，正是在多樣性境況中，人的政治公共行動才得以展開。正因為每個人與其他人都是不一樣的，所以每個人都要通過行動展示自己，而這一切又依賴於他人的在場，依賴於公共性本身。此外，多樣性之所以是多中心的，是因為人是具

身化的存在，而不是抽象的人，人只能從自己的獨特而有限的視角
出發，把自己所處的位置確認為無可替代的節點。說其無可替代，
不是在放大自身的重要性。是的，人受制於時間，人會死去，當人
在時間中消失了，人的空間位置也不在了，曾經的節點也被遺忘了，
但這統統不能說明什麼。以我為中心，以千萬個我為中心，其唯一
的意義在於當我活著時我對我自己的那種無可替代的現實感的體
驗。人的「生生」性比人的「必死性」更加重要。

　　我就是我的中心，我的權力的主體，我的最大的現實。現實的
個體性從一開始就處在現實的關係性當中，由這種個體和關係所組
成的公共網路當然也是我們所能觸摸的最現實的東西，最動人的真
實。在這個領域，人類共同體的悲喜劇不斷展開，它們不是自然的
必然的命運，其中發生的一切，都取決於人的創造性的作為，也決
定了人作為倫理性的存在所應擔負的責任。在這裡，沒有想像的共
同體，現實就是最大的想像，精神就是最大的現實。在這裡，像奧
古斯丁所說的那樣，靈魂不再朝著時間中的外物延展，而是朝著面
前的事物伸展。在這裡，多中心的、去中心的個體，彙聚成一個多
重而又統一的運動進行曲，它不是整齊劃一、扼殺生命的，相反，
在其中，個體性和公共性都充滿活力和可能，它包含了個體的使命，
也彰顯著前定的和諧。

　　以上就是我對個體性特點及其蘊涵的公共性意義的論述。接下
來，我將列出個體性原則在構建公共性的過程中的六個行動理念。
我只對每一項的主旨做出簡要勾勒，其具體的內涵，不再作進一步
的論證和演繹。這些理念遠遠不是全部。我期待著每一個個體在自
己的公共行動中發揮獨特的創造，並繼續在這份清單上增添新的發
明。這些理念如次：

1. 公民無小事

不被驚天動地的救世偉業所迷惑，不被目中無人的宏大敘事所吞噬。如托克維爾所言，人人都是本身利益的最好裁判者；個人服從社會是因為他明白與同胞聯合起來對自己有利；公共生活要每時每刻都使人感到與自己休戚相關。人們因尊重自身利益而學會平等待人、互相尊重。凡是能促進個體的安全、幸福、自尊和自由的事，都是重要之事。公民在參與公共建設時，也以溫和而理性、溫柔而堅定、溫暖而純粹的心態，點點滴滴堅持不懈地努力，切實改善自身以及自身所處的自然環境、社會環境、人文環境。

2. 把事情事件化

與「公民無小事」的理念相關，小事或者大事的一個關鍵評判標準，就在於這些事情能否被事件化。多難未必興邦，如果我們總是無法從苦難中汲取教訓的話。一個人，一個民族為什麼總是犯同樣的、低級的錯誤，無法從錯誤中得到長進，原因就是我們缺乏把事情事件化的能力，所以苦難也就一次次地白白遭受了。以此來看，我們每天關注的許多新聞事件，無論它們發生時多麼驚爆、多麼吸引眼球，其實不過是不斷重複的事情而已，很快就被遺忘。我所說的把事情事件化，仍然是從個體性出發，我們要在事中看到大寫的人，讓自己看見，也讓別人看見。一旦事情成為事件，它就是可公開展示的，可理性探究的。我們講述自己的故事，為故事賦予獨特的意義，並以肯定者的意志，構建新的話語、新的模式、新的秩序。

3. 存在就是突圍

個體性儘管和公共性是一體的，但這種一體性體卻是通過它們

之間的張力體現出來的。只要個體存在，就總帶著個體的力量，成
為公共性的有機環節。哈姆萊特之問to be or not to be，經典地描述
了個體存在的突圍性，無論我選擇成為什麼還是選擇不成為什麼，
我的存在都是由「去存在」的積極過程顯現出來的。在這裡，不成
為什麼甚至比成為什麼還重要，只有我清楚意識到我不應成為什
麼，我才能夠獨立地成為什麼，才能真正突破些什麼。存在的突圍，
永遠是在自我覺知意義上的自我突圍，當我的存在有了靈魂的轉
向，在縱向上，我就能夠不斷地自我克服、自我實現、自我提升，
而在橫向上，我就如同漣漪一般，由內向外一圈一圈地擴展開來，
公共性成為了我的如其所是的生成，我的意料之外而又情理之中的
善果，我的無限的生命實驗的可能。

4. 一個人即一座城

　　關於這一點，我只需要最簡明的確認——我相信！我相信人格
的感召，我相信個體的潛能，我相信觀念的力量，我相信一個人勝
過千軍萬馬，我相信一個人足以改變世界。然而，這不是我說的重
點。我要強調的是如何從個體性出發，以平和自信的心態，看待「一
個人即一座城」的理念。很多外在的改變，只是表面上的熱鬧與顯
赫而已，其實什麼也沒有改變。托克維爾在《舊制度與大革命》中
指出，轟轟烈烈的法國大革命事實上所成就的比人們期望的遠遠要
小得多。他進而反思說，「誰在自由中尋求自由本身以外的其他東
西，誰就只配受奴役。」所以，一個人即一座城的實質，不在於個
體能征服多大的領域，具備多大的世功，而在於他能安心地守護、
堅固內心的城池，保持自我的純粹和一致。永遠記住：比天空更廣
闊的是人的胸懷。

5. 超然而常在

我聽到過很多類似的兩種極端聲音：或者說「這是最好的盛世」，或者「這個時代不值得我付出」。對於第一種人，我想說，盛世可能跟你真沒什麼關係；對於第二種人，我想說，重估自己的價值。前文我提到，為了捍衛個體性的內在與自足，要與這個時代、這個世界保持若即若離的關係。「即」，就是常在；「離」，就是超然，如同我自己一樣，我也會在，我也會離。我熱愛自己的生命，卻不必為生命的短暫而憂傷。我該操心的是我在世的時候，我好好經營了自己沒有。我希望不被時代裹挾，也不與時代疏離，以永恆的心志活在當下，但又不把當下作為追求永恆的手段，因為當下的每一個瞬間，都是值得努力和珍惜的。我會從自己的能力和條件出發，根據自身的判斷和定位，扎實耕耘自己認為最重要的事。至於結果如何，或是事與願違，或是無心插柳，或是將錯就錯，這些都非人力所能決定，那就只好（很高興地）寄望於「萬事互相效力」的法則了。最好的結局，如同維特根斯坦的遺言：「我度過了美好的一生。」

6. 為精神而鬥爭

我們一生會經歷各種各樣的鬥爭——為了生存的需要、情感的歸屬、價值的認可、尊嚴的滿足，等等等等。在公共性領域，最常見的捍衛個體性的口號是，為權利而鬥爭。這誠然沒錯，但並不夠。精神獨立乃權利之基石。人類爭取權利的哪一個勝利，不是首先在精神上的勝利？反過來，對基本權利的哪一次壓制，又不是開始於對精神的馴服？說到底，這是一個「要自由還是要麵包」的問題。有人說，沒有麵包哪有自由；另有人說，沒有自由哪有麵包。我自

己當然屬於後面這類人。基於特殊境況，我會尊重弱小的個體為謀取生存性好處而甘被奴役甚至為此感覺良好的「自由」，但願他們能在不為自己掌控的強力和偶然中一生平安。我也不打算讓他們明白，權利不是施捨的，自由不是恩賜的。我只希望他們也不要說服我，不要試圖以他們的可憐的標準來壓制我的精神自由，阻礙我的人生規劃。這也是我所謂的為精神而鬥爭的重要部分。最重要的東西是看不見的，卻又是最為清晰地顯現的。精神不是奇蹟，勝似奇蹟；精神不是秘密，充滿奧秘。精神的必然足以對抗一切偶然。我的精神挺拔之樹扎根在我的肉身的大地，迎著各種風雨，我將在不懈的精神鬥爭中成全自己。

以上陳詞，就是我的個體性宣言，我的公共性關懷。

諶洪果，西安知無知文化空間創始人，研究方向為法哲學、思想史。主要著作：《哈特的法律實證主義：一種思想關係的視角》（2008）；《法律人的自我救贖》（2011）；《大學城裡的公民》（2016）。另譯有《哈特的一生：噩夢與美夢》（2006）；《覺醒的自我：解放的實用主義》（2012）；《哈特論邊沁》（2015）。

哲學如何面對公共：

在威權主義下讀鄂蘭

戴遠雄

　　鄂蘭在其經典著作《極權主義的起源》裡寫道：「在極權主義政體倒台後，極權主義式解決方案仍然可以流傳下去，當人們發現難以用尊重人的方式來舒緩政治、社會或經濟的慘況時，那些舊日的解決方案就會再度出現。」[1] 我們可以看到鄂蘭從不認為上世紀有著各種特殊歷史因素的極權主義會重覆地在21世紀出現，但是極權主義政體用過的統治方式，諸如以黨控制國家、以行政命令取代法治、秘密警察、隨意逮捕、剝奪人的法律身分、種族屠殺等，可以被後世的統治者學習來控制人民。近年，世界各地的民粹主義、國族主義、威權主義興起，令人們不禁猜測閱讀鄂蘭可以有助面對這些危機嗎？如果我們要簡單地交代鄂蘭對極權主義（totalitarianism, totale Herrschaft）的定義，可以說那是一個以執行恐怖統治為本質的政府，在政治、經濟、文化和思想等全方位宰制人民，以實現比經驗更高的法則，即她所謂自然或歷史的法則。自然的法則，是指極權主義政體確立某個種族為統治階層，如納粹德國視雅利安人為優等種族（Herrenrasse），其他種族必須被受其統

1　Hannah Arendt, *The Origins of Totalitarianism* （New York: Schocken Books, 2004）, p. 592.

治。歷史的法則是指極權主義政體執行歷史本身的進程，如史大林統治的蘇聯確立無產階級統治為法則，只有這樣才足以推動歷史之進程。[2] 鄂蘭這種界定針對的是20世紀的希特勒和史大林。[3] 然而這些政體已經相繼倒台，我們很難把鄂蘭的分析直接對應後來出現的政體，從而指出今天有甚麼條件跟上一個世紀相似，所以極權主義也有可能來臨。[4] 但即使今天這種全方位宰制的政體並不多見，比較常見的是威權主義政體，我相信仍然可以在鄂蘭的思想裡得到一些對政治現況的啟示，特別是哲學家應如何面對政治不自由（political unfreedom）的處境。

按政治學家雷維茨基和韋依的分析，威權主義可以劃分為全面威權主義（full authoritarianism）和競爭威權主義（competitive authoritarianism）。全面威權主義指「反對派沒有可行的管道合法地挑戰行政權力的政體」，包括中國、古巴和沙烏地阿拉伯，而競爭

2　Ibid., p. 599. 同時參看 Jerome Kohn, "Arendt's Concept and Description of Totalitarianism," *Social Research*, Vol. 69, Issue 2,（Summer 2002）, pp. 621-656.

3　其他學者對極權主義有不同的看法，本文暫無法深入討論此問題。參看 Ian Kershaw, *The Nazi Dictatorship: Problems and Perspectives of Interpretation*（New York: Routledge, 1993）. Bernard Bruneteau, *Les totalitarismes*（Paris: Armand Colin, 2014）.

4　學者Roger Berkowitz在2016年川普當選後即撰文分析鄂蘭的《極權主義的起源》，指出歐洲的極權主義跟美國相似和不相似之處，並認為雖然不相似之處占大多數，但我們仍然可以從鄂蘭的分析加以警惕，努力避免主體國家帶來之暴力，實踐地區人民分權管治，及早避免國家走上極權之路。Roger Berkowtiz, "Why Arendt Matters: Revisiting *The Origins of Totalitarianism*," *Los Angeles Review of Books*, first published on March 18, 2017, available at: https://lareviewof books.org/article/arendt-matters-revisiting-origins-totalitarianism/（Accessed: Apr 23, 2023）.

威權主義則指「反對派可以經由合乎憲法之管道有意義地競爭行政
權力」，根據他們的統計，在1990至2008年間，共35國可算屬於這
一種政體，例如一直維持威權主義的俄羅斯和在此期間民主化的台
灣。[5] 在競爭威權主義當中，仍然有民主選舉可以讓反對派爭取支
持，對執政者施壓，甚至分享一定權力。本文希望探討在如此普遍
存在的威權主義裡，鄂蘭的哲學有何資源讓我們思考哲學介入公共
領域的方式。

　　這裡所指的公共領域（public realm）有別於一般所說的公共場
所（public space）或公民社會（civil society）。依據鄂蘭的想法，
公共領域並不是指一個國家裡的公民社會，而是跨越國界或任何物
理界線，每個人的行動和言論都可以公開表達和被看見的空間。當
人們想建立一個政治共同體的制度和法律，保障這個公共領域悠久
存在，就會使這個公共領域具有政治意涵。[6] 公共領域會變成政治
空間，因為人們需要用行動去建立它，對抗任何想遏制或威脅這個
空間的力量，因而政治空間總是要面對衝突和不穩，不會永遠安定
地存在。極權主義和威權主義，或者民主政體裡想破壞民主的民粹
主義領袖，例如匈牙利總理奧般（Viktor Orbán）或巴西前總統波索
納洛（Jair Bolsonaro），都想用各種方法遏制公共領域，其後果就
是人權失去保障。[7] 本文希望澄清鄂蘭的觀點，主張公共領域並非

5　Steven Levitsky and Lucan A. Way, *Competitive Authoritarianism: Hybrid Regimes after the Cold War*（New York: Cambridge University Press, 2010）, pp. 6-7.

6　Hannah Arendt, "*Introduction* into *Politics*," in *The Promise of Politics*, edited by Jerome Kohn （New York: Schocken Books, 2005）, p. 123.

7　關於近年威權主義的理論分析，參看Jean-Claude Monod, "Avatars de l'autoritarisme," in *Critique*, 2021/6-7 （n° 889-890）, pp. 512-526.

可有可無的東西，而是構成人的根本要素。一旦人們不再捍衛它，一旦它消失，例如在極權主義這種最極端的情況下，人就不再能成為完整意義下的人。因此，我們要分析公共領域之獨特意涵，鄂蘭指出前提是擺脫西方哲學史裡長期以來「蔑視政治」（contempt for politics）的觀點，[8] 把公共領域和哲學家強調的真理劃分開來，這樣才足以明白政治之根本意涵在於人們參與和捍衛公共領域本身，而不在於哲學家或者掌握真理之學者統治人們。本文希望說明，在威權主義的時代鄂蘭的觀點仍然給予我們一定啟示，即使公共領域被遏制，人們仍然可以努力探求各樣行動和判斷的可能，打開更多尚未被全盤控制的政治空間。

下文分為五個部分。在第一部分，我會說明鄂蘭所謂「蔑視政治」的意涵，哲學必須放棄主張真理高於意見，才可以正視意見所屬的公共領域之重要意義。在第二部分，我會說明公共領域之政治意涵，政治不受限於任何物理空間，而是可以不斷開闢出新的公共空間。在第三部分，我會分析研究鄂蘭的學者較少留意到公共領域的衝突面向，其衝突來自行動者內部和行動者之間，從而展示出公共領域難以避免不穩之局面。在第四部分，我會指出公共領域中判斷之重要性，判斷有助於催生更多行動，以至建立世界公民的意識。第五部分是結論，我會簡要概括本文之論點。本文沒有辦法全面說明鄂蘭所有重要概念，只能就威權主義下探討鄂蘭哲學可能包含的哲學回應。

---

8 鄂蘭也會稱之為「蔑視城邦的世界」（contempt for the world of the city），可見「政治」、「世界」和「城邦」三個用語在其著作裡很多時候都是混合使用。Hannah Arendt, "Socrates," in *The Promise of Politics*, p. 26.

一、蔑視政治的哲學

　　要了解公共領域的獨特性，我們就不能把它等同於知識的領域，在其中只有專家才知道真理，而是要把它看作是意見的領域，獨立於知識。鄂蘭認為，西方哲學傳統裡把公共領域貶低為不重要的事情，只有知識才是重要的，從而主張公共領域應由知識來統治，形成她所謂「蔑視政治」的偏見。此處所謂「蔑視政治」並不是指哲學家不關心政治，也不是說西洋哲學裡沒有政治哲學這個領域的研究，而是她認為蘇格拉底之後，從柏拉圖開始，哲學家長期以來主張真理（episteme）和意見（doxa）之對立，哲學家只需要關心如何擺脫意見而獲得真理，不必關心意見是否有合理性。在這種想法之下，西方哲學並沒有看到政治領域其實屬於意見而非真理的領域，這就是鄂蘭力求辯明的主張。

　　鄂蘭認為第一個主張真理與意見對立的哲學家是柏拉圖。柏拉圖之所以這樣做，因為他目睹蘇格拉底被雅典公民所誤解和判決死刑，而斷定哲學和城邦或政治共同體之間有著不可化解之衝突，哲學家獲得的真理不能像意見那樣公開陳述和論證，所以雅典公民並不能夠理解蘇格拉底追求真理之價值。在1954年的演講〈蘇格拉底〉裡，鄂蘭指出：「柏拉圖設計出由真理作專制統治（tyranny of truth），當中統治城市的不是任何人們可以被說服接受之短暫之善（what is temporally good），而是不經任何人們說服而接受的永恆真理（eternal truth）。」[9] 亦即是說，柏拉圖認為統治一個國家不應依據任何只在

9　Hannah Arendt, "Socrates," in *The Promise of Politics*, p. 12. 這篇〈蘇格拉底〉演講最早出版的版本為 "Philosophy and Politics," in *Social*

特定時間空間有效的看法，而是應該依據跨越時間空間都同樣有效
的知識，也就是永恆之真理，或所謂理型（ideas）。永恆之真理不
是來自人們互相質詢（cross-examination），而是來自理性的沉思，
亦即哲學思索。因此，柏拉圖認為國家應由「護國者」來統治，護
國者懂得如何獲得真理而不需要跟其他人辯論中獲得。[10] 鄂蘭認為
真理「必然是不可言詮（speechless），而且在沉思之孤獨裡才可以
被看見」。[11]反之，可以言詮的看法只是意見，只是眾說紛紜的事
情，不是真理，她引述柏拉圖說：「人類之事務與行動不值得嚴肅
對待」。[12]

　　鄂蘭指出，蘇格拉底和柏拉圖對哲學的看法不一樣，即使蘇格
拉底主張追求真理，但並不認為哲學必須要尋找永恆之真理或理

（續）─────────────

　　　Research, Vol. 57, No. 1, Spring 1990, pp. 73-103.

10 Plato, *Republic*, trans. G. M. A. Grube and C. D. C. Reeve, in *Complete
　　Works, ed. John M. Cooper （Indianapolis: Hackett Publishing
　　Company, 1997），412c, p.1048. Guardian中文譯名「護國者」來自何
　　畫瑰（2022）。〈柏拉圖〉，《華文哲學百科》（2022 版本），
　　王一奇（編）。URL=http://mephilosophy.ccu.edu.tw/entry.php?entry_
　　name=柏拉圖。

11 Hannah Arendt, "Karl Marx and the Tradition of Western Political
　　Thought," in *Thinking without a Banister: Essays in Understanding
　　1953-1975*, edited by Jerome Kohn （New York: Schocken Books,
　　2018），p. 24.

12 鄂蘭的英文原文為the affairs and actions of men [ta ton anthropon
　　pragmata] are not worthy of great seriousness。Arendt, *Thinking without
　　a Banister: Essays in Understanding 1953-1975*, p. 38. 近年的一個柏
　　拉圖譯本譯成 "human affairs aren't worth taking very seriously"，參
　　看 Plato, Republic, trans. G. M. A. Grube and C. D. C. Reeve, in
　　Complete Works, ed. John M. Cooper（Indianapolis: Hackett Publishing
　　Company, 1997），Book X, 604b-c, 1209.

型，也不認為一個國家應該由哲學家來統治。蘇格拉底主張哲學必須於人與人之間的對話和論辯之中展開，雙方力求說服對方一己之說法為真，因此，哲學需要與眾人對話，審查不同之意見，而非單憑個人理性之沉思。鄂蘭寫道：「對蘇格拉底來說，正如對其同胞來說，意見就是『對我來說』（dokei moi）、亦即是『對我呈現的事情』在言說中之表現。」[13] 鄂蘭用現象學的角度分析蘇格拉底為何重視眾人的意見，因為意見代表「對世界『如此這般向我敞開』的領會」，[14] 各人有不同的意見，代表從知覺以至理論思考的層面，共同世界向各人的觀點呈現為不同的模樣，而各人領悟到的共同世界不會有完全一樣的顯現（appearances）。然而，鄂蘭不忘指出這些「領會」的重要性：

> 不會因此就只是主觀的幻想和任意決定，也不是某些絕對的東西，對所有人同樣有效。我們假定世界向每一個人身在其中的位置以不同的方式敞開，世界之「相同」，其共同性（如同希臘人所稱之koinon，對所有人一樣或客觀性（如同我們從現代哲學的主觀觀點會說的）建基於以下事實，同一個世界向每一個人敞開，即使人與人之間和其位置有眾多差異，即使結果他們有各種意見，「你和我都是人類」。[15]

與柏拉圖相比，蘇格拉底不是認為眾人意見紛紜，所以覺得意見是不可靠的，因此轉而尋求意見之上的真理，反之，他主張在意

13　Arendt, *The Promise of Politics*, p. 14.

14　Ibid.

15　Ibid.

見之對辯當中，人們可以發現共同世界更多自己本來看不到的面貌。

　　鄂蘭進一步指出希臘文doxa跟政治領域之事務最有關係，因為它不只是指意見，更意味著壯麗（splendor）與名聲（fame）。她認為政治領域不等同國家法律和制度行使之權力，而是公共領域（public sphere）。所謂公共領域跟我們一般所指的意涵有所不同，鄂蘭哲學裡的公共領域不是一般所謂公共場所，由政府設立或政府權力可以介入之領域，相對於政府不能介入之私人領域或私人生活，而是指人們公開顯現自身之領域（space of appearances），所以也可說是持續打開的領域。蘇格拉底對意見之重視，反映了重視人們為了表達意見而顯現自己看世界之觀點，讓其他人看見和聽見。鄂蘭認為，人們表達意見的現象，意味著在滿足私人需要的家庭生活和經濟活動外，把自己在私人領域裡隱而不見之一面表達出來，所以公共領域是滿足了私人領域之需要之後，人們決定要顯現自身才出現的領域。蘇格拉底終其一生都在跟雅典人對話，即便受到控告後，仍然不願退縮到其私人領域，逃去別的城邦苟且偷安，而是始終把公共領域顯現自身看作其一生最壯麗的事業，最珍貴的名聲。威權主義恰恰就是要把公共領域牢牢控制住，以官方許可的說法以至意識形態為「真理」，使人們服從於「真理」之下，遏制了人們表達意見之空間，造成公共領域之凋敝，使人們退縮到私人領域，只關心溫飽、就業或收入所得，累積財富換來個人欲望之滿足。

二、公共領域的政治

　　面對威權主義宰制公共領域，鄂蘭的方案就是把尚未被官方控制的議題變成公共議題，持續開闢新的公共領域，同時不斷挑戰被當權者操控的領域當中的「真理」，例如政府政策、學校、媒體以

至文藝思潮裡的官方論述。在《人間條件》裡，鄂蘭指出公共領域
就是政治領域，不管這個公共領域落在現實的民主社會裡的國會、
大眾媒體裡的公共辯論、社會運動裡公民表達意見的行動或威權社
會裡有限的公共空間。也就是說，公共領域沒有物理邊界，當人們
要建立一個城邦來維持公共領域悠久存在時，這個城邦就變成政治
領域。因此，她認為城邦的最本源的意義就是用行動和言說來維持
公共領域持續活躍：

> 嚴格來說，城邦（polis）不是一個城市國家（city-state）的物
> 理位置，而是由人們一起行動和言說而誕生出來的人民組織，
> 城邦之真正空間位於為了行動和言說而一起生活的人與人之
> 間，不管他們在哪裡實行。[16]

既然公共領域不同於政府規定之公共場所，鄂蘭強調公共領域可以
展現於任何地點，只要人們行動和言說，正如她指出：「顯現之空
間並不經常存在，雖然所有人類都有能力表現行動和言詞，但他們
大部分並不活在其中，例如古代的奴隸、外地人和野蠻民族，現代
之前的勞動者或工匠，我們這個時代的就業人口或商人。」[17] 鄂蘭
所指的私人領域也不是一般意義下的私人場所，而是指不向眾人顯

---

16 Hannah Arendt, *The Human Condition* （Chicago: The University of
   Chicago Press, 1998）, p. 198. 我把此書譯為《人間條件》，有別於
   現存中譯《人的條件》，因為從鄂蘭用英文inter, human world等字，
   可以看到她主張構成人的條件之重要原素就是人與人之間的世
   界，亦即「人間」。如果「人間」被破壞，人就不能活出人之整全
   意義，而只能活得像動物或作為經濟生產之手段。

17 Ibid., p. 199.

現自己獨特觀點之空間，起居飲食和經濟生產之空間，如家居、工廠、公司等。由此來看，只從事經濟活動和出於各種原因而沒有參與公共領域裡的人，沒有顯現自身之意見的人，就沒有活在顯現空間或公共領域之中，亦即是沒有參與在政治之中。我們可以按鄂蘭的觀點進一步演繹她沒有明言之看法——當原來只活在私人領域中的人們，在被認為是私人場所公開宣示他們的意見，被他人注意到，邀請他人回應，這就等於把私人領域變成公共領域。例如工人在工廠宣布罷工，要求資方尊重工人的尊嚴，回應工人的訴求，改善工作安全設備或提高薪酬等，這樣罷工就把原來進行經濟生產的私人領域變成公共領域，因為罷工不僅僅是一個抗議，同時更把工人的意見公開表達出來。又例如當一個雜誌社編輯把自己囚禁在總編輯室，公開宣布反對國家暴政，抗拒警察逮捕，最終自焚而亡。這個自囚的行為把原來屬於私人領域的雜誌社變成公共領域，因為這個行動把自囚者的意見堅定地表達出來，抗議言論自由受到限制。

然而，鄂蘭並沒有天真地以為人們可以終日活在公共領域裡，每時每刻參與政治樂此不疲。她指出：「再者，沒有人能夠時時刻刻活在顯現空間裡。」[18] 因為人們要顯現自身的話，必須已經滿足了私人領域的需要，例如維持生命所需的飲食、家庭照顧和經濟安定，[19]否則人們沒辦法抽身離開私人領域，轉向公開行動和言說。加上，假如人們的私人領域尚未得到滿足，公共領域之行動和言說很容易變成為了滿足私人領域的需要，例如公開言說只是為了滿足經濟需要，賺取利潤，而不是為了顯現自身的觀點，表達跟經濟利益沒有關連的意見，以至通過和他人之論辯來了解世界可以呈現為

18　Ibid., p. 199.
19　Ibid., p. 29.

如此多樣化的面向。因此，人們有脫離公共領域的需要，不會永遠
留駐在其中。但鄂蘭認為公共領域十分根本地構成人的生存意義，
從來不在公共領域顯現自身的人，例如以前大規模存在的黑人奴
隸、長期被父權社會困囿之女性或得不到合法公民身分的難民，會
失卻對世界之真實感（reality）[20]，因為人們是經由眾人之顯現自身
而接觸到世界之不同面貌，也會經過他人對我們行動和言談之反
應，增加對自身和他人之了解，所以完全脫離公共領域，將不能了
解到世界由多樣化的視角交疊構成之真實。

　　由此來看，鄂蘭認為蘇格拉底之哲學實踐其實不僅僅是追求真
理，而且是通過互相質詢，力求使城邦眾人變得更加「真誠」
（truthful）。鄂蘭指出蘇格拉底的哲學討論之特質屬於「接生術」
（maieutic），而不是柏拉圖強調靈魂內部的「對話」（dialegesthai），
蘇格拉底認為哲學家不是首先要掌握到真理，再把真理傳授給其他
人，而是通過對話讓每一個人進入理性反省，引導出他們更接近真
理的想法。因此，接生術不是要摧毀眾人之意見以達到真理，亦即
指出眾人都錯了，只有哲學家的視域才是對的，而是「揭示出真誠
地抱持意見的涵義（doxa in its own truthfulness）」，「從他們的意
見裡找到真理」。[21] 由此可見，蘇格拉底相信每個人的意見裡都包
含著對世界某種真實的感受和看法，因此不是沒有價值的，不是可
以隨時被哲學家或科學家的真理取代，而是應該由眾人自己去審查
其意見當中哪些是真確的，哪些不是，從而使他們變成更著重辨別
真偽和對錯的人。因此，鄂蘭認為接生術是一種政治行動，她指出：

20　鄂蘭在德文版用die Wirklichkeit der Welt。參看Arendt, *The Human
　　Condition*, p. 199. Hannah Arendt, *Vita activa: oder Vom tätigen Leben*
　　（München: Piper, 2002）, p. 251.

21　Arendt, *The Promise of Politics*, p. 15.

「對蘇格拉底來說，接生術是一種政治行動，一種完全以嚴格的平等為基礎的給予和索取，接生的成果不能被（反省過後達到的）這個或那個普遍真理而衡量。」[22] 接生術不會令蘇格拉底成為政治家或獲得權力，但會使整個城邦的人更著重真理，更著重明辨是非，從而有助於人民警惕那些有野心操控民意的政客（demagogue）。進一步而言，對經歷過20世紀的極權主義的人們，哲學作為接生術特別有助我們對抗當權者的政治宣傳和操控。在《極權主義的起源》裡，鄂蘭就指出「極權主義統治下最理想的民眾（subject）不是堅定的納粹主義者或堅定的共產主義者，而是認為事實與虛構之差別（亦即經驗之真實），真假之差別（亦即思想之各種準則）不再存在的人們」。[23] 同樣，威權主義希望人民不關心公共事務之對錯，但鄂蘭主張的政治行動就是去參與公共辯論，不畏縮公開表達個人之觀點。

三、互相衝撞之政治

如果公共領域表面上只是行動和言說的領域，那麼似乎是一個十分浪漫的畫面。設想人們都熱衷於在選舉、公民社會和大眾媒體裡表達對公共事務的意見，願意組織各種各樣的行動來關注不同議題，推動法律修訂和制度改革，相信很多人都會認為這是個健康的民主社會。然而，鄂蘭並不是想浪漫化公共領域，視之為和諧平靜的，各人自由地暢所欲言，反之，她認為自由發言和行動而形成的領域充滿著張力和衝突。在威權社會裡，衝突最顯而易見的是來自

22　Ibid.
23　Arendt, *The Origins of Totalitarianism*, p. 610.

於不願服從的人民與當權者之間，即所謂抗爭政治（contentious politics）。但從鄂蘭的角度看，政治領域之衝撞來自更深層的原因，我認為有兩方面，第一是行動者內在的衝突，第二是行動者之間的衝突。

首先，鄂蘭認為人們願意去公開行動和言說的時候，很多時候會經歷內在的衝突，也就是他顯現出來的自己，跟他們在社會裡被認定的身分有所衝突。人們發現社會對他們有著各式各樣現成的看法，認定他們是甚麼（what），政治行動使他們突破此既定看法，表達其意見，揭露出他們每一個自己是誰（who）。例如一個被認為不太懂政治的家庭主婦，公開要求其家務勞動應得合法的勞動保障，這時候她就變成一個會為自己權利發言的人。一個被認為教育程度不高的工人，要求工廠要給予他們合乎尊嚴的薪酬，要求有組織工會的權利，有接受教育的機會，他就變成一個懂得平等和自我組織的人。一個有知識受社會尊重的醫學教授要求改革健保制度，使貧窮人口比其他人付更少的費用，就可享用平等的醫療服務，他就變成為了捍衛社會正義的人，不再計較可能影響到自身利益。鄂蘭指出「在行動和言說之中，人們展示他們是誰，積極地揭示他們獨特的個人身分，因而使他們在人類世界顯現，同時，他們的物理身分不需經由任何活動，就能顯現於其身體的獨特形態和聲線之中。」[24] 所謂「獨特的個人身分」，就是行動者被視為有獨特觀點的那個誰或某人（who），而非某個客觀的「物理身分」，例如：某個職位、某個階層或某個利益群體，這些都是某物（what）的屬

---

24 Arendt, *The Human Condition*, p. 179.

性。[25]

政治行動使得人們改變其被社會認定的身分，但同時還面對他人難以預期的反應，可能會贊同，可能會反對，也可能不受重視而無動於衷。換句話說，人們開展其行動，改變原來的身分，但最終並不會成為自己命運的主人，因此，揭露自己是誰並不一定是輕而易舉的事情。鄂蘭說：「通過言說而揭露出某人是『誰』（who），通過行動而開創新的開始，總是掉進一張已經存在的網，當中言說和行動之時後果可以被感覺到。（……）雖然每一個人都會經由行動和言說，把自己安插進人類世界開展其人生，但沒有人是其生命故事的作者或製作人。」[26] 一旦行動展現於公共領域，人們就要面對自己沒有辦法操控其帶來的影響，包括自己對他人的影響，也包括自己對自己的影響。例如一個家庭主婦變成一個參與政治的人，自己會否承擔得起他人的目光和壓力，會否承受不住而選擇退回私人領域。

法國學者德慎在傅柯和洪席耶的理論基礎上指出，鄂蘭哲學包含了她沒有明言的去認同化（désidentification）的主張。[27] 所謂去認同化，區別於認同化（identification）。認同化是指人們在政治行

---

25 Dana Villa亦注意到鄂蘭這方面的政治行動之特性，她稱之為「政治行動之美學化」（aestheticization）。Dana R. Villa, *Arendt and Heidegger: The Fate of the Political* （Princeton: Princeton University Press, 1996），pp. 90-110.

26 Arendt, *The Human Condition*, p. 184.

27 Étienne Tassin and Anders Fjeld, "Subjectivation et désidentification politiques. Dialogue à partir d'Arendt et de Rancière," *Ciencia Política*, 10 （19）, 2015, pp. 193-223. 本文難以在此交代德慎的主張和傅柯的主體化 （subjectivation） 概念與洪席耶的去認同化 （désidentification）概念之關係，留待另文分析。

動裡把自己歸屬於某一種固定的身分，例如黑人、女性或外籍勞工
等；反之，去認同化指人們在政治行動裡脫離原來被認定的身分，
創造一個新的身分，而此新的身分並不能被固定，而是可以在持續
的政治行動裡，不斷被改造，以致新的身分不能被簡化地辨認。德
慎稱，政治行動「生產出不會被完全成就的和不可被辨認的主體
性」。[28] 去認同化的過程內在於政治行動裡，使行動者處於緊張不
穩的狀態，不確定脫離原有的身分時，會否受得住社會的壓力，也
不知道會最終會開創出甚麼。在威權主義之下，人們要敢於去認同
化而公開表達其觀點，要經歷的掙扎相信會比民主社會更大，因為
其遭到遏制的代價會更大，而且其行動帶來成功的機會更少，因為
當權者更少誘因去讓步，有更大的權力去阻擋他人一起攜手行動
（act in concert）。

　　其次，鄂蘭的公共領域本身也充滿衝突，亦即是說人與人之間
的行動和言說充滿分歧和對立，不必然會達致共識，甚至連調和也
未必可能。鄂蘭指出眾人的行動和言說本來就是會有衝突的：「正
因為這張已然存在的人際關係之網，當中有無數互相衝突之意志和
動機，使行動幾乎永遠都不會達成其目的，但也因為這張網，在當
中行動是真實的，不管有意或無意，行動會『製造』（produce）出
故事，正如製作（fabrication）製造出有形的事物一樣。」[29] 衝突可
以來自眾人從不同的觀點出發的行動和言說，例如當權者和異議者
之間的衝突。威權主義傾向把人民的反對意見看成是挑戰或威脅，

28　德慎的法文原文為 'la production d'une subjectivité inaccomplie et non
　　identifiable,' Étienne Tassin and Anders Fjeld, "Subjectivation et
　　désidentification politiques. Dialogue à partir d'Arendt et de Rancière,"
　　pp. 202-203.

29　Arendt, *The Human Condition*, p. 184.

亦即是把人民展示的權力看成是暴力（violence）而不是說理的權力
（persuasive power），於是就用暴力來鎮壓，運用暴力之後就會蠶
食其原有之說理權力，使本來意見之衝突變成暴力不斷加劇，而人
民受到暴力鎮壓後亦會激起暴力的回應，最後政治領域就變成暴力
之傾軋而非意見之衝突。表面上，當權者會取得勝利，人民不可能
勝過當權者，因為當權者的暴力顯然比人民強大得多。[30] 然而，鄂
蘭認為：「一切取決於暴力背後之權力。」[31] 假若有一天當權者的
說理權力被暴力蠶食殆盡，越來越少人民願意服從他們，那麼其暴
力亦漸漸難以執行。鄂蘭主張「群眾反抗物質力量強的統治者……
可能會產生出幾乎難以抵抗的權力（power），即使群眾面對物質力
量遠超於他們的情況下放棄使用暴力。」[32] 亦即是說，若果越來越
多人民不同意當權者之統治，即使不用暴力反抗，當權者亦會漸漸
喪失其權威，無法維持其統治。這意味著公共領域最根本的衝突來
自權力的較量，權力來自以道理說服他人的力量，亦即人們顯現自
身的觀點而形成的力量，而不是物質層面的武力或法制上的強制力
量（coercive power）。因此，對抗威權主義不僅要指出其道理之不
足，甚至要逼使其運用暴力遮蔽其虛弱的說理能力，加速其暴力侵
蝕自身的權威。[33]

　　公共領域的衝突也可以來自眾人對他人的行動和言說作出不同
的敘述，敘述形成之權力不容忽視。敘述可以把原來沒有注意到的
衝突加以分析，從而使衝突更為可見，但也可以把同時代的衝突作

---

30 Hannah Arendt, "On Violence," in *Crises of the Republic*（New York: A Harvest Book, 1972）, p. 147
31 Hannah Arendt, Crises of the Republic, p. 148
32 Ibid., pp. 200-201.
33 要全面說明和檢討鄂蘭對暴力問題之分析，有待另文處理。

某程度的調解。總的來說，敍述過去發生的事件可以拉近現在和歷史之間的距離，使人們可以某程度理解過去，甚至在記憶裡與真實發生過而難以承受的災難共存，鄂蘭用黑格爾的說法稱之為「與真實和解」，例如暴政鎮壓人民或大屠殺的歷史，後人藉由記載歷史真相，從而理解其發生之原因和影響，思索對當下還有哪些意義。[34]這裡「和解」的意思不僅包括我們記住歷史，而且意味著我們要學習從不同的角度去思考和評價它，通過不斷敍述歷史，才可以感受到「真實」（reality）的厚度。

　　因此，公共領域不僅包含當下的不同意見，也包含歷史向度裡一直留存下來的衝突。鄂蘭稱歷史最源初的意思不是歷史學，而是使歷史學成為可能的行動，亦即說故事。因此，歷史是公共領域在時間上的綿延展現，只要有說故事的行動，就可以使任何事物透顯出其歷史意義。她指出「這些故事稍後可以被記錄在文獻和紀念碑，它們可見於用具或藝術作品，也可以被講述、覆述和再造為一切物質類型。」[35]從這個角度來看，歷史變得具有政治意涵。但鄂蘭反對馬克思把歷史看成是階級衝突而推動的。對她來說，歷史正如公共領域，不是由任何一個人或一種力量足以完全決定，只有眾人的複數性（plurality）可以推動歷史往數之不盡的方向。[36]正因為歷史有著不同觀點之衝突，所以威權主義的當權者會想操控歷史書寫，給予人民官方許可的單一歷史版本，拆毀歷史建築，或逮捕反政府分子，最終會把複數的歷史觀點化收窄為單一版本。這些行為都會

34　鄂蘭原文為 'become reconciled with reality'。Hannah Arendt, "The Concept of History," in *Between Past and Future: Eight exercises in political thought* （New York: Penguin books, 2006）, p. 85.

35　Arendt, *The Human Condition*, p. 184.

36　Ibid., p. 321.

造成「組織出來的遺忘」（organized oblivion），表面上使複數的觀
點形成之衝突消失，實質上使公共領域收窄。[37] 要對抗這種宰制公
共領域的手段，鄂蘭指出維持政治共同體眾人的自由並不足夠，更
加要培養眾人追求不朽的意義。此處，不朽（immortality）的意義
不是指古希臘哲學裡所謂靈魂不朽或基督教所謂生命的不朽，而是
指塵世之不朽（earthly immortality）。[38] 塵世之不朽來自會朽者
（mortals）開創出不朽的行動和言論，亦即不是為了維持生命所需
（勞動）或製造有特定用途之物件（製作）而做的行為，而是追求
各種理念而做的行動，即使行動結束仍能在共同世界裡留有恆久的
意義。當一個政治共同體重視過去偉大之行動和言說，眾人樂意覆
述它們，這樣就可以使歷史傳遞下來的複數觀點變得不朽，有助於
糾正「組織出來的遺忘」。鄂蘭強調的政治共同體，不是某一個特
定時代的政府或公共空間，而是帶有歷史向度的公共空間，由複數
的觀史世界交錯組成。因此，她說城邦不是指一個物理空間，也不
是指古希臘的歷史，「城邦的組織被圍繞城市的城牆保護其肉身，
被其法律保證其容貌……是一種組織出來的記憶。」[39]

如何可以使政治共同體重視不朽的意義？鄂蘭認為必須有賴眾
人展現自己的過程裡，互相競爭，回應和反駁別人的意見，以顯示
自己有更合理的觀點。鄂蘭指出古希臘的城邦式生活著重「所有人
之間激烈和不間斷的競賽……不斷顯示自己是最佳的」。[40] 人們在
公共領域中激烈辯論並不是要把對方看成是敵人，意圖消滅異己的
觀點，也不是比拼誰的力量大，或支持者更多，而是把對方看成是

37　Arendt, *The Origins of Totalitarianism*, p. 582.
38　Arendt, *Promise of Politics*, p. 12.
39　Arendt, *The Human Condition*, p. 198.
40　Arendt, *The Promise of Politics*, p. 16.

對手，要理解他們，但要比他們說得更有道理，以便勝過他們。鄂
蘭指出，這種競賽當中要求參與者表現的是他自己的獨特性，可以
被辨認為與別人不同的人，[41] 由此反映出「願意追求不朽的名聲多
於會腐朽的事物的人才是真正的人」。[42] 在我看來，鄂蘭所謂最佳
的行動並沒有單一的標準，但凡是追求不朽的價值的行動，值得被
其他人或後代傳誦下去就是最佳的，所以從不同的觀點下看，就會
有多於一個最佳的行動。

　　從這個角度來重構鄂蘭哲學，著重其公共領域帶有不可避免之
衝突，我們就難免會質疑有些論者只著重鄂蘭把公共領域看作公開
展示的空間，好像只呈現出各人之觀點感受，而忽略了當中的緊張
衝突，互相較勁的競賽精神（agonal spirit），甚至忽視公共領域無
可避免帶有權力互相比拚和衝撞之特點。[43]

　　鄂蘭認為即使公共領域具有競賽精神，但其意義不在於消滅異
己，而是與異己共存，體現政治的友愛。這種友愛不假設人類生而
平等，也不假設人們對所有陌生人展現博愛情感，而是指通過參與
公共領域把其他人看成平等的人，由此生出相互之連繫，尊重對方
的平等地位。這種連繫不是來自於相同的看法或興趣，而是來自於
互相溝通和競賽。鄂蘭引用亞理士多德《尼各馬科倫理學》中的觀
點「那些差異和不平等的人們必須被變得平等」[44]，強調平等化

41　Arendt, *The Human Condition*, p. 41.

42　Ibid., p. 19.

43　Pang Laikwan, *The Appearing Demos: Hong Kong during and after the Umbrella Movement*（Ann Arbor: University of Michigan Press, 2000）.

44　Arendt, *The Promise of Politics*, p. 17. 參看 Aristotle, *Nicomachean Ethics*, translated and edited by Roger Crisp （Cambridge: Cambridge University Press, 2004）, 1133a14, p. 90.

（equalizing, isasthenai）才可以造就一個政治共同體。所謂平等化
不是把人們的觀點變成一樣，或者把經濟收入或知識水平變成一
樣，而是互相視為平等的伙伴（equal partners），願意跟對方溝通
和競賽，而不是早已視對方為不可理喻或不屑與之溝通。通過真誠
的對話，正如蘇格拉底畢生所做的那樣，即使眾人的觀點仍然不一
致，但仍可以「理解他人的意見中之真理」，[45]理解到世界是如何
呈現為不同方式，彼此之連繫來自互相說服，而不是誰比誰有更大
權力，或誰服從誰。在鼓吹服從的威權主義下，只有參與公共領域
才可以讓人體會到真正的平等。

四、判斷之公共運用

要孕育出平等的人民，除了直接地參與公共領域，回應他人的
行動和言論外，鄂蘭認為尚有另一個面向，就是間接地或虛擬地作
出對公共事務之判斷，以促成恰當的行動介入公共領域。在鄂蘭的
架構裡，她認為思考（thinking）是人們「無聲而孤獨地進行的對話」
（soundless solitary dialogue），[46]而行動（action）則來自意欲能力
（willing）而向他人顯現自身的行為。換言之，只有行動才顯現於
公共領域，思考不顯現於公共領域，反而思考會使人離開公共領域。
因此，柏拉圖認為離開公共領域才能思考，斯多葛學派則認為退回
內在之自我才能獲得自由。[47]表面上看，鄂蘭好像主張思考的人就

---

45 Arendt, *The Promise of Politics*, p. 18.

46 Hannah Arendt, *Life of the Mind*（New York: A Harvest Book, 1978），
   Vol. 1, Thinking, p. 190.

47 Hannah Arendt, *Life of the Mind*（New York: A Harvest Book, 1978），
   Vol. 2, Willing, p. 88.

不會行動，行動的人就不會思考。然而，鄂蘭只是獨立分析人類的
兩種能力，並不是說思考的人就必然缺乏行動，行動的人就必然缺
乏思考，正如康德分析理論理性和實踐理性之差別，並不代表人們
只可二者擇一。早在1952年12月的《思想筆記本》裡，亦即1970年
的《康德政治哲學講課》[48] 18年前，鄂蘭就已經深入閱讀康德的《判
斷力批判》，注意到判斷之政治意涵。在《思想筆記本》裡，她寫
道：「判斷就是政治意欲所建基之思想。」[49] 再者，她指出「理解
就是關於孤獨之思考——判斷則關於共同存在之思考，是相互自我
控制。」[50] 判斷之所以關乎共同存在的眾人，因為要做出一個判斷，
就必然牽涉對個別行動或事態之評價，亦即是假設了該行動或事態
有旁觀者，會被眾人所看到。因此，我提議把判斷看成思想和行動
之中介，在思考普遍概念和具體行動之間，判斷連繫了兩者，代表
了對個別行動之反省。我們用一個例子來稍為簡單理解鄂蘭的思想
架構，思考（Denken）處理「社會正義是甚麼」，意欲（Wollen）
指向「我有意欲或沒有意欲去做這個達致社會正義的行動」，行動
（Handlung）指向「某時某地採取爭取社會正義的某個行動」，判
斷（Urteilen）則牽涉到「我認為這個行動有助或沒有達成社會正
義」。換句話說，判斷使人們評價自己或他人的行動，公共的行動
和言論假設了判斷，所以判斷也構成了公共領域。

---

48 Hannah Arendt, *Lectures on Kant's Political Philosophy*, edited by
   Ronald Beiner（Chicago: The University of Chicago Press, 1992）.

49 "Das Denken, auf dem politisches Wollen berught, ist Urteilen." Hannah
   Arendt, *Denktagebuch 1950 bis 1973*, Erster Band, edited by Ursula
   Ludz and Ingebourg Nordmann（München: Piper, 2002）, p. 286.

50 "Urteilen ist das Denken des Zusammenseins, das gegenseitige
   Sich-kontrollieren." Ibid., p. 287.

　　由此來看，我們不應以為鄂蘭在1958年的《人間條件》分析政
治行動，在1970年《康德政治哲學講課》就轉向分析判斷，代表她
不再關注公共領域中的政治行動者，而只關注孤獨的沉思者，這正
是學者白納所主張的詮釋。[51] 其實，鄂蘭一直都在思考公共領域之
特點，除了行動和言論外還包括甚麼。鄂蘭漸漸在康德哲學那裡得
到啓發，致使她在1958-1959年〈引入政治〉的講課裡，發現康德對
政治哲學最重要的啟示不在於其立法之理性概念，而在於其判斷理
論。[52] 她認為康德理論裡的道德立法能力只是跟自己的行動有關，
而判斷力會牽涉到自己和他人的行動，因而才是最相關於政治的能
力。因為「在一個開闊的心智裡（enlarged mentality），判斷可以使
人們具備超越其『主觀私人條件』的能力。」[53] 當人們習慣去作出
判斷，才可以表達出自己的觀點和他人之差異，或辨別他人不同的
觀點有何合理性，從而使人的心智得到擴充，可以享受到「最大的
移動自由」[54]，即使沒有直接看到他人的行動和言論，但也可以深
入了解到不同的觀點，不受偏見左右，從而培養出對政治共同體的
投入感。運用判斷，使公共領域由直接可見之範圍，擴充至未必不
可見但仍可以理解之範圍，人的心智亦可以得到擴充，從而引發更
多行動的可能性。

51　Ronald Beiner, "Interpretative Essay," in Arendt, *Lectures on Kant's
　　Political Philosophy*, p. 92.

52　英文版參看 Arendt, "*Introduction* into *Politics*," in *The Promise of
　　Politics*, pp. 93-200, 169ff. 此標題取自鄂蘭的德文版小標題
　　Einführung in die Politik。參看 Hannah Arendt, *Was ist Politik?
　　Fragmente aus dem Nachlass 1950-1959*, edited by Ursula Ludz
　　（München: Piper, 1993），pp. 9-136.

53　Arendt, *The Promise of Politics*, p. 169.

54　Ibid.

　　我認為學者羅維耶洛和德慎對鄂蘭的詮釋較白納更為合理，前者主張鄂蘭對判斷力的分析，仍然屬於對公共領域之分析，而不是對思考或沉思之分析。[55] 也就是說，鄂蘭雖然著力闡釋康德的判斷理論，但她並不是想重覆一遍康德對反思性判斷（reflective judgment）的構成原素之分析，而是要指明判斷（judging）作為一種行動對構成公共領域之意義。我們可以參考羅維耶洛的觀點，把鄂蘭談到的判斷再劃分為兩種，第一種是對過去和當下發生之行動作判斷，屬於旁觀者的位置，第二種是對當下和未來之行動作判斷，屬於行動者的位置。[56] 按此觀點，假如人們判斷「政府最近實施了某個政策危害學術自由」，屬於從旁觀者位置發出，評論已發生的公共事務是否合理或能否體現某種價值，但假如人們判斷「政府這個政策長此下去會剝奪了學術自由」，這就變成從行動者的位置作出，因為這個判斷有助推動人們去採取進一步的行動去贊同或阻止這個已經施行的政策。

　　因此，我們可以看到判斷是構成公共領域的重要行動。鄂蘭就在《康德政治哲學講課》中指出：「公共領域由評論者和旁觀者所構成，而不是由行動者或製作者所構成。這個評論者和旁觀者座落在每個行動者和製作者身上，缺乏了評論和判斷的能力，行動者或製作者就會孤立於旁觀者，使其不能被觀看到。」[57] 我認為鄂蘭此處只是想按康德的意思強調評論和判斷他人行動具有重要意義，而

55　Anne-Marie Roviello, *Sens commun et modernité chez Hannah Arendt*（Bruxelles: Ousia, 1987）. Étienne Tassin, *Le Tresor Perdu: Hannah Arendt, l'Intelligence de l'Action Politique*（Paris: Klincksieck, 2017）, p. 451.

56　Roviello, *Sens commun et modernité chez Hannah Arendt*, p. 79.

57　Arendt, *Lectures on Kant's Political Philosophy*, p. 63.

不是要貶低行動者的地位。特別是在康德身處的18世紀末，普魯士
人民沒有親歷法國大革命，只是靠報刊報導和人們轉述見聞而得
知，普魯士國內也沒有像今天那樣活躍的公民社會，所以康德所謂
的「公共」只是「閱讀的大眾」，而不是政治行動者或政府機關。[58]
然而，鄂蘭認為倘若人們沒有去關心法國大革命，去評論或判斷它
是否正確之行為，有否促進人類之自由，則法國大革命中的行動可
能不會被更多人看見。因此，評論和判斷把原本因地域所隔而不可
見之行動進入更廣大之公共領域，變成可以被人們看見和思考。再
者，鄂蘭認為即使普魯士只有少數人了解法國大革命，但並不能因
此就放棄判斷，沿襲傳統的偏見認為那只是叛亂，單純要推倒皇權，
因此是不合乎道德的。反之，人們應該努力了解跟傳統偏見不一樣
的觀點，亦即思考推倒皇權之合理性何在，從而發現面對前所未有
的行動，不能只按原有的標準來判斷，而必須重新訂立標準。要看
到革命的意義不同於叛亂，就要改變原有的判斷標準，作出新的判
斷，例如「法國大革命不是一個製造混亂的行動，而是一個實現平
等的行動，正如康德所講是有助確立公民權利（Bürgerrecht）的行
動」。這個旁觀者的判斷之所以重要，因為它不僅會被其他旁觀者
看到，以致影響輿論，而且假如越來越多人理解甚至同意上述的判
斷，則可能會催生出實質的行動，使革命發生在普魯士，改變帝制，
創造出不一樣的公共領域。鄂蘭指出，要理解他人對前所未有的行
動而作出的判斷，就特別需要想像力，「通過想像力的作用，思考
可以使他人在場，可以在一個向各方開放潛在的公共空間裡移動。」
[59]藉由更多地理解他人的判斷，人們就可以培養出開活的心智，準

---

58 Ibid., p. 60.
59 Ibid., p. 43.

備好去面對發生在眼前或他方前所未有而又難以理解的行動，從而更能把自己從個人的偏見裡解放出來，更能以公正的態度來判斷事情。鄂蘭指出，當人們習慣去想像和判斷他人之行動時，就更接近康德所講的世界公民（world citizen），亦即不只身處於所屬的地理位置，而是覺得發生在他方的行動仍然與自身有關，值得去判斷其合理性。

　　威權主義鼓勵服從政府或官方論述，不鼓勵人們去獨立作出判斷，用鄂蘭的話來說，就是約束判斷力的運用，鞏固人們對官方論述以外的偏見，例如認為反對政府就是搞事，破壞社會穩定。針對這種情況，我們更需要認真培養出批判思考，參考鄂蘭引用萊辛的話：「不論在何處，只要懂得批判思考的人注意到，他們就會動搖最熟知的真理的支柱」，[60]因為「原則上，批判思考是反威權主義的」。[61]今天的網絡生態跟18世紀的社會完全不一樣，當威權主義控制住公民社會，今天人們還是有可能去了解國外的輿論，以至參與到跨國的公共領域裡，從而培養出獨立的判斷力，不受官方論述所蒙瞞。就算不能通過政治行動而做一個世界公民，通過理解他人之判斷和作出自己的判斷，還是有機會作一個「世界的旁觀者」。[62]

　　鄂蘭並不是一個單純的樂觀主義者，她並不認為旁觀可以改變世界。當威權主義誘使或強逼人們參與遏制人民的自由，我們不知道如何應對時，也許可以參考鄂蘭的觀點：「如果你不對抗邪惡，作惡者將會任意妄為。即使對抗邪惡，很有可能你會牽涉到邪惡裡面，但在政治上，你對世界的關顧（care）比你對自己的關顧更為

60　Ibid., p. 38.
61　Ibid.
62　Ibid., p. 76.

首要。」⁶³ 也就是說，我們不應該只關心如何維持自己道德上完全良善，把釀成惡行的責任歸咎於他人，而跟自己無關。如果我們無可避免地參與在遏制他人自由的體制裡，就應該想如何去阻止或減少邪惡，承認自己有參與其中，因為最重要的不是撇清所有個人責任，而是阻止政治和道德上的邪惡毫無限制地在世界蔓延。換言之，世界之惡能否減少，比個人之惡能否減少更為重要。

五、結論

　　上文解釋了鄂蘭批判西方哲學史「蔑視政治」的觀點，把政治收納在真理之下，使政治變成賢人統治，哲學變成和政治有所衝突，也就忽視了公共領域裡眾人攜手行動之重要性。當我們真正重視公共領域，就會發現其充滿潛力和衝突，超越國界或物理界線，表現為行動、言論和判斷等現象。上文希望指出公共領域並非很穩固，威權主義會限制其活力，威脅其存在。因此，要對抗威權主義就必須發揮行動、言論和判斷的各種可能性，在其中哲學家沒有領導的角色。哲學家只能以哲學方式分析公共領域為人忽視之意涵，通過哲學思考來培養人們充實公共領域所需之行動、言說、公正判斷和深刻思考的能力，正如鄂蘭描述蘇格拉底的角色──「不是要扮演任何政治角色，而是要把哲學變成對城邦有意義。」⁶⁴ 限於篇幅，本文只能輕描淡寫鄂蘭哲學中許多重要的概念，諸如行動、世界、複數性和自由等，其深刻之意涵只能留待讀者在公共領域的實踐裡加以驗證。謹以此文獻給過去在香港開拓公共領域的眾人，特別是

63　Ibid., p. 50.
64　Arendt, *The Promise of Politics*, p. 26.

基層大學、序言書室、實現會社、左翼廿一、民間學院和大街小巷
裡一起奮鬥過的我們。

　　戴遠雄，國立中山大學哲學研究所助理教授，研究現象學、政治
哲學和當代歐洲哲學。

思想
評論

從革命史觀到領袖史觀：

劉小楓「聖王革命」論批判

榮　劍

熊十力的「《周官》建國」論

　　五百年必有王者興，孟子這一預言在兩千餘年裡一直鼓舞著儒者在翹首等待「王者」的到來。「新周，故宋，以《春秋》當新王」，這既是儒者期待以「王道王義」拯救天下的理想，亦是王者應當完成的偉大使命——新王必改制。周秦之變，從封建制走向帝制，大一統帝國自建立以來，經歷秦漢第一帝國、隋唐第二帝國和宋元明清第三帝國的歷史演變，「周制」早已灰飛煙滅，其後歷代歷朝那些輪番坐上龍椅的數百個皇上，可有一個堪稱「王者」？辛亥革命一聲炮響，帝制傾覆，不是儒者「托古改制」，而是革命者以馬列主義當新王。毛氏有詩為證：「惜秦皇漢武，略輸文采；唐宗宋祖，稍遜風騷；一代天驕，成吉思汗，只識彎弓射大雕。俱往矣，數風流人物，還看今朝。」

　　革命新王的降世，自有馬克思主義關於革命和槍桿子裡出政權的一系列理論證明，還需要儒者那套「周官」、「王制」和「內聖外王」的說教來加持嗎？1951年，「新中國」成立未幾，熊十力被革命的恢弘氣象所激動，亦發自內心對新的「共和國」的真誠願望，

撰寫一封長達7萬字的長信〈論六經〉，託人呈送「毛公」「賜覽評判」，同時分送林伯渠、董必武、郭沫若諸先生，「統希垂鑒」。熊十力自認「共和已二年，文教方針宜審慎周詳，學術空氣之提振更不可緩」，「毛公思想固深得馬列主義之精粹，而於中國固有之學術思想似亦不能謂其無關係。」[1]所以，他決定向毛公呈書闡述《周官》之建國理想」，實際上是向中共呈獻一份關於新的共和國之國體、政體和社會經濟文教制度的綱領性方案。之所以把《周官》視為共和改制之藍本，是因為《周官》在熊十力看來實乃孔子所親述，[2]是「聖人為萬世制法之書」，在六經中佔有特別重要的位置。[3]

《周官》「開宗明義」：「惟王建邦，辨方正位，體國經野，設官分職，以為民極，乃立天官塚宰，使帥其屬而掌邦治，以佐王

1　熊十力，《論六經》，《熊十力別集：論六經・中國歷史講話》（北京：中國人民大學出版社，2006），頁120、123。

2　關於《周官》作者及成書年代，儒家內部爭議極大，有所謂「周公說」、「戰國說」、「劉歆說」等，在我看來，均是「我注六經」——以各家的理論關切和現實問題意識拿《周官》說事，就看誰家說的是什麼事，至於《周官》之真偽倒是在其次。譬如，劉歆推崇《周官》，顯然是要為王莽復辟「周制」提供合法性依據，請出周公為「新朝」背書，也可以說是「托周改制」。後來康有為認定《周官》是劉歆偽造之書，通過否定《周官》來實行他的「托孔（古）改制」，也是基於同樣的敘事策略，只不過是與劉歆針鋒相對而已。離開特定的時代背景和政治鬥爭形勢，不問《周官》之運作的現實考量，只糾纏於《周官》作者及成書年代之爭，都屬於「俗儒」之見。

3　熊十力認為六經中《大易》、《春秋》、《周官》三經為孔氏一家之學，《大易》是內聖論，《春秋》是革命論，《周官》是制度論，所以，「《春秋》之本在《易》，不通《易》未可言《春秋》，不真知《春秋》，必不知《周官》為《春秋》創制之書」。參閱同上書，頁83。

均邦國。」[4]熊十力為此特別賦予「王」之二義：一謂「王道」，也就是《春秋》立元即仁為治本，王之義為「嚮往」，「世已升平，唯仁道為人類之所共同嚮往，故謂之為王」。二謂主治之人實乃「虛君」，「《春秋》於升平世為虛君共和之治」，「《周官》之王，虛位而已」。[5]虛君制既是堯舜開創的無為而治的政治法統——「天道之大，無為而成，唯堯則之，故民無得而名之也。巍巍乎！」[6]也是孔子推演堯舜之事以創民主之制——「《周官》之為民主政治，不獨於其朝野百官皆出自民選而可見也，即其擁有王號之虛君，必由王國公民公意共推之。」[7]

熊十力「六經」論的核心思想可以概括為：

第一，《大易》是五經之源，是宇宙論，是本體論，是自然、社會及萬事萬物運動變化（突化）之辯證法。《易》始乾元，乾者健也，元者原也，「大易之道」是乾元之道。乾元之於人事，仁也，求仁而萬德備。故，《易》學是內聖學，「聖人作《易》創明內聖外王之道，而內聖實為外王之本」。內聖在於成聖合天，「與天地合德，與日月合明之盛，而人道尊嚴極矣。」[8]

第二，《春秋》是革命論，是外王學，「《易》《春秋》內聖外王之全體大用」。以《春秋》當新王，大義在於革命具有正當性。「《春秋》撥亂世而反之正，貶天子、退諸侯、討大夫，曰貶、曰退、曰討，則革命之事，所以離據亂世而進升平世，以幾於太平者，

4　同上書，頁29。
5　同上書，頁29。
6　同上書，頁99。
7　同上書，頁51。
8　熊十力，《原儒》（上海：上海古籍出版社，2019），頁188、124。

非革命,其可坐而致乎?」[9]革命的目標是推翻帝制,反對「呂政」
(呂不韋贏政之合稱),建立民主共和國。

第三,《周官》是制度論,是《春秋》創制之書,也就是革命
之後的制度設計與制度建設。所謂「惟王建國」,是「本王道以建
立國家」,「體國經野」、「設官分職」和「佐王均邦國」,實乃
社會主義和民主主義的制度安排,是虛君共和制,甚至是「群龍無
首」(「至以三世推群變,隨時改制,歸趣太平大同,則乾之群龍
無首、天下文明象。」)。[10]「《周官》建國之理想在成立社會主
義之民主國,以工農為主體。」[11]政治民主,經濟國有,社會大同。

儒家「仁政」理想的幻滅

熊十力學問深厚,志向高遠,他在儒家譜系中,除了尊崇孔子
為泰古以來聖明之續而集大成者、開內聖外王一貫之鴻宗,就是佩
服何休,認為此人在漢儒竄亂六經而改易為帝制教義的時代氛圍
中,獨樹一幟,其《公羊解詁》揭示了《春秋》非為漢制法而是為
萬世制法之本義,讓後人由此窺見「天縱之聖遠」在古代已定立改
造世界之宏規大計,「何氏之功不可沒也」。[12]除此之外,熊十力
一竿子幾乎將二千餘年裡「漢宋群儒」和「清儒」全部打倒,從漢
儒董仲舒、劉歆、班固到宋儒幾代學者,再到清代漢學和宋學之爭
及今文學再度崛起,在其看來均因為將「三綱五常」定位於帝制名

---

9 熊十力,《論六經》,《熊十力別集:論六經‧中國歷史講話》,
   頁14。
10 同上書,頁100。
11 同上書,頁77。
12 熊十力,《原儒》,頁85。

教而淪落為「奴儒」或「俗儒」。

> 六經原本既竄亂，諸儒注經又皆以護持帝制為本，中國學術思
> 想絕於秦漢，至可痛也！社會停滯於封建之局，帝制延數千年
> 而不變，豈偶然乎？[13]

中共革命勝利了，讓熊十力看到了帝制徹底覆滅的曙光？他論
六經以及以此為底稿而進一步系統化的《原儒》，採用「體用不二」
的方法，通內聖外王於一貫——「內聖以天地萬物一體為宗，以成
己成物為用；外王則以天下為公為宗，以人帶天工為用；」[14]從而
將哲學本體論、正義論、科學論、政治論和文教論共融於一份建國
大綱，可謂《周官》建國大綱。在國共鼎革之際，熊十力決意向中
共獻上這份大綱，不僅僅是向新的紅色政權輸誠，更多地是在於他
認為：「《周官》一書理想高遠，非聖人不能作」。[15]他實際上是
把「新王」的希望寄託在中共身上，而把毛公視為「當新王」的聖
人，期待在他的領導下為中國乃至世界開出太平世。問題是，毛公
收到此書後，覆過一函，卻對熊十力精心闡述的《周官》之建國綱
領不置一詞。[16]很顯然，毛公作為毛澤東思想的創立者，自視是馬

13　熊十力，《論六經》，《熊十力別集：論六經‧中國歷史講話》，
　　頁109。熊十力在《論六經》中時有將「封建」與「帝制」混為一
　　談，這大概是因為在中共政治話語中，「封建」和「專制」是同義
　　語，故熊十力也受到這種話語的影響，但從「周秦之變」而言，熊
　　十力很清楚地區分周之「封建制」與秦之「帝制」的制度差別，明
　　確反對帝制，並由周制構想社會主義制度。

14　熊十力，《原儒》，頁112。

15　同上書，頁77。

16　毛在1951年6月12日有一份給熊十力的簡短回信：「十力先生：4月

克思主義理論的第三個豐碑，豈能如熊十力所願，將自己的思想「遙契於《周官經》」？熊十力論《春秋》之革命大義，試圖將中共革命的合法性和正當性置於儒家正義論之中，並以「大易之道」來論證階級鬥爭作為社會發展動力的唯一性，似乎可以被馬克思主義的革命史觀所接受，但他關於「虛君共和」、民主選舉和反對帝制的政治主張怎麼可能被毛公所採納？早在1949年6月30日，針對一些人指責中共「你們獨裁」的問題，毛在〈論人民民主專政〉一文中作了明確的回答：「可愛的先生們，你們講對了，我們正是這樣。中國人民在幾十年中積累起來的一切經驗，都叫我們實行人民民主專政，或曰人民民主獨裁。」[17]這篇雄文的墨跡未乾，熊十力卻上書毛公要求其實現「虛君共和」和民主選舉，這豈不是與虎謀皮？毛公看到熊信後大概會想到一個詞彙：迂腐之儒。

　　以儒家理想期待中共建政之後實行「仁政」的儒者並非只有熊十力一人，另一位大儒梁漱溟自恃與毛的良好私人關係，在1953年的全國政協會議上公開批評中共的工農政策，認為工人生活在九天，農民生活在九地。毛聽到梁的意見之後勃然大怒，立即上綱上線，認為這是代表地主、資產階級反對總路線、反對工業化，是「孔孟之徒施仁政」的政治主張。毛厲聲痛斥梁漱溟「是野心家，是偽君子」，「是用筆桿子殺人」，照顧農民是小仁政，而共產黨人發展重工業、打美帝才是大仁政，施小仁政而不施大仁政，便是幫助

(續)————————

　　　9日長函讀悉，謹致謝意。毛澤東。」參閱嚴博非，〈六十年前的思想事件〉，鄭紹昌、朱小平，《解〈周官〉：讀熊十力給毛澤東的一封長信》（上海：三聯書店，2014），序言一，頁1。

　17　毛澤東，《論人民民主專政》，《毛澤東選集》第4卷（北京：人民出版社，1991），頁1475。

了美帝。[18]毛之所以猛烈批判梁的思想，一方面是他對儒家「仁政」論毫無興趣，另一方面是他認為中共靠農民打下天下，是農民問題的專家，豈有理由聽任梁以儒家教師爺的身分來教育中共？在毛的心目中，政統和法統均由中共所掌握，道統和學統豈可旁落於儒家，熊梁這類儒者期待中共開出「新王」和「仁政」，真是有點自作多情不自量力了。

　　孔子以降、孟荀之後的儒者確如熊十力所言，多數淪為以經術緣飾帝制的「奴儒」。漢武帝接受董仲舒的建言，「獨尊儒術，罷黜百家」，置五經博士，經學看似進入「昌明時代」，但以皮錫瑞引述方苞的說法，「古未有以文學為官者，誘以利祿，儒之途通而道亡。」[19]甘露三年（西元前51年），漢宣帝親自主持「石渠閣會議」，增設博士14人，對「五經」異同及經義存廢之爭，由皇帝「稱制臨決」，統一思想。至東漢章帝時代，朝廷召開「白虎觀會議」，又是皇帝親臨現場，主持五經異同討論，裁定對錯，決定取捨，據說章帝親自參與了《白虎通義》的寫作，真的是做到了「非天子不議禮，不制度，不考文」。會議的一個主要成果是充分肯定了「三綱六紀」，將「君為臣綱」列為三綱之首。兩漢經學所謂今古文之爭，前者發明《公羊》「三科九旨」，深於天人性命之學，後者提倡欲通經致用，先求大義微言，以視章句訓詁之學。兩者治六經的立場和方法看似形同水火勢不兩立，其實都不脫於為帝制存在的合法性與正當性提供論證，儒者的使命不過就是「學成文武藝，貨與

18　參閱毛澤東，〈批判梁漱溟的反動思想〉，《毛澤東選集》第5卷（北京：人民出版社，1977），頁107。參閱林蘊暉，《向社會主義過渡：中國經濟與社會的轉型（1953-1955）》，《中華人民共和國史》第2卷（香港：香港中文大學出版社，2009），頁262-272。

19　[清]皮錫瑞，《經學歷史》（北京：中華書局，2004），頁43-44。

帝王家」。朱熹對此局面有清醒的認識:「千五百年之間,……堯,舜,三王,周公,孔子所傳之道,未嘗一日得行於天地之間也。」[20]按照錢穆的看法,魏晉之後的中央政府便不再有創制立法、與民更始、創建王官學的想法了,社會私家言亦不再有上撼政府自創一家之言以改革當代政教的氣魄與能力,「古代學術分野所謂『王官學』與『百家言』之對抗精神均已不存在。」[21]熊十力鑒於兩漢以來孔子六經被諸儒肆意竄亂以致其真義晦蔽不可見的歷史,立志重建六經之於中國文化政教的道統地位,其心可鑒,其命卻可憐。

1968年5月23日,熊十力在「革命聖人」發動的文化大革命的高潮中,先是瘋癲,淒聲哀嚎「中國文化亡了」,繼之絕食身亡。自董仲舒以來,歷代歷朝,可有哪一個大儒有此悲慘下場?

劉小楓重讀熊十力《論六經》之意圖

熊十力呈書「毛公」之後60年,或熊十力蒙難之後43年,或辛亥革命之後100年,一位中國學者劉小楓重述熊十力《論六經》之大義,定名為「共和與經綸」,他是要真誠紀念這位「新儒家開宗大師」嗎?或者是為這樁「文革史上最大冤案之一」直書昭雪?按照作者所述,20世紀偉大的哲人熊十力是他心中的思想聖人,而毛則是熊十力期待實現「《周官》之理想」的偉大聖王,《論六經》的偉大意義就不可沉沒於思想史的故紙堆中。即使《論六經》「徒托空言」,對於劉小楓來說,重新挖掘熊十力「成聖成王」的思想

---

20 轉引自馮友蘭,《中國哲學史》下(蘇州:古吳軒出版社,2021),30頁2。

21 錢穆,《兩漢經學今古文評議》(北京:商務印書館,2001),頁287。

資源，對於重新認識中共革命的性質和毛的歷史地位，意義重大。如果說熊十力是站在孔子的肩上展望《周官》之建國大綱在當代實現的可能性，那麼，劉小楓則試圖爬上熊十力的肩上重新構想一個「聖王革命」論，其要旨是：革命符合聖人正義，聖人在革命中受命成王實乃其成聖的使命，符合天意民意，符合「人民主權」論。

劉小楓的學術研究重點在所謂西方古典學，近幾十年來主持的相關著作譯述極其龐大，涉獵範圍極其廣泛，但其心志仍然在中國研究，儘管相關的研究成果在其整個著述體系中只占一個很小的份額。大致從2000年起至今，劉小楓先後發表的有關中國研究的著作約五六本，研究主線按其〈儒家革命精神源流考〉一文所述，從「湯武革命」論到漢代今文家的「素王革命」論再到宋明心學的「成聖革命」論，最後落實在中共的「馬克思主義革命」論；涉及到的人物從孔子、孟子、董子（董仲舒）、宋明諸子、康子（康有為）、廖子（廖平）、蒙子（蒙文通）到熊子（熊十力），最後落實在「毛子」身上，用他自己的話來說：

> 康子、蒙子、熊子都身處新的夷狄交侵之際，重新審辨禮制說，與王國維審辨辨殷周制度、陳寅恪審辨隋唐制度一樣，皆因應西方政教制度的挑戰。康子、蒙子和熊子都秉承公羊子儒教式的國家禮制的守護人意識，只不過現代夷狄的制度論使康子、蒙子和熊子更換了公羊學的制度論。毛子身處同樣的時代，按公羊家的革命論，此時當有聖王受命，以葆堯舜之道。毛澤東與現代諸子不同的僅是，他要當儒家國家臨危受命的「聖王」。做現代聖王，康長素的維新改制行動已嘗試過，可惜太保守。

毛子繼而為之，何足謂異常？[22]

　　2013年，劉小楓在一次公共演講中提出了「新國父」論，認為中國現代的國父不是孫中山而是毛，理由是「孫中山催生了共和革命卻沒有能夠完成共和革命，毛澤東接著孫中山完成了共和革命。」「孫中山比起毛澤東差十萬八千里。」[23]此論引發了社會的廣泛爭議，劉小楓認為批評者多是「漫罵者」，他引用盧梭的話來為自己辯護：「決不為這號讀者寫作」。在他的心目中，毛不僅是中國現代的國父，而且還是「現代聖王」，是自孔子作為革命家以來最偉大的革命家，是現代第一大儒！「毛子」成聖成王的境界遠遠高於儒家諸子，尤其是在近代華夏國家制度面臨正當性危機之際，毛的抱負既是民族的和共產主義的擔當，「也是儒家中國的擔當」。[24]之所以有如此高的評價，在於劉小楓認為毛在其一生中完成了兩次革命，第一次是共和革命，重新統一了中國；第二次是「文化大革命」，史無前例。「統一中國僅僅算是中國歷史上的功德，文化大革命則具有世界歷史意義。」[25]正是基於一種革命史觀，劉小楓在思想史

---

22 劉小楓，《儒家革命精神源流考》（上海：三聯書店，2000），頁25。這篇七萬字的長文後收錄於氏著《儒教與民族國家》一書，由華夏出版社2007年出版。

23 劉小楓，《百年共和之義》（上海：華東師範大學出版社，2015），頁93。

24 參閱同上書，頁93、153。

25 同上書，頁94。劉在該書頁20另稱，毛曾自述其一生要績是領導了兩次革命，第一次革命完成了辛亥革命沒有進行到底的事業，使得中國從古代帝制到現代共和國的轉型最終得以完成；第二次革命則是趕超美國——不僅要在綱領工業上趕超，還要在革命的「平等」觀念上趕超。

上前所未有地描繪了毛作為中國現代國父、現代聖王和現代第一大儒的形象。同時，他也意識到了馬克思主義的革命學說在經歷了蘇維埃革命的徹底失敗和中共革命的重大危機之後，尤其是在文化大革命的道義形象徹底破產之後，需要對革命史觀注入新的合法性和正當性的思想資源。在此時代和思想背景下，就不難理解劉小楓為何會重新轉向康有為、廖平、蒙文通、熊十力諸子的著作，並通過他們的理論路徑走向漢代公羊學和宋明心學，概括出「湯武革命」論、「春秋革命」論和「成聖革命」論，並以這三個革命論來重新打造一個新的革命史觀。

革命史觀是馬克思主義的主要話語，階級和階級鬥爭，革命和暴力革命，專政和無產階級專政，是革命史觀的核心關鍵詞。馬克思主義意義上的革命從來就是赤裸裸的暴力行動，不需要任何道德偽裝，暴力就是革命的最高正義。毛的話充分概括了中共革命的性質：「革命不是請客吃飯，不是做文章，不是繪畫繡花，不能那樣雅致，那樣從容不迫，文質彬彬，那樣溫良恭儉讓。革命是暴動，是一個階級推翻一個階級的暴烈的行動。」[26]毛之所以拒絕接受熊十力闡述的《春秋》革命大義，就在於他深信馬克思主義革命論是指導中共革命勝利的唯一真理和不二法則。但馬克思主義革命論並非無往而不勝，20世紀的革命史充滿著失敗、挫折與危機，革命政權的合法性因為馬克思主義主張暴力革命而缺失道義基礎，包括作為人民救世主的革命領袖也被從神聖的祭壇上拉了下來。馬克思主義革命理論的危機，對於劉小楓來說，意味著必須重新建構關於革命的合法性理論，重新理順儒家教義與馬克思主義的關係，重新賦

26　毛澤東，〈湖南農民運動考察報告〉，《毛澤東選集》第1卷（北京：人民出版社，1991），頁17。

予革命以正義性和神聖性的基礎，最終是要重新樹立革命領袖的「現代聖王」形象。

從馬克思主義革命論到儒家革命論

　　中共建政之後，如何確立儒家教義與馬克思主義的關係，一直是現代大儒們試圖解決的問題。大多數儒者選擇向馬克思主義輸誠，比如馮友蘭很快就用唯物主義和唯心主義的二元對立框架來重新建構中國哲學史的敘事體系，把一部中國哲學史從「子學時代」向「經學時代」的演變，改造成唯物主義和唯心主義的鬥爭史，到了文革期間，又將其改造成儒法鬥爭史。熊十力的《論六經》，主觀上是想用「春秋革命」論為中共革命作理論背書，將馬克思主義「遙契於」周官經，但他並沒有從理論上證明兩者教義的一致性，他主張的「虛君共和」論和無產階級專政理論完全是南轅北轍。劉小楓的《儒家精神革命源流考》，不僅試圖梳理和分析儒家革命精神的形成與傳衍，更重要的是試圖完成熊十力沒有完成的任務，建立起儒家革命論與馬克思主義革命論的緊密關係，強調儒家革命精神是中國現代性革命的精神基礎，進而認定「毛澤東的馬克思主義革命精神的質地是儒家革命精神。」[27]「馬克思主義與儒家思想的同質性就不是一個什麼外殼，而是一個思想實體：對人世完美性的追求，其實質包括大同世界、人民民主、財富平等以及聖人正義論。」[28]

　　如果比較一下劉小楓和汪暉在重建革命合法性與正當性理論時

27　劉小楓，《儒家革命精神源流考》，頁17。
28　同上書，頁16。

所闡述的主要觀點，可以發現他們兩人之間的重大差異。汪暉繼續運用「人民戰爭」、「暴力革命」和「武裝奪取政權」這套語言並為之辯護，而劉小楓顯然意識到了馬克思主義革命論這套「打打殺殺」的話語缺少正義論色彩，他重點闡釋的「聖人正義」論，既是要為馬克思主義革命論重新注入道德資源——革命是「聖人」的事業，還要把那些革命家重塑成「聖人」形象。他把毛視為「現代聖王」的理由，是認為毛從青年時代就「信仰『人之為人，以聖賢為祈響』的儒教倫理，服膺心學的成聖論，其精神氣質是儒教聖人論染成的。」[29]在劉小楓看來，康有為、孫中山、蔣介石和毛都屬於儒家革命家，他們的革命精神有共同的儒家革命精神資源。但毛超越了康、孫、蔣而成就了一番「聖王」事業，原因就在於毛比他們更具備「聖人」的精神氣質，同時又具有馬克思主義的思想高度。所以，劉小楓特別強調要把儒家思想作為中國馬克思主義的釋義學背景，由此出發才能搞清楚中國共產主義革命精神的性質。

　　毛既然是儒家革命家，是「聖人」和「現代聖王」，為何他要把歷史上所有儒家「聖人」包括「大成至聖文宣王」孔子都打翻在地？更不用說熊十力蒙難於文革而成為「聖人」之奇恥大辱！對於這個巨大的歷史悖論，劉小楓居然也有一套解釋的說法。他認為「心沁聖人正義論精神，往往會滋生對前世聖人的不滿，這是欲成聖人的儒生的共性。……聖人非難聖人，在心性上實難分高下，唯有在制訂儒家宗法制度的想像上見高低。」[30]據此邏輯，毛把前世聖人都一竿子打翻，關鍵在於把成聖精神落實在政治事功上，靠槍桿子建立起革命政權而讓「前世聖人」都無地自容——畢竟是勝者為王

29　同上書，頁11。

30　同上書，頁14。

敗者為寇。文化大革命是儒家空前的災難,但在劉小楓看來,儒家
思想內部長期存在著左派與右派、「法先王」與「法後王」、「大
儒」與「俗儒」的衝突,現代儒家的革命論(大概就是指熊十力的
「《春秋》革命」論)沒有一套依據對現代資本主義經濟制度的批
判理論和階級鬥爭學說,被「法後王的馬克思主義化儒家」(當然
是指「毛子」)批倒批臭,又有什麼好奇怪的?針對牟宗三用現代
民主論對文革的批判,劉小楓不無諷刺地寫道:「心學的成聖論已
經造就毛澤東這樣的聖人,牟子不為『東方紅,太陽升』感到興奮,
可謂理論脫離了實際。就此而言,牟子哪還有理據批判毛澤東的『文
化大革命』的制度創新?」[31]

從馬克思主義革命論到儒家革命論,看上去像是在理論上倒退
了一大步,但實際上卻是前進了一大步,在馬克思主義的革命史觀
和領袖史觀日漸喪失其合法性與正當性之際,劉小楓獨闢蹊徑的革
命敘事就像是在冷酷無情的革命機器外表塗抹了厚厚一層聖人正義
的色彩,讓其重新閃爍出令人聖潔的道德光輝,這是劉小楓在理論
上遠高於汪暉的高明之處。

從湯武革命論到《春秋》革命論

「湯武革命」論在儒家思想譜系中從來都具有正當性。《易傳》
率先破題:「湯武革命,順乎天而應乎人。革之時大矣哉。」按熊
十力的理解,大易之道實乃革命的形而上學,是革命的本體論,莊
子所說「《易》以道陰陽」揭示出宇宙、自然和人世矛盾衝突的終
極根源,「一謂太極,此是體;兩謂陰陽,此是用」,陰陽互動就

---

31 同上書,頁28。

是鬥爭，鬥爭就是革命。但鬥爭和革命只是手段（用），「革命既成，必息鬥爭而為太和，順人性之正，確然無疑也。」[32]因此，在熊十力的六經敘事中，《易》作為本體論只是在形而上學層面探討革命形成的內在要素，而《春秋》才是「用」之革命論，貶天子、退諸侯、討大夫，非革命而不能成。而革命必然要涉及到統治者的命運，從天道人性高度賦予革命的合法性，就是賦予「弒君」的合法性。孟子認為「弒君」是湯武革命的應有之義：「賊仁者謂之賊，賊義者謂之殘，殘賊之人，謂之一夫，聞誅一夫紂矣，未聞弒君也。」（《孟子・梁惠王下》）荀子也有同樣看法：「誅暴國之君若誅獨夫。若是，則可謂能用天下矣。能用天下之謂王。湯、武非取天下也，修其道，行其義，興天下之同利，除天下之同害，而天下歸之也。」（《荀子・正論》）由於革命首先威脅到「獨夫民賊」的身家性命，統治者絕對是反革命者，漢景帝要求學者毋言「湯武革命」，應該是歷代歷朝統治者的共識。[33]但是，弔詭的是，中共在建政之後卻始終沒有放棄革命史觀和革命話語，毛把「無產階級專政下繼續革命」的理論視為對馬克思主義的主要理論貢獻，難道他不怕自己成為一場新的革命的對象？

　　一個靠革命打下天下的革命家，不怕革命革到自己的頭上，大

32　熊十力，《論六經》，《熊十力別集：論六經・中國歷史講話》，頁12。

33　漢景帝時，轅固生與黃生就湯武「受命」問題進行辯論，黃生實際上提出了「湯武革命」的一個悖論：如果承認湯武革命推翻桀紂的暴君統治是合法的，那就意味著別人也可以效法此道用革命來推翻現政權；如果否認湯武革命的合法性，那就意味著漢高祖起兵以漢代秦就是不合法的。這個悖論在漢景帝看來根本無法解決，也不必討論，於是終止討論：「食肉不食馬肝，不為不知味；言學者毋言湯武受命，不為愚」。（《史記・儒林列傳》）

概是需要對革命進行重新定義。毛的繼續革命理論是把消滅階級、
私有制和實現共產主義作為革命長期存在的正當性理由，這對於劉
小楓來說，顯然還是不足以證明革命的必要性和正義性，他致力於
重新闡釋從「湯武革命」論向「《春秋》革命」論的演進，就是試
圖把儒家聖人正義論注入到馬克思主義革命論的道德空缺中，如果
證明了革命是正義的神聖的事業，豈不就是證明了革命的長期性和
正當性？！正是基於這項考慮，劉小楓首先是重新改寫孟荀對湯武
革命的定性：「根本上，對孟荀來說，湯武革命的性質是道義政治
性的，而非自然政治性的」；「孟荀關心的不是革，而是統治是否
正當」。[34]也就是說，孟荀意義上的湯武革命並非如大多數人所理
解的那樣，是改朝換代，是武力推翻前朝，「弒君」並非湯武革命
的本義，湯武革命是「聖人『受命』而革命，其神聖性自然而然」。
[35]這等於說，革命是聖人的權利，非聖人不能革命，非聖人的革命
沒有正當性。問題是，誰是聖人？湯武是聖人，湯武之後誰是聖人？
孔子也！「《春秋》革命」的要義就是要塑造孔子的革命家形象。
劉小楓根據蒙文通所述，將漢代今文家以《春秋》大義所闡發的革
命理論，概括為「五際」革命說（齊詩）、「四時」革命說（京房
易傳）和公羊家的孔子「素王」革命論，他看重的是最後者，因為
孔子「素王」革命論才是符合聖人正義的原則，而「五際」說或「四
時」說把革命視為單純的自然現象，革命法理不過是天地通氣，是
天時的自然法理所為，沒有凸顯出革命的主體性（聖人）和神聖性
（聖人革命）。儘管劉小楓認為湯武革命具有道義性（是正當的）
和宗教性（是神聖的）的釋義學背景，湯武作為聖人，其歷史身位

34　劉小楓，《儒家革命精神源流考》，頁40-41。

35　同上書，頁41。

可與堯舜相齊，但與孔子的「素王」革命論相比，湯武革命還是有因事件本身和湯武的身位帶來的局限。兩者的差別在於：「素王」革命論依據的不是天時自然法理（《易》經革命論），而是「民族歷史生成的宗法法理」（《春秋》革命論）。所以，在劉小楓看來，「革命家的中心形象不是湯、武，而是孔子。儒家革命精神的主導形象從湯武轉換為孔子，在儒家思想史上有重大意義：湯武革命只是受天命行道，孔子革命則是受天命立法。」[36]其要義是：第一，孔子書法的革命性，孔子造經是立天下之大法，革命也是其所立之天下大法之一；第二，孔子通過作革命書（《春秋》）為萬世革命立法，湯武革命只是革命之史例，孔子則立革命之義例，史例供援引，義例供效法；第三，孔子受天命改制，其「素王」地位是指有德無位，是當有政權而沒有政權者，而沒有政權要奪取政權，革命是奪取政權的唯一路徑；第四，孔子以民族性文教之道顯普世之道，華夏國家的民族性政制法理由此確立。[37]

　　劉小楓上述關於孔子「素王」革命論來源於漢代公羊家對《春秋》大義的解釋，但他的這些說法究竟在多大程度上符合《春秋》公羊學本義，則是大可置疑的。熊十力也是把《春秋》視為革命之書，但他把革命實際上等同於湯武革命，認為「貶天子、退諸侯、討大夫」就是革命之事，革命只是手段，非萬世之法，以《春秋》當新王重在改制。這應該就是公羊家對《春秋》大義的主要理解。董仲舒說「撥亂世、反之正，莫近於《春秋》」（《史記・太史公序》），強調的是《春秋》為漢代制法，所謂「春秋之道，奉天而

36　同上書。

37　參閱同上書，頁49-57。

法古」，[38]怎麼可能公開主張革命論？以「素王」革命實行「篡黨奪權」？廖平的今古學考，主張平分古今學派，認為兩派「各自為家，如水火、陰陽，相妨相濟，原當聽其別行，不必強為混合。」[39]從政治分野看，今學多為官學，古學多為私學；從思想來源看，今學推崇《王制》，古學推崇《周禮》（周官）。廖平認為造成這個差異的原因在於：「孔子初年問禮，有『從周』之意，是尊王命、畏大人之意也。至於晚年，哀道不行，不得假手自行其意，以挽弊補偏；於是以心所欲為者書之《王制》，寓之《春秋》。」[40]古今學之爭成了青年孔子和老年孔子之爭，孔子從「從周」到主張「王制」，實質是在復辟西周封建制的幻想破滅之後，不得不轉向「改制」——改為帝制。「《春秋》，天子之事，諸經依然」，孔子「有德無位，不能實見施行，則以所作者存空言於六經，托之帝王。」[41]儒學最終淪為帝制的意識形態。按皮錫瑞的說法，武帝罷黜百家，表章六經，孔教定於一尊，至元帝時145年，「漢遵《王制》之法，以經術造士」，史載有上萬儒生奔走在「祿利之路」上。[42]儒學盛況空前，「一經說至百萬餘萬言」，卻哪裡還有什麼革命論？誰還敢談什麼革命論？

　　從「湯武革命」論到「《春秋》革命」論，劉小楓借公羊家之口著力突出孔子的「素王」地位，彰顯其「一王大法」對於革命的規製作用，確立其革命家和革命立法者的政治身分，意圖何在？不

38　[清]蘇輿，《春秋繁露義證》（北京：中華書局，1992），頁14。

39　廖平，《今古學考》（成都：四川文藝出版社，2021），頁55。

40　同上書，頁58。

41　廖平，〈知聖篇〉，蒙默、蒙懷敬編，《廖平卷》（北京：中國人民大學出版社，2015），頁84。

42　[清]皮錫瑞，《經學歷史》，頁87-88。

就是要徹底消解湯武革命通過「弒君」以完成改朝換代的本義嗎？[43]
他把革命的立法權和領導權交到孔子手上，按照所謂聖人正義的原
則來重新定義革命，不就是試圖徹底剝奪「非聖人」（當然是指廣
大人民群眾）的革命權利嗎？孫中山決定從改良走向革命，就是從
湯武革命中獲得重大啟示，按陳少白記載：「總理語少白曰，『革
命』二字出於易經湯武革命，順乎天而應乎人一語，……揆諸易所
謂湯武革命之本義，原專指政治變革而言，故曰革其王命，又曰王
者易姓曰革命。」[44]如果劉小楓的「聖王革命」論成立，孫中山在
成為「聖人」之前從事革命事業豈不就是缺少「儒家正義」？辛亥
革命推翻帝制豈不就是缺少合法性？只許孔子革命，不許「阿Q」
革命，這不就魯迅筆下「趙家人」的腔調嗎？

從「《春秋》革命」論到「成聖革命」論

　　劉小楓在考察儒家革命精神源流時反覆強調，他要為馬克思主
義在中國的傳播和中國革命思想創制一個儒學釋義學背景，但是，
他實際上是把毛的人格精神和革命功業作為自己理論展開的一個釋
義學背景。毛在青年時期受到過王陽明心學的影響，這是否構成了
他的革命的主要精神動力？所謂「六億神州盡舜堯」不就是人人皆

43　牟宗三認為：「湯武弔民伐罪，不可謂弒君。然政權既可變，則革
　　命不可免，篡弒亦不可免。而在此關節上，革命與篡弒相去亦微耳。」
　　氏著，〈政道與治道〉，《道德理想主義的重建》（北京：中國廣
　　播電視出版社，1992），頁118。

44　參閱陳少白，《陳少白自述（1869-1934）》（北京：人民日報出
　　版社，2011），頁31，另參閱馮自由，《革命逸史》（北京：新星
　　出版社，2016），頁13。

可成聖的思想體現嗎？包括陳勝吳廣起義的理由——帝王將相寧有
種乎？這些都需要理論證明的。對於劉小楓來說，從「湯武革命」
論轉向「《春秋》素王革命」論，意味著革命家的中心形象從湯武
轉向孔子，而在現代中國革命進程中，革命家的中心形象則從孔子
轉向了「毛子」，其理由就是陸王心學成聖論。如上所述，孔子一
經確立其「素王」地位，便面臨著一個悖論，其作為聖人正義的唯
一代表天然地排斥諸如孫中山這樣的革命家擁有革命的合法性，因
此，需要擴大「聖人」的範圍，至少需要賦予「毛子」的聖人地位。
於是，劉小楓在陸王心學中獲得啟示：「陸王心學促成儒家革命精
神的個體轉化，法聖王變為當聖王、法聖人變為做聖人」，「素王」
論因此成為「儒家革命心性論」，「革命精神的聖人正義論在心性
學上得到加強」。[45]

　　在劉小楓看來，「心學成聖」論的第一要義是人人可成聖人：
通過立大志、直訴心性，與天相通，天地萬物備於我，就可成為先
知先覺的聖人。聖人的歷史性（孔子）不再是唯一性，而是轉化為
個體的現在性。第二要義是明心見性成聖人，形成內在革命論，也
就是需要「內在的革命功夫」，通過修身自我培養「聖人之心」：
明心見天理，濟世救民，保三代文教。第三要義是聖人使天下成為
三代禮教化的天下，復三代之制或據三代之制的理想行制度創新，
就是外王的事功。[46]所以，心學成聖論對於公羊學的一個重大轉折
是，後者闡述的革命論的正當性前提是「受命」，受命是天予的命；
後者以兩翼展開，一翼為「陸學」（陸象山），把受命轉化為「成
命」，另一翼為「王學」（王陽明），則進一步強調命、性、道三

45　參閱劉小楓，《儒家革命精神源流考》，頁61-62。
46　參閱同上書，頁62-69。

者為一，不再是「成命」論，而是「造命」論。概言之，「陸學的成聖人已突破公羊家的唯一聖人說，王學則使人人可當聖王說具體化為率性，成聖人便不拘一格，聖人正義精神恣肆狂世。」[47]因此，聖人就是狂人，有「狂者胸次」，與天鬥，與地鬥，與人鬥，其樂無窮——不就是狂人胸次嗎？！儒家革命精神最終是在狂者精神上完成了其精神構造。劉小楓說這些話都是為了證明毛的狂者人格就是聖人的應有特質，凡夫俗子包括現代儒生根本無法理解毛的聖人秉性：

> 個體的心性即天命，按內聖外王的邏輯，也就人人本心有素王感，而王者的盡制或德政的創制，就完全依率性造命當聖王的個體才性。按此精神，現代儒生哪有理據指責毛澤東的新政以及史無前例的文化大革命？[48]

看到這樣的文字，死於「文化大革命」的「聖人」熊十力如地下有知會作何感想呢？按照劉小楓「聖人即狂人」的邏輯，毛在其統治中國的28年時間所做的一切背離法律、道德、常識、人倫包括黨規的事情，不管在世人看來是多麼荒誕、乖張、顢頇、暴戾和不可理喻，在劉小楓看來均是屬於狂人姿態，是聖人的率性所為，文化大革命當然屬於「毛子」聖人正義的集大成者。他在作出這些判斷時已經完全罔顧文化大革命的巨大破壞性，這場革命徹底摧毀的何止是「三代文教」，熊十力哀歎是「中國文化亡了」，中共的歷史決議也認為：「實踐證明，文化大革命，不是也不可能是任何意

---

47 同上書，頁72。
48 同上書，頁73。

義上的革命或社會進步。……文化大革命是一場由領導者錯誤發動,被反革命集團利用,給黨、國家和各族人民帶來嚴重災難的內亂。」[49]這些基本共識在劉小楓的書裡根本不足掛齒,他說了這話:「毛澤東新政」批了孔子,卻未批周公,「文革後期還傳達過『周公恐懼流言日』的最高指示。名為復古,實則通今,或名為通今,實則復古,都不是華夏政治史上的什麼新奇事。」[50]這口氣看起來很瀟灑,但他為什麼不提毛自封是秦始皇這件事呢?歷代歷朝那些皇上再狂妄無知,大概也沒有誰願意把自己比作秦始皇這個千古暴君吧?難道這也是聖人的「狂者胸次」?毛對自己的自我認識和自我定位當然是準確的——現代秦始皇!劉小楓花足功夫卻要把其塑造成現代第一大儒的形象,在毛看來豈不就是在羞辱他?這等奴儒把「毛子」請入儒家宗廟裡當作「聖人」磕頭就拜,既是羞辱了周公孔子以降的一眾儒家先賢,也是在羞辱蒙冤而死的熊子吧!

「《周官》建國」論還是「《王制》建國」論?

熊十力在1945年出版的《讀經示要》一書,談到六經時把《易》、

---

49 參閱當代中國研究所,《中華人民共和國史稿》第4卷(北京:人民出版社、當代中國出版社,2012),頁100。該書提到,中共黨內在討論歷史決議對「文化大革命」的定性問題時發生了分歧,一些同志認為「文化大革命」的性質應該說是「反革命」,經研究,認為從總體上看還不能說就是「反革命」,作為一種歷史現象,定性為「內亂」比較恰當。這說明,「文化大革命」被否定了,但革命和革命史觀並沒有被否定,革命依舊是中共執政合法性的基礎。劉小楓是既不想否定「文化大革命」,更不想否定革命,因為革命是他所謂的實現聖人正義的唯一路徑。
50 劉小楓,《儒家革命精神源流考》,頁80。

《春秋》、《尚書》視為核心經義，只是在該書最後部分用不到數百字簡述《周禮》政治。[51]到了1951年，熊十力將《周官》置於六經中的核心位置，並將《易》視為革命的本體論，將《春秋》視為革命書，用意顯然是要向中共推銷一種建國主張。他之所以決定將其「《周官》建國」方案呈現給「毛公」，是基於兩個前提性判斷，一是認為《周官》的制度設計是社會主義和民主主義，符合中共的建國理念；二是認為《春秋》革命論主張「貶天子、退諸侯、討大夫」，符合中共的革命理念。這些理論主張在「毛公」看來肯定屬於皮相之見，不值一談。但是，在儒學思想譜系中，尤其是在晚清今文學重啟公羊學研究的理論氛圍中，熊十力的「《周官》建國」論則是有悖眾義，獨樹一幟。晚清公羊家改制的主要理論依據是《王

51　熊十力在《讀經示要》中論「六經」，其實主要是論《易》、《春秋》和《尚書》，認為「孔子之道，內聖外王」，「其說具在《易》《春秋》二經。餘經《詩經》《書經》《禮經》《樂經》（樂記）。皆此二經之羽翼。」《易》備明內聖之道，《春秋》則是外王之道——「立一王之法，以待後世」，兩經並沒有涉及革命論。《周官》是《禮儀》三經之一，地位與《易》《春秋》不可比，但熊十力認為《周禮》一經有同於《易》《春秋》者，「此經決是孔子之政治思想，七十子承受口義，轉相傳授」，認為「《周禮》政治，是多元主義」，……決不以一種最高權力斷制一切」。該書對《周官》政治並未展開系統論述，「餘此時無暇發揮，俟之異日」。熊十力於1951年論六經，實際上把《周官》置於首要位置，把《春秋》視為革命書，把《周官》視為《春秋》創制之書，重點論述《周官》之「虛君共和」制。1954年，熊十力出版《原儒》一書，該書是對《論六經》的系統化，以《易》建立內聖學，以《春秋》、《周官》建立外王學，進一步強調：「《外王篇》言《周官經》之王位虛君。」參閱氏著，《讀經示要》（上海：上海古籍出版社、上海書店出版社，2019），頁356、424-425。《原儒》（上海：上海古籍出版社、上海書店出版社，2019），頁179。

制》而不是《周官》，康有為《新學偽經考》甫一出世猶如石破天驚，他將《毛詩》、《古文尚書》、《逸禮》、《周官》、《費氏易》、《左氏春秋》均打入「偽經」之列，斥之為劉歆「竄亂」之書。[52]同時，他把《王制》視為孔子修《春秋》、損益周禮而作，具備「素王改制之義」，「漢世政事，皆用孔法，至今二千年，士夫無世官，郡國興科舉，皆出《王制》之禮。」[53]按康氏說法，《王制》與《周官》之爭豈不就是真偽之爭？熊十力是拿一本偽書向「毛公」建言？

康有為「孔子改制論」的思想資源來源於廖平的《今古學考》，是不爭的歷史事實。廖平弟子蒙文通稱讚該書「平分江漢、劃若鴻溝，真是論今、古學超前絕後的著作。」[54]評價之高，似乎不為過。該書不是從學官和義理文字的不同來區分今古學，而是把「禮制」（制度）視為今古學對峙的唯一界標，認為今學同祖《王制》，而古學以《周禮》為宗，這個「古今之辨」的確高於歷史上所有今古學者。廖平傾向於今學，卻並不像康有為那樣將《周禮》斥之為偽書，相反，他認為《周禮》和《王制》均是孔子親述之作，有所不同的是，「從周為孔子少壯之學，因革為孔子晚年之意者。」[55]《春秋》改制，全在《王制》，實質就是「《王制》改周制，皆以救文以勝之弊，因其偏勝，知其救弊也。」也就是說，孔子在晚年意識到「周制」弊端之深已無可救藥，「聖王不作，諸侯放恣，處士橫

---

52 參閱康有為，《新學偽經考》，姜義華、張榮華編校（北京：中國人民大學出版社，2010），頁25。

53 參閱章可，《〈禮記‧王制〉的地位升降與晚清今古文之爭》，《復旦學報（社會科學版）》，2011年第2期。

54 蒙文通，《經學抉原》（成都：巴蜀書社，2019），頁7。

55 廖平，《今古學考》，頁58。

議」（《孟子‧滕文公下》），可謂「禮崩樂壞」。故「春秋時諸君子皆欲改周文以相救，孔子《王制》即用此意，為今學之本旨。」[56]問題在於，既然《周禮》和《王制》都是孔子著述，兩者所規制的今古學差異究竟何在？廖平從今古學不同文本、統宗、宗旨、禮制、流派、書目等二十幾個方面進行區分，似乎無可置疑。他由此認定《周禮》乃「封建之制」，與《王制》相比，一公所封多至二十四倍，而《王制》則變封建之制為「郡縣制」。《王制》記載：「天子使其大夫為三監，監於方伯之國，國三人。天子之縣內諸侯，祿也；外諸侯，嗣也。」（《禮記‧王制》）。可見「王制」之郡縣制與俸祿制，和周代的分封制與世襲制是完全不同的制度安排。所以，自「周秦之變」以來，兩漢時代的所有皇帝幾乎沒有喜歡《周禮》。[57]文帝「使博士諸生刺六經中作《王制》，謀議巡守封禪事。」（《史記‧封禪書》）武帝令兒子戾太子只學《公羊》不得學《穀梁》。宣帝召集諸儒評論五經異同，章帝參與《白虎通義》寫作，

---

56 同上書，頁61-62。皮錫瑞也認為，春秋初年，王跡猶存，及其中葉，已不逮春秋之初，「孔子有帝王之德而無帝王之位，晚年知道不行，退而刪定『六經』，以教萬世。其微言大義實可為萬世之準則。」參閱氏著，《經學歷史》，頁6。

57 王莽新朝在兩漢帝制序列中打入了一個楔子，這是漢代政治的一個重大意外。王莽試圖恢復周制，劉歆在他支持下確立《周禮》的官學地位，為新朝改制提供了政治綱領與具體方案，新朝據《周禮》而重新恢復封建制。在土地制度上，更名天下田為「王田」；在政治制度上，恢復分封制，地分九州，爵分五等，重建周代官制，設四輔三司九卿二十七大夫等。新朝與漢朝之爭，可以視為《周官》與《王制》之爭的實踐版，亦可視為「周秦之爭」在漢代的延續。胡適把新莽理解為中國歷史上第一個社會主義實驗，與熊十力對《周官》的社會主義性質的理解倒是不謀而合。參閱榮劍，〈論中國「封建主義」問題〉，《文史哲》2008年第4期。

最後都是皇帝「稱制臨決」。(《漢書‧宣帝紀》)從董仲舒以來
直到康有為,所有今文學家都是為帝制鞍前馬後跑,以儒術緣飾權
術,為虎作倀,沒有例外。今文學及公羊學皆為帝制官學,思想史
上應該是共識。[58]蒙文通後來寫《孔子與今文學》緒言,對此現象
有所反省:「孔子因為今文學所重,才開始取得漢武帝的尊崇的。
今文學的實質內容,就是儒家獨尊之所在。」[59]

　　從今文學的政治歸宿可以體會到熊十力「《周官》建國」論的
批判指向,他從六經中挖掘革命、「虛君共和」、社會主義和民主
主義的思想資源,儘管多有牽強附會之義,但他批判帝制和專制主
義的政治立場是堅定的鮮明的,認為「諸儒注經又皆以護持帝制為

58　陳蘇鎮認為:「武帝一朝,開邊、改制、興利、用法,完全背離了
　　漢初清靜無為的傳統,《公羊》學則為實現這一重大轉變提供了理
　　論武器。」參閱氏著,《〈春秋〉與漢道:兩漢政治與政治文化研
　　究》(北京:中華書局,2011),頁270。公羊學對武帝改制更化
　　的理論支持主要體現在三個方面,一是確立皇帝稱制臨決、獨斷乾
　　綱的至尊地位;二是確立政治大一統的觀念,鼓勵帝國開疆拓土;
　　三是罷黜百家、獨尊儒術,確立思想統一的局面。另,比較今古學
　　之差別,古文經學反帝制的政治立場是鮮明的,不說王莽藉助於劉
　　歆的《周禮》力圖恢復封建制(周制),就說晚清今古學之爭,章
　　太炎先生作為古文學的最後一位大師,反對專制的決絕態度是眾所
　　周知的,誠如王汎森所說:「章太炎強調『國學』不等於『儒學』,
　　他提倡的『國粹』或『國學』,是指在君權時代中不得志的經師之
　　學、是與『湛心利祿』的官僚士大夫相敵對的抱殘守缺者之學、是
　　與歷史上的當權派不合作之學、是反君權之學、是批評歷史上的專
　　制政治及它的思想文化基礎的學說。」參閱氏著:《章太炎的思想:
　　兼論其對儒學傳統的衝擊》(上海:上海人民出版社,2018),頁
　　4、54。在近代以來的儒學譜系中,反對帝制專制最堅決的儒者,
　　當屬章太炎和熊十力。
59　蒙文通,〈孔子與今文學〉緒言,《先秦諸子與理學》(桂林:廣
　　西師範大學出版社,2006),頁169。

本，中國學術思想絕於秦漢，至可痛也！」[60]熊十力對帝制的決絕態度在現代儒學譜系中無人可出其右，諸如廖平、康有為等今文學與「《王制》建國」論卻仍然不脫漢儒的下場——淪為帝制的思想附庸。

　　基於上述敘事背景，再來閱讀劉小楓「辨證」熊十力《論六經》，就不難發現其政治意圖了。此人在評述康有為刻意把〈王制〉從《禮記》中提升出來時問過：「康子這樣做究竟有什麼『意圖』」；在述及施特勞斯論盧梭時也說過：「重要的是理解盧梭的政治寫作『意圖』」。[61]我們同樣也可以問：劉小楓《共和與經綸》一書的政治意圖何在？該書把熊十力另一篇文章〈正韓〉和《論六經》置於一起「辨證」，用意何在？劉小楓顯然很清楚熊十力反對帝制的民主主義立場：「十力告訴我們，儒家的『法』比法家的『法』要高明玄遠得多：《春秋》才是孔子為人民所作的自由民主法典。」[62]但是，人民怎樣才能實現自由民主？在劉小楓看來——他認為熊十力也是這麼認為——非有聖人出現而不可：「我們缺的就僅僅是一位

60　熊十力，《論六經》，《熊十力別集：論六經・中國歷史講話》，頁109。

61　參閱劉小楓，〈王制與大立法者之德〉，《儒教與民族國家》（北京：華夏出版社，2007），頁226。從作者推崇《王制》來看，其政治立場與廖平、康有為無異，強調《王制》乃聖人之作，充滿著「大立法者之德」。至於盧梭政治寫作的意圖，在作者看來，就是如何理解民主的性質，他顯然贊成盧梭的人民民主論，反對自由民主論。這個看法與他關於儒家革命精神的觀點一脈相承：「儒家禮制思想可以開出人民民主政制，卻難以開出自由民主憲政。」參閱氏著，《設計共和：施特勞斯〈論盧梭的意圖〉繹讀》（北京：華夏出版社，2020），頁1；《儒家革命精神源流考》，頁87。

62　劉小楓，《共和與經綸：熊十力〈論六經〉〈正韓〉辨證》（北京：生活・讀書・新知三聯書店，2012），頁115。

率領天下人走向自由民主太平世的聖人」。[63]在孔子死了之後，誰
能當五百年不世出的聖人進而承擔起聖王的歷史責任？劉小楓認為
孟子不行，因為孟子徒有民主之志而沒有熊十力所推崇的「韓非之
術」，所以，他要把熊十力的《韓非子評論》拿出來與《論六經》
對勘，用極權之「術」的「宗主」來「喚起群眾」的自由民主「主
義」。「韓非之術」既有極權性質，同時又有「致廣大極深微」的
形而上學性質，既可以被「陰鷙沉雄、機智深阻、狡變不測」的奸
雄所利用──「若這些人用上的話，就會禍害蒼生」；也可以成為
「帶領天下人走向自由民主的聖人」的權宜之計──「若這類人用
上韓非的極權術，就會造福人民」。[64]因此，在劉小楓看來，比較
熊十力的《論六經》與《韓非子評論》，前者只是「徒托空言」而
已，而後者才是真正觸及到「十力的問題」之所在：

> 韓非所主張的「極權」之術，由於有形而上學「玄極」而極其
> 高明，並非是個壞東西。關鍵看掌握在有道的聖人還是奸雄手
> 裡，總之，「極權」之術已經憑靠形而上學免除了道義上的負
> 擔。[65]

至此，劉小楓把熊十力的《論六經》與〈韓非子評論〉置於一
起「辨正」的意圖昭然若揭，他是試圖用一種「聖人極權」論來對
沖熊十力的「虛君共和」論，並且把「聖人極權」論的發明權強加
於熊十力。

---

63 同上書，頁130。
64 參閱同上書，頁128。
65 同上書，頁131-132。

《韓非子評論》（原題《正韓》）是熊十力弟子胡哲敷在抗戰期間據熊十力講授內容整理並經其修訂而成，該講義認定韓非絕無民主思想，「謂其為君主思想，為列強競爭時代之極權主義者，其志在致國家於富強以兼併天下，故又可謂侵略主義者。」[66]熊十力引述韓非子對戰國形勢的一個基本判斷：「古人極於德，中世逐於智，當今爭於力」，「當大爭之世，而循揖讓之軌，非聖人之治也。」[67]所以，韓非子提出了一系列「法術」，其核心是：「去偃王之仁，息子貢之智，循徐魯之力」，[68]熊十力將其概述為「毀德反智而一以尚力為主」，強調這是韓非思想之根荄。在熊十力看來，韓非的思想不屬於法家而只是「法術」，對其精神人格頗為欣賞，讚揚其著述雄奇，但歎息「其思想誤入歧途，致啟秦政暴力，遺害天下萬世。」[69]對於韓非關於「聖人獨裁」的看法，熊十力有同情的理解，認為在「危弱之國」的關鍵時期有必要實行嚴刑峻法，「無威嚴之勢，賞罰之法，雖堯舜不能以為治」；「韓非主嚴誅重罰，其論雖過激，而治甚昏亂之俗確非如此不可。」[70]但是，熊十力只限於在「法術」的層面來理解聖人極權的必要性和過渡性，在基本的價值判斷上，他從不認為極權制度是一個合法的終極有效的制度安排。他在比較孟子與韓非的思想時認為，如果戰國時期各國能發揚孟子

---

66 熊十力，《韓非子評論‧與友人論張江陵》（上海：上海古籍出版社，上海書店出版社，2019），頁6。

67 同上書，頁14。

68 韓非子在《五蠹》中認為：「去偃王之仁，息子貢之智，循徐魯之力，使敵萬乘，則齊荊之欲不得行于二國矣」。熊十力對此解釋是，徐魯兩國當時自恃仁智而不用其力，才被齊荊滅國，所謂「徐魯之力」反證保家衛國必須採取「尚力」政策。參閱同上書，頁15。

69 同上書，頁24。

70 同上書，頁69。

的民主思想,「戰國以後之局當別是一種規模,別是一番氣象」。
可惜的是,孟子之論在七國民眾中無甚影響,其本人又不是實行家,
「而韓非乃以狂暴獨裁思想資以呂政,遂使中夏二千餘年成為夷與
盜賊迭起宰割之局。」[71]因此,熊十力自許負有一種史遷式的使命:
「懲暴秦之弊,糾韓非之謬」,並著力徹底清算極權主義及其「奴
儒」和「俗儒」的遺毒:「秦以後,中國遂無學術、無思想,雖韓
非、呂政之遺毒,而漢以來經師、文士之鄙陋,亦不可道來。言之
醜也。哀哉!」[72]當今這個叫「劉小楓」的文士,竟然將鼓吹「聖
王獨裁」論的帽子扣在熊十力的頭上,他如地下有知,豈不就是更
加哀哉!

數風流人物,還看今朝?

　　「俱往矣,數風流人物,還看今朝。」毛寫於1936年的詞作〈沁
園春·雪〉,在1945年國共重慶談判期間發表,構成了當時的一個
重大文化事件,國統區的文人騷客們爭相傳誦,好評如潮。柳亞子
先生稱之為「千古絕唱」:「雖東坡、幼安,猶瞠乎其後,更無論
南唐小令、南宋慢詞矣」。該詞作在《新民報》發表時,編輯吳祖
光加了一段按語:「客有抄得其〈沁園春〉一詞者,風調獨絕,文
情並茂,而氣魄之大,乃不可及也。」的確,該詞意境壯美,氣勢
恢宏,感情奔放,胸襟豪邁,天下舍我其誰也之雄心壯志不加遮攔,
噴湧而出。這是五百年不世出之「王者」的自我宣言?劉小楓就是
這麼看的:「在這時代橫流中,濡染公羊家與心學家精神的毛澤東

71　同上書,頁66。
72　同上書,頁90。

說：『俱往矣，數風流人物，還看今朝』。」[73]他把這首詞作理解
為毛是以古典方式表達了自己的政治意志，同時也視為是聖王精神
人格的集中表達。正是基於對毛的無上崇拜，劉小楓的全部著述和
譯述，即使再抽象、龐雜和玄虛，其實都暗含著一個明確的主題：
柏拉圖的「哲學王」，盧梭的「大立法者」，馬克思的「無產階級」，
列寧的「領袖」，海德格爾的「元首」，施米特的「決斷者」，科
耶夫的「帝國」，均被他引向中國「今朝」的一個「現代聖王」，
成為證明其神聖性和正義性的注腳或旁證。

　　就中國「古典學」文本而言，劉小楓通過考察儒家革命精神源
流，依賴今文學和公羊家的思想資源，並借助於從漢代董仲舒、何
休到近代廖平、康有為、皮錫瑞再到現代熊十力、蒙文通、陳柱、
牟宗三諸儒的著作，描繪了一幅從「湯武革命」敘事到「素王革命」
敘事再到「聖王革命」敘事的演變圖景。革命敘事的遞進並非是歷
史考據的結果，毋寧是通過重構歷史來建立自己的理論，如作者自
己所言，就像蔣慶在建構「政治儒學」時借助於公羊學理論卻並不
關心其歷史真偽一樣，[74]他同樣也是在看似客觀的歷史敘事中主觀

---

73 劉小楓，《儒家革命精神源流考》，頁75。
74 劉小楓在《緯書與左派儒教士》一文中稱蔣慶為「蔣子」，可見對
　其頗為崇拜。他提到：「蔣子並不關注公羊學的文獻考據與辯證問
　題，自認其著作『非客觀研究公羊學之著作。公羊學為今文經學，
　故是書（指蔣慶自己的書）』亦為今文經學。」劉對此評價：「蔣
　子的公羊學以復興儒家政治思想及其制度設計命意，闡明公羊思想
　的義理，致力使之成為現代政治文化論爭的思想資源，其中多緯書
　式話語，亦可謂現代語境中的春秋緯。」參閱氏著，《儒教與民族
　國家》，頁14。事實上，劉小楓對歷史文獻的處理方法和蔣慶相似，
　他對漢代公羊學和宋明心學的革命精神的闡釋，完全是按照自己的
　理論偏好來進行的，將「公羊改制」論改造成「公羊素王革命」論，
　將「心學成聖」論改造成「心學成聖革命」論，包括將熊十力的「虛

地改造歷史敘事——把儒家學說改造成世界上最偉大的革命學說：
「法國大革命的聖人革命論的正當性基礎是民權，但就神聖革命精
神而言，羅伯斯庇爾們和列寧們與源遠流長的儒家聖人革命精神相
比，歷史資歷就顯得太淺了。」[75]因為儒家革命精神不是基於「民
權」，而是基於「聖人之權」，「聖人」發起和領導革命並在革命
勝利之後成為「聖王」，才是中國革命的合法性與正當性之所在，
亦是中國革命超越法國大革命和蘇俄革命的理由之所在。正是通過
重讀和重構儒家革命精神的方式，劉小楓為日趨衰竭的馬克思主義
革命理論重新注入了神聖性資源。這是對革命和領袖的雙重拯救，
一方面是置於革命一個新的道德高度，將革命詮釋為聖人「受命」、
「成命」和「造命」的偉大事業；另一方面重新樹立革命家的形象，
將毛塑造為一個繼承了儒家革命精神的現代聖人，是繼湯武孔子之
後的唯一革命家，是中國實現萬世開太平的現代聖王，是超越所有
儒家諸子的現代第一大儒，當然也是現代中國之國父。這是從革命
史觀向領袖史觀的遞進，最終是為了證明：「只能在歷史上看到元
首和國家的豐功偉績」。[76]

　　如何評價毛的豐功偉績，是劉小楓近20年來一直念茲在茲的重
大主題，他所謂的「百年共和之義」，實際上歸結為「我們的憲政
所面臨的最大難題之一是如何評價毛澤東」，或者說，「誰是現代
中國之父？」[77]在他看來，毛的抱負極為高遠，要評價他實在太難，
而評價孫中山則毫無困難，原因一如前述，就在於孫中山催生了共
和革命卻沒有能夠完成共和革命，而毛不僅完成了共和革命，而且

（續）————————————————————
　　　君共和」論改造成「聖王獨裁」論。
　75　劉小楓，《儒家革命精神源流考》，頁85。
　76　《馬克思恩格斯選集》第1卷，頁44。
　77　劉小楓，《百年共和之義》，頁93。

還進行了具有「世界歷史意義」的「文化大革命」。在劉小楓看來，中國百年共和的難題不在於國體轉換而在於能否湧現出真正的「王者」——「考驗的首先是政治共同體的領袖和這個共同體的擔綱者階層，」[78]晚清王朝的覆滅就是因為「沒有一個像樣的王者」。所以，領袖才是歷史變遷和制度變革的決定性因素。近些年來劉小楓轉向所謂西方「古典學」研究，重點尋求柏拉圖、盧梭、韋伯、海德格爾、施特勞斯和施米特的學術支持，[79]亦是為領袖史觀注入了新的思想資源，其中的一個重要觀點是：「海德格爾和施米特眼中的聖人，不是馬克思的階級，而是民族的政治和精神領袖。政治秩序的正當性是依民族國體和具體環境而有差異的，理所當然地，『（民族）領袖是法的監護人。』」[80]基於這種領袖史觀，劉小楓不能理解並且感到難過的是，為何毛這樣一個不世出的「王者」在其身後遭遇國人如此多的非議，這些非議構成他所說的「百年共和的精神內傷」：「哪個民族國家的國父會是這樣的呢？想到這點，我心裡就難受。」[81]的確，「國父」本來應該是無可爭議的，毛在其生前統治時期已經成為人民的「神」了，為何這個「神」卻會在一夜之間坍塌？這才是劉小楓苦心積慮試圖解決的問題，解決的路徑就是重返中國「古典學」，在儒家革命精神源流中重新尋求和構造「成聖成王」的思想資源，重新賦予「毛子」以儒家中國的擔當，重新塑造其新的革命領袖的形象，最後證明：「俱往矣，數風流人物，

78　同上書，頁87。

79　劉小楓的古典學研究極其龐大，近些年組織翻譯出版了大量相關著作，尤其對施特勞斯和施米特著作的推廣，在國內已成顯學，需要另文評述。

80　劉小楓，《儒家革命精神源流考》，頁101。

81　劉小楓，《百年共和之義》，頁95。

還看今朝！」

　　毛在文革後期寫過一首詩《七律・讀〈封建論〉呈郭老》：

　　勸君少罵秦始皇，焚坑事業要商量。

　　祖龍魂死秦猶在，孔學名高實秕糠。

　　百代都行秦政法，十批不是好文章。

　　熟讀唐人封建論，莫從子厚返文王。

　　劉小楓現在讀這首詩不知會有何感想？他還想為祖龍招魂嗎？
一個以秦始皇自居的現代君主，終身都在與孔子為敵，臨死前還掀
起了批孔運動，居然被劉小楓塑造成孔子以來最偉大的現代聖人、
聖王和第一大儒，以此羞辱天下儒生，大概是空前絕後的吧！

　　榮劍，獨立學者，著有《民主論》、《山重水複的中國：榮劍演
講及對話錄》、《新盛世危言》等書，近期發表的重要論文有：〈誰
的天下：天下體系批判〉。

康老老矣，康生再生：
文革前、文革中的康生

丁學良

　　筆者因為粵港澳大灣區文化產業投資機構一位主管的介紹，在2023年2月初人民政府允許人民群眾摘下口罩聚眾餐飲的感恩大好時光，認識了《文革前的康生》（台北：新銳文創2022年版）編者之一的周言博士。周言早就了解筆者的青少年時期的革命經歷，隨後托人把此書的簽名版贈送予我。筆者感慨，這個年頭還費時費心編輯這種歷史文獻的學者，與這個年頭還費時費心翻閱這種書籍的讀者，都堪稱是「瀕臨滅絕的野生動物」。

有幸多次聆聽康老面授

　　筆者對此書頗感興趣，原因並不單純，首要的是整個文革時期與康生挺有交接的緣分。1966年夏季全國興起「大破四舊」高潮之際，安徽省省會合肥市的紅衛兵們四處出擊，搜尋、查抄、砸爛被革命小將們視為「四舊」的各類東西。他們一看屯溪路上的合肥工業大學正門口懸掛的校名大牌子，書法嚴正，筆力蒼勁，古風厚實，直覺上就斷定這幾個字必是封建遺老遺少臭文人的作品，勒令校方摘下校名大牌子，焚燒完事。校方派出一個幹部，小心翼翼地向紅衛兵解釋說，這個校名的題字絕非出自舊社會遺留下來的臭老九筆

下，而是毛主席無產階級革命司令部的重要成員、我們敬愛的康生
同志手書。紅衛兵一聽就肅然起敬，乖乖地走了。紅衛兵們也沒有
問清楚，為什麼敬愛的康老會給合肥工業大學題校名？有人猜想合
肥工業大學是1949年後新中國全盤學習蘇聯的時代，按照列寧格勒
礦業學院的圖紙建造的。康生早年是中共派駐莫斯科共產國際的代
表團第二把手（第一把手是王明），對蘇聯感情深厚，於是就為這
所建築風格百分之百蘇聯模型的大學題了校名。

　　文革衝突最激烈的1966年冬至1969年冬，安徽省的形勢經常陷
入大規模武鬥的險惡狀態。由於該省是為全國經濟第一重鎮上海提
供糧食和煤炭的資源基地，中共中央文化革命領導小組——簡稱「中
央文革小組」，此時已經取代中共中央書記處，成為執行毛澤東政
策方針的首要機構——時不時地召見安徽省文革兩大派組織要員們
赴北京彙報該省的最新態勢，聽取高層的指令。而康生就是代表毛
主席為首的無產階級革命司令部專門負責指導安徽省文革的。他當
時是中央文革小組顧問，組長是陳伯達（位列中共中央政治局常委，
排名在毛澤東、林彪、周恩來之後），副組長是江青。而陳伯達常
常在背後抱怨他本人只是個傀儡，真正大權在握、掌控文革第一線
局面的是江青（自稱「老娘」）和康生。等到1971年9月13日林彪事
件爆發、陳伯達受株連被關押後，康生就成為中共中央排名在毛澤
東、周恩來、王洪文之後的第四號領導人。所以，整個文革期間，
我們安徽省的紅衛兵和造反派一聽到康老的指令，立刻就明白這是
傳達毛主席的旨意，不敢胡攪蠻纏。

　　康生是個殺氣很重的人，畢竟是親身經歷了1930年代史達林大
肅反的厲害角色。他坐在那兒聽安徽省來的造反派頭頭們作彙報，
一聲不吭，面無表情，一根接一根地抽菸。一旦彙報完畢，他發聲
指示，斬釘截鐵容不得任何人插嘴發問。有一次彙報中間，一個安

徽省造反組織的代表很好奇康老抽的是什麼菸？他從來沒見過的那種菸盒，滿會議廳裡菸味飄香不絕。於是他趁短暫休息時刻走過去試圖拿起康老的菸盒看看，康老的警衛員閃電般的把他按倒，嘴巴緊貼在地面吭聲不得。康老頭都沒動，彷彿身邊啥事都沒有發生，一派閻王爺的不凡氣度。

遺憾的是，像康生這樣重量級的中共領導人，卻沒有相應分量的傳記出版，直到如今都沒有見著。筆者在哈佛大學讀博士學位的最後階段，曾經在費正清東亞圖書館裡看到一本中文繁體字的康生傳記，書名叫《龍爪》。自稱為翻譯者在前言裡說，這本書的兩位原作者是西方情報機構的成員，為了不暴露身分，特地用假名出版，原書英文名是 *The Dragon's Claw*，含義明白，康生是毛澤東的利爪。筆者當時翻閱了這本書後，立刻發生了疑問：如果真是西方情報機構的成員撰寫了此書，那裡面一定包含了從前人們不知曉的資料，可是筆者並沒有讀到這種嶄新披露的資料。好幾年後，筆者在北京地攤上也看到了此書的簡體字版，依然是照搬早年的那種說法，說此書是出自西方情報人員。按照常理，毛澤東時代已經過去那麼多年、康生已經死去那麼多年了，這兩位情報人員還有什麼必要隱藏真名？所以筆者推測，這本書是出自中國人之手，假借西方情報人員的幌子以增加神秘度，多賣幾本多賺點錢。

雖然我們一直無緣讀到高品質的康生傳記，但只要是關注中共歷史的知識人都知道，堪稱長壽的康生（1898-1975）一生的政治搏鬥有兩個高峰，次高峰是1940年代中葉的延安整風運動期間，毛澤東任命康生為僅次於他本人的負責整風運動的副手。然而由於整風所用的手段過於嚴酷，對中共梯隊造成的傷害太烈太廣，毛澤東就把康生當作替罪羊，讓他退出最高決策層（詳見高華，《紅太陽是怎樣升起的》，香港中文大學出版社）。政治上被冷藏了約20年的

康生，一直熬到毛澤東發動文革前夕，又被召喚出來受到重用，這便是他政治生涯的最高峰。1966年3月28日至30日，毛澤東在杭州與康生、江青等人作了三次談話，指令他們把鬥爭的矛頭對準以彭真為首的北京市委和以陸定一為首的中共中央宣傳部，狂風暴雨般的文化大革命於是興起（錢江，〈鄧拓自殺前的抗爭〉，《民國風文藝範》2023年4月5日）。

　　從毛澤東兩次特別重用康生，我們不能不佩服中共軍隊裡的大才子肖華上將（曾任解放軍總政治部主任）在大型紅色歌舞劇《長征組歌》裡對毛澤東的頌揚──「毛主席用兵真如神！」。康生的多種素質被毛澤東洞察入微：康既深知中國帝王專制傳統文化，又在蘇聯大清洗中觀摩到史達林操作紅色利劍──列寧和史達林把蘇聯政治警察系統「契卡」讚譽為「革命的復仇之劍」──砍殺黨政軍系統骨幹分子的各種或細膩或狂暴的手法，還精通以馬列主義意識形態話語權恐嚇窒息知識界的技巧。1949年前毛澤東安排康生任中共中央社會部兼情報部部長，1966年安排康生任中央文革領導小組顧問，都是毛澤東作為最高領袖對身邊高級幹部知人善任的典範。同時毛澤東又深知江青的尖酸刻薄易爆的脾氣，身邊有康生作她的顧問，也使得江青能夠擔當更隱蔽奸詐沉重的任務，比如負責蒐羅劉少奇的罪證，定他一個「叛徒、內奸、工賊」永遠開除黨籍的奪命刑罰。文革期間凡是有中央文革小組成員出席會議，我們都能看到，江青除了對康生表示敬重，一直稱為「康老」，對任何其他同事都不當一回事。後來我們紅衛兵才風聞，當年在延安是康生設法把他的山東諸城小同鄉江青引薦給毛澤東，成就了這樁絕妙的革命婚配。

理解康生講話並不容易

這本《文革前的康生》收集的是1957-1964年間他的講話，由於不是正式發表的文章，所以以句子段落延展得很隨意，生猛鮮活的表達時不時地蹦出來。當然，若不是諳熟中共政治運動史的讀者，往往不知所云。筆者認真讀了全書，對康生諸篇講話中那些具有不朽價值的部分排列如下（但不是按講話時間表排列的，而是按內容的啟發意義或內在邏輯編排的），並作簡要的注解點評。最後大家便會明白，為什麼筆者稱半個多世紀前康生的這部分言論為「不朽」。

——1959年5月11日，康生在作報告的一開頭就說明，他有「三畏」：

第一怕錄音。…… 我今天講的只限於今天，明天我就不認帳了。…… 我的講話並不好，不值得錄音；我的講話也沒有壞到非錄音不可。像對付右派分子的發言，害怕他賴掉，錄音下來「立此存證」。第二怕筆記。…… 我要求你們在我講話時也不要寫筆記，希望你們「筆下超生」，對於不寫筆記是一個解放。第三怕從講話中找公式，找口號，找概念。…… 我希望我們大家從錄音中解放出來，從筆記中解放出來，從概念、公式、口號中解放出來，這樣才能達到思想解放。（該書頁218-219）

康生的這個三畏即三怕，是一波又一波嚴酷的政治鬥爭自然滋生出來的自我保護技巧。剛結束不久的反右運動又強化了人們的恐懼感，怕被抓辮子、導致無限上綱無情打擊的毀滅性後果。康生是這個體制的非同一般的高端參與者，他在延安整風運動中第二號指

揮官的恐怖作用在中共黨內中層幹部以上幾乎是路人皆知，而1959年前後的康生雖然權勢遠不及在延安時期，卻依然是中共中央政治局候補委員；即便如此，他也要時時提防不被舉報落入政治整肅的深坑。可見這一套由史達林大清洗時代完善了的體制，被引入到中國再加上秦始皇和明太祖的特色要素，是如何的威力無比！到了21世紀的第二個、第三個十年，中共高層反覆警告全黨「不許妄議中央！」高等院校裡實行「資訊員體制」，教師提心吊膽怕被學生舉報，可見當年康生的三怕依舊是我們眼下生活的基本特色。

——1957年6月27日至7月1日，康生對高教部組織的「政治理論課程教學大綱編寫小組」指示：

> 資產階級知識分子說，他們在社會科學上有很多學問。我們應該把舊中國的法學、政治經濟學、社會學等著作、課本都找來研究，看看他們究竟講了些什麼，每次上課時都要好好地批判它。這樣就把右派的祖墳挖了。…… 右派分子的社會科學綱領，他們認為政治經濟學不能根據政策、法令和首長的報告去研究，他們說這些不是客觀規律，主張講客觀規律。（該書頁25、29）

大清晚期啟動的最根本的改良進步，均基於中國對西方知識體系的開放接納，以及與此相匹配的教育機構之設置。即便幾十年期間中國內亂外患不絕，在教育現代化領域裡取得的進展仍然耀眼。北洋政府和中華民國時期的中國大陸那些著名的高等院校和少數中學之素質，與當時的發達國家相距不遠。從1952年起，中共就系統地改造大陸的高等教育體系，全盤照搬蘇聯的模式。從1957年起，就從教學內容上全盤清除19世紀末以降吸收的西方知識。一直延伸

到1977-1978年，才又對西方的知識體系打開窄窄的視窗，後來儘管發生了1983年的「清除精神污染運動」和1989年夏天以後的清查「六四動亂」思想根源的運動，從整體上看，1977-1978年重新開始的接納西方知識體系的大方向並未扭轉。但從大約2016-2017年起，中共高層就發動對教育機構裡的西方觀念和知識影響的逐步嚴控和清除，包括對翻譯成中文廣泛使用的教科書作清理，限制圖書館裡的外文書刊和翻譯書的上架和借閱，壓縮英文教學的比重直至提倡取消升等考試的英文科目，改部分英文課程為俄文課程，對海外學者參與的研討會層層加碼嚴格把關審核，對海外學者的講座大幅度縮減，對過去30多年裡翻譯成中文已經上網的著作做大面積清理。試圖取代它們的，是所謂「建構中國自主的知識體系」，眼下已經由北京的中國人民大學率先落實，步步推向中國內地或許還推向香港。

　　這個中共高層在2022年春季高調號召的「建構中國自主的知識體系」是啥個路子？其實半個多世紀前的康生講話已經闡明，也即以上引用的那段話裡的「右派分子的社會科學綱領，他們認為政治經濟學不能根據政策、法令和首長的報告去研究，他們說這些不是客觀規律，主張講客觀規律」。所謂「中國自主的知識體系」，就是教師和學者們講課、寫作、傳播的主要內容，必須以中共的政策、法令和首長的報告為最高準則，而不能夠以客觀規律為依據。下一步再會出現什麼樣的「中國自主的知識體系」？康生1961年5月16日的報告裡引用的實例已經預示了未來——「有人說外語也有階級性，要教中國英語，不教外國英語」（該書頁259）。

　　——1957年8月20日，康生在外地來北京的政治課教師座談會上說：

中國很多的社會學家都與國民黨的社會部有關係，甚至就在社

會部工作，例如陳達。大家知道，國民黨社會部的頭子是谷正
綱，實際上是個偵探部，專門破壞革命。……他們說他們的調
查詢問，有一套好的辦法和技術，實際上也是反動的東西。陳
達的人口調查是依靠（國民黨政府）縣長和公安局長的，另外
一套就是偵探技術。（該書頁67）

　　1949年前的國民黨社會部肯定有偵探任務，以防範社會各層面
被敵對黨派滲透利用遊行鬧事攪亂社會乃至顛覆政權。但顯然這個
部門並不十分有效，否則不至於在1945年抗戰勝利以後大陸多個城
市的反政府抗議此起彼伏，背後都有中共地下組織起關鍵作用。然
而中共並不因為國民黨的社會部功效不大而棄置不用，它也仿照國
民黨成立了「中共中央社會部兼情報部」，康生就是該部的部長，
並因此而被稱作中共的貝利亞。更令人醒覺的是，這個部門在消失
幾十年後，又於2023年4月被宣布重建為「中共中央社會工作部」。
可以預期的是，這個重建的部門一定不會對當年康生領導的該部之
經驗棄置不用，也一定不會對2020年至2023年初全中國大陸新冠疫
情期間試驗和發展出來的超級微觀監控體制（即學術上被稱作數據
極權主義 digital totalitarianism）棄置不用。對重建的原由康生主管
的部門，中國社會的變遷提出的新問題多多，比如經濟下滑時期與
日俱增的失業人員，比如新技術發展刺激出的民眾抵抗花招。更不
可忽視的是沿海區域在過去幾十年裡受益於外向型經濟滋生出的與
海外的層層利益和感情關係，這類關係在中共決定武力攻打台灣的
緊急狀態下，必須施加全面的嚴控。1958-1962年期間，中共就把大
陸沿海有海外關係的巨量家庭強制遷入內地（筆者的家鄉很多），
防止他們在美國護衛台灣軍事反攻大陸狀況下可能作出裡應外合的
「第五縱隊」行為。在這些方面，康生領導的該部的經驗一定會被

注入新鮮血液，成為新世紀「踐行總體國家安全觀」的有機一環。「總體國家安全觀」是最近每年4月份中共布置全黨全軍全民學習領悟的新框架，覆蓋「政治安全、軍事安全、文化安全、網路安全、資源安全、海外利益安全、太空安全、深海安全、生物安全、極地安全、核安全、生態安全、科技安全、社會安全、經濟安全、國土安全」所有領域，無一遺漏。康生系統的接班人真是夠忙的！

　　——1958年9月23日，康生在山西省太谷縣對下放的和本地的幹部宣講不久前召開的中共中央北戴河會議通過的一系列重大政策：「毛主席講了話，事情很多，會議的決議有的在報紙上登過，有的在黨內做了傳達。……人民一致擁護這些決議，特別是軍事化、集體化、戰鬥化很重要」（該書頁155）。為什麼特別強調這「三化」？八個月後康生在報告中提及最壞的可能性之一的國際形勢：「我們假定美帝國主義在福州登陸，而且還占領了拉薩，還丟了幾顆原子彈，你們想想看還能照舊教書麼？」。（該書頁220）

　　在中共領導高層，康生的任務基本上不涉及軍事戰略，他的這些講話透露的應該是毛澤東本人對外部局勢最壞的幾種判斷之一。那年頭由於毛澤東全力推展的大躍進政策，中國大陸正進入全面饑荒的悲慘境地。隔海對峙的台灣島上，蔣介石為首的中華民國軍政高層判斷，此時正是反攻大陸的最佳機會，一旦國軍登陸，饑寒交迫的民眾便會揭竿而起推翻紅色政權。毛澤東本人當然時刻防備著美國派兵護衛蔣介石大部隊的攻擊行動，軍事化、集體化、戰鬥化是全民皆兵的應對之道。須知，此時的中共政權尚未試驗成功核武器，還要做出遭受美國核彈打擊的最壞打算，就像當今的無核國家烏克蘭面臨著俄羅斯的核威脅一樣。毛澤東對敵方從來不存有絲毫的幻想，把最東部沿海的福州與最西部高原的拉薩都當作可能被敵軍占領的地盤。若是如此，中國大陸剩下的受中共軍隊掌控的地區

就不太廣闊了。毛澤東從那時起就有英明部署，除了有耗費天文數字的大三線專案（在中國內地西南山區建設軍工體系）以外，同時指示每個縣城都應該建設「五小」架構，即小機械廠（平時民用，戰時修造槍支），小化肥廠（保證農田高產量），小糧食加工廠（保證糧食自給），小紡織廠（平時民用，戰時提供軍裝軍被），小煤礦或小水電站（能源自給）。有了這個完整的五小架構，即便中國東部和中部的大城市被敵軍占領、交通線被敵軍控制，成百上千的縣城也能夠各自為戰。毛澤東的全民皆兵戰略戰術就是這樣謀劃的，軍事化、集體化、戰鬥化絕非空話。朝鮮金氏王朝三代奉行如法寶的「先軍」大政方針，其實是毛澤東路線的翻版。

從2021年開始（也許更早一點），中共高層就布置恢復供銷社系統，這是毛澤東時代遍布城鄉的後勤機構，確保最必須的生活資料主要掌控在政府手中，隨時能夠實行憑票證定量供應，而不受市場波動的影響，此乃戰爭年代的基本經濟措施。從2023年開始，中共行政部門把此前多年花費巨額資金種植的樹林綠化帶砍掉，改種糧食。自從1990年代末為了挽救生態危機全面推行的「退耕還林」到如今的「退林還耕」（又叫做「復墾復耕」），標誌著中共決策層重新啟用毛澤東備戰備荒的方針，為武力攻占台灣作準備。只要重新強調解放台灣的目標，中共高層就自然而然地走進毛澤東的連鎖布局──台灣海峽戰爭開打，美國為首的西方盟邦包括日本菲律賓甚至澳大利亞在內，包圍中國大陸東南沿海、攻擊中共糧食進口航道的危險絕不可低估，提高本土糧食的自給率就成為落實「底線思維」的必然安排。毛澤東一輩子都是把打仗當作頭等大事，念念不忘告誡中共各級幹部，戰爭的威脅始終存在，要「準備早打，準備大打！」全國上下軍事化、集體化、戰鬥化乃是毛澤東心目中的社會常態。1958-1959年康生宣講的毛澤東「三化」指示，到了60

多年後的如今，又成為中共高層的先軍大政錦囊妙計。武力攻占台灣的部署已經出台，毛澤東平生從最壞的可能性出發打內戰、打區域戰爭、打世界大戰的底線思維，就順理成章。

簡約結語

讀《文革前的康生》再連接筆者文革中親耳聆聽康生的多次指示，深感毛澤東兩番重用康生真是慧眼識人！康生在那一代中共高層裡是少有的毛派頂級幹將（不亞於柯慶施），懂政治，懂謀略，懂中國，懂蘇聯，懂文化，懂情治，懂酷刑，懂演講，懂內鬥，懂外交，懂女色，懂大菸，懂書法，懂戲曲。參透了康生，就參透了毛澤東的一大半（參閱丁學良〈艱難緩慢地逼近真實完整的毛澤東〉，潘佐夫、梁思文《毛澤東：真實的故事》中文譯本導言，聯經出版公司2015年版）。1977-1978年間，中共高層思想解放運動中，毛時代的殘存元老陳雲的一句話空谷足音：「毛主席是人不是神，康生是鬼不是人」。由此啟動了對文革乃至中共早期嚴酷清洗體制的反省和揭露。那以後的多年裡，老一代和我們都以為，康生以及與他血肉相連的嚴酷清洗體制被徹底埋葬了。然而最近十年裡，它們又春回大地。誰能預言，康生塑像不會有一天重新立於街頭，就像柯慶施塑像於2023年4月被立於上海公園裡一樣？這便是本文標題之意：康老早已經老了（皖南稱高壽人死了為「老了」），但康生的遺產又再生了。

完稿於2023年五四青年節；五四遺產在中國大陸已經被虛無了。

丁學良，先後在哈佛本科生院、澳大利亞國立大學和香港科技大學講授中國文化大革命課程。丁學良的文革經歷回憶錄由聯經公司出版《液體的回憶》（2004年）、《革命與反革命追憶》（2013年）。目前正在撰寫《毛時代，鄧時代，鄧後時代：兩個百年之間》一書，把從20世紀初到21世紀上半葉的中國政治社會巨變脈絡，與19世紀後期至21世紀前期的俄國蘇聯作比較，也參照兩次世界大戰期之間的德國和日本。

杜導正是誰？

吳 思

　　杜導正，杜老，今年100歲了。杜老的女兒杜明明約我寫點東西，發給我一段視頻，只見杜老清瘦，戴著鼻胃管，坐在病床上寫字：吳思老弟……

　　我是得寫點什麼。我得準備我的答卷，回答早晚會出現的問題：杜導正是誰？

一、《炎黃春秋》創辦人

　　杜導正是我的老領導，《炎黃春秋》雜誌的創辦人。1991年創刊前，他是國務院新聞出版署署長，再往前曾任《光明日報》總編輯、新華社國內部主任、新華社廣東分社社長、新華社隨軍記者、山西雁北青年抗日救國會主任，等等。不過，在百年人生的諸多身分中，他最認可的還是炎黃春秋雜誌社社長。

　　我們在同一間辦公室面對面工作十多年，但我很少聽他說過自己前半生的好話——除了談戀愛得手之外。我們聽他講怎麼上當受騙，下令鋤奸卻錯殺了老百姓；怎麼埋伏日軍反被包抄，年近九十還在夢中跳躍奔逃；怎麼在反右運動中被迫把新來的大學生打成右派，改正後登門道歉被人家黑著臉擋在門外；怎麼在吹捧大躍進之

後說了幾句實話，被陶鑄打成右傾機會主義分子，挨鬥17場；文革中怎麼挨鬥54場，女兒看著他受人侮辱，他看著女兒被人欺負；當了新聞出版署署長又怎麼反自由化，查封《新觀察》之類的報刊……等等。我聽到的不是走麥城，就是做錯事。

那麼，創辦《炎黃春秋》又有何不同？《炎黃春秋》儘量講真話，絕不主動說假話迎合什麼。用杜老經常念叨的蕭克書贈的話說：「譽人不增其美，毀人不益其惡」。如此堅持25年，以292期雜誌，六千多篇文章，巔峰時每期約19萬冊銷售量和331萬電子版訂閱量，單篇熱文上千萬的點擊量，重塑了漢語讀者有關現當代歷史事件和歷史人物的記憶。

本來，官方塑造的歷史記憶，主色調是光榮偉大正確。至於土改、鎮反、反右運動、大躍進和大饑荒、四清和文革，以及眾多歷史事件的深層和背面，只有粗線條的寥寥幾筆。《炎黃春秋》發表了大量當事人的回憶反思和學者的研究探討，將一個民族的歷史記憶啟動了，立體化了，全面化了，因果關係也更清晰了。這就好比過來人和專家一起畫了一張路線圖，可以提醒我們某處有深坑，某路其實是一條溝。在修訂精神地圖的意義上，數以百萬計關注國事的讀者，兩三代人，哪怕只在關鍵處訂正了幾筆，對中國的走向都可能發揮潛移默化的重大影響。

杜老不抽菸不喝酒，不講吃不講穿，不打牌不下棋，滿腦門子國家大事。除了寫幾筆板橋體的大字外，我不知道他還有什麼業餘愛好。上得班來，只見他盤腿一坐，便搖著大蒲扇招呼社委會各位同事過來「務虛」：「有什麼消息？來兜一兜，兜一兜。」「兜」到緊要處，哦哦連聲，眼睛能放出光來。很難想像如此純粹的「政治動物」離休後能安享晚年。創辦《炎黃春秋》，一再觸碰權力的中樞神經，風險大難度更大，卻是他最好也最有樂趣的人生選擇。

　　中國的出版市場呈品級形態，好像瑪雅金字塔。相應的媒體產權也可以叫品級產權。位置越高，權力越大，產權越「神聖」，可以隨意進出下邊的各級各種市場，還可以強制訂閱。權力稍小，只能在自己掌管的條條塊塊之內辦報辦刊。至於民辦報刊，如果無權無勢，根本無法存在。當然也有潛規則。杜老曾任新聞出版署署長，離休後權力交了，關係網或影響力還在。奉開國上將蕭克之命，在一級民間社團「中華炎黃文化研究會」的招牌下，居然就利用各種關係找到刊號，改了刊名，辦成了一份事實上的民辦刊物。

　　在出版界的瑪雅金字塔裡，最底層是官辦的縣報縣刊。《炎黃春秋》以民身冒充官辦，官帽在上，民身在下，正身的位置應該在地下室。杜老稱這種存在為「四不像」：無官方編制、無財政撥款、自己在市場上打拼、又戴了頂紅帽子註冊為「國有事業單位」。非官非民，非企業也非事業。前中宣部部長、《炎黃春秋》編委朱厚澤先生說，「四不像」體制就是過渡時期的最佳體制。當然，「四不像」的合法性不足，很容易被當作黑市私販打掉。確實也有打掉的先例，還上了《期刊出版工作法律法規選編》。

二、不成功便成仁

　　正身如此虛弱，竟敢修改官方發布的記憶版圖，杜老屢遭重手打壓。

　　我印象深刻的第一次打壓發生在2004年。官辦報刊必須有主辦單位和主管單位，好比小媳婦必有丈夫和婆婆。主辦單位好比丈夫，中華炎黃文化研究會即是。主管單位必須是直管丈夫的婆婆，文化部即是。但我們屢發觸碰底線的文章，闖了禍，高層找文化部領導問責，文化部便要求我們每期送目錄預審。這相當於上交終審權。

杜老不從，婆婆就拒絕再當婆婆。沒了婆婆，每年的報刊年檢無主管單位蓋章，戶口作廢，沒戶口不能印刷、不能發行、不能運輸，雜誌就要死了。杜老四處找婆婆，求爺爺告奶奶，他自嘲說：「除了送女人送票子，我們什麼辦法都用上了。」最後，2004年那道坎，還是請炎黃文化研究會費孝通會長出面，給最高領導寫信求情，由主辦單位臨時兼任主管單位，才算暫時過關——10年後再次翻出舊案，到底由文化部出面把終審權收了。

2008年杜老第二次遭遇打壓。官方看出「四不像」的要害在前朝權貴，便要求杜老退休，不再擔任雜誌社社長。杜老辯稱「無法規依據」，官方立即修訂規則，出台文件禁止70歲以上的離退休幹部擔任媒體主要負責人，給出了「法規依據」。打壓不同思想和主張時，官方通常揚長避短，「以非意識形態手段處理意識形態問題」。面對這種手段，杜老的慣用打法是輿論造勢，硬頂硬扛，以「不成功便成仁」的姿態把事情鬧大，讓對方感到得不償失。但這次對方來頭大，堅韌不拔，寸步不讓。一拖再拖之後，杜老妥協，把法定代表人的帽子扣到我頭上，再加一個常務社長的頭銜。從法規角度說，杜老名義上不再是雜誌社主要負責人，對方可以交差了。《炎黃春秋》又得到6年時間平穩發展。

當然，平穩只是相對而言。小打壓年年有，恨不得期期有。中宣部報刊閱評小組每期都能挑出我們的毛病，每次年檢我們都通不過，聽訓喝茶寫檢查做整改方案成了我的家常便飯。但上述力度的打壓，鬧到要死要活的程度，我只見過四次。

2014年第三次打壓，中華炎黃文化研究會奉命交出主辦主管權，改由文化部藝術研究院主辦，文化部主管，藝術研究院派人參與目錄一議二議，終審權破防。2016年7月第四次打壓，換班子，讓杜老回家養老。

　　兩次打壓，杜老仍以「不成功便成仁」加適度妥協的策略應對。「成仁」的威脅是當真的。杜老多次揚言，如果讓我們改變方針，把《炎黃春秋》辦成《求是》第二，不用等他們來封我們，我們自己就會停辦。2014年的那次硬頂，動作很猛，內傷頗重，妥協之後活了下來。2016年7月已無妥協空間，藝術研究院動員身強力壯的行政後勤人員帶鋪蓋入住炎黃春秋雜誌社，占領辦公室，全面接管。杜老宣布《炎黃春秋》停刊。但官方根本不承認停刊。《炎黃春秋》至今仍由官方按時出版，儘管面目全非，發行量也跌去大半。

　　杜老宣布停刊後，炎黃春秋雜誌社全體員工隨杜老撤出，無視提職加薪給事業編制的許諾，自謀生路，無一留任。我的同仁們，義無反顧，全體「成仁」了。

三、雙料企業家

　　改革開放之初，杜老在新華社有「杜大膽」之稱。其實我們知道，杜老深知官方底線，即使試探，不過越界一寸兩寸，每年還要限制次數，有張有弛。用杜老的話說：「我們只說了一點實話，兩點都沒有。」為了讓高層放心，杜老主動承諾「七不碰」，避開官方最痛之處。曾有離休高官建議我們加強與各地讀者閱讀小組的聯繫，建立讀者俱樂部，杜老堅決拒絕，認為那是發展組織，摸高壓線，離死不遠了。

　　憑著這種「四不像」體制，憑著這種分寸拿捏，創刊十幾年後，《炎黃春秋》儼然成為一面旗幟。本來就不多的競爭者被官方清除了，好文章好作者自然聚集在倖存者旗下。至於倖存的原因，從官方角度說，頂層的改革開放思維尚有餘溫，至少覺得我們可以裝點門面，只要別太「離譜」。頂層以下的官員則不敢出重手，畢竟站

在第一線的杜老是本行前輩，隨後還有杜潤生、李銳、李昌、于光遠、朱厚澤、李慎之、吳象、李普等一批省部級大員，壓陣的有蕭克、周谷城、費孝通等一批副國級顧問，似乎還有一些若隱若現莫測高深的大佬。他們的身分特權，或多或少地轉化為雜誌的品級特權，給「四不像」刊物披上了鎧甲。

「鎧甲」確實管用。前邊說過費孝通寫信求情，還應該說說蕭克。胡耀邦去世五周年時，胡的名字還是敏感詞。《炎黃春秋》準備發紀念文章，內部發生激烈爭論，連胡耀邦的夫人都出面勸阻。杜老提議請蕭克決定，蕭克說：「發。誰有不同意見，告訴他我的電話號碼，我願意和他討論」。我還記得一個小會，顧問和部分編委商議如何應對打壓，在場的大概有杜潤生、李銳、于光遠、朱厚澤、吳象、何方和李普等人，只聽於光遠坐在輪椅上笑道：「他們敢封《炎黃春秋》，咱們就坐著輪椅，舉著小旗，到天安門廣場去。他們碰一個，咱們倒一個。」

杜老身後有這樣一批高官，左右還有一起創刊的老友老部下。方實，離休前是新華社機關黨委書記，他永遠帶一個黑皮包，永遠能從包裡掏出好稿子。徐孔，離休前是中國食品報社長兼總編輯，他既編稿子又當總經理，鐵面無私，讓杜老和我們每個人經常自掏腰包，不敢輕易花雜誌社一分錢。雜誌社裡不乏才幹過人脾氣暴烈的業內高手，攏住這些人並不容易。我見過高手與杜老面對面拍桌子罵娘，過後就忘，連個小疙瘩也看不到，雙方的度量都讓人佩服。編輯部裡的年輕人自由化傾向明顯，各種缺點也很明顯，杜老依然包容重用。

據說，企業家的主要功能，就是以創新的方式組合各種生產要素，發現並滿足潛在需求。「四不像」雜誌社的社長，同時在官場和市場上打拼，堪稱雙料企業家。杜老不僅要組合人才和資本等生

產要素，還要組合權力要素，以走鋼絲的方式滿足讀者和官方的需求，罩著編輯部為各界作者和讀者搭建橋樑。這就是適應中國特色環境的創新。順便提一句：在中國特色濃重的環境裡，出版和言論自由之類的公民權利並不是公共物品，此時權力要素入夥就有了生產要素的作用，好比農民手中的農藥，工廠的圍牆和保安──生產者被迫自力更生抗害救災，抵禦外部權力入侵。

然而，機緣有合有散。秋葉飄零。餘溫散去。冬天來了。

四、他們是誰？從哪裡來？

杜老對自己這夥人的定性是「黨內民主派」，又稱改革派、開明派、改良派、溫和派、「兩頭真」。杜老最尊敬的老領導是趙紫陽，他是趙提名到出版署當署長的，因此又被劃為改革派中的「趙派」。實際上，2008年那次打壓，導火索就是雜誌上出現了趙紫陽的名字，闖了禁區，還連續發文講述趙在歷史上的功績。

在趙紫陽軟禁期間，杜老和幾位老友合作，為趙整理出版了轟動一時的口述回憶錄《改革歷程》，隨後又用採訪的剩餘材料寫了一本《趙紫陽還說了什麼》。官方派人去杜老家勸阻在香港出書，杜老一口回絕，說「我遵循實事求是的原則，只說了一點點實話，怎麼就容不下？如果為此停發我的養老金，取消離休待遇，我不怕。我孩子大了，可以養活我。我是老黨員，有七十多年黨齡，如果為此開除我的黨籍，我無上光榮！」

這是我聽杜老說過的最強硬最決絕的話，由此可見他「派性」之強。但他對我們複述這番話的時候，又補了一句：「其實我怕。怕他們取消我的醫療待遇。」

這些自稱黨內民主派的人，核心訴求，就是建立一種民主法治

體制，迫使官方向選民提供物美價廉的公共物品，保護好憲法承諾的公民權利。他們想利用權力的餘熱，推動中國轉型，改變權力至上的大一統格局。

從上到下，從趙紫陽到李銳到杜導正，再到方實和徐孔，年齡相差不過十歲，這一批人從何而來？我看是撞南牆撞出來的。前邊提到姓名的人，無一不是傷痕累累，人人栽過大跟頭。這是一代人的共性。往大了說，整個國家都是一個跟頭接一個跟頭一路摔過來的。再往大了說，半個世界都跟著蘇聯摔了幾十年跟頭。困而知之，窮則思變，改革開放其實是半個世界的歷史潮流。

五、他們能往哪裡去？

在半個世界的轉型史上，似乎可以提煉出一個兩方四派的互動模型。兩方即官方民方，四派即官民兩方內部的強硬派和溫和派。官民雙方的溫和派互動，溫和對溫和，構成溫和軸心，可以形成良性迴圈，轉型大體溫和平穩。波蘭、南非、西班牙、韓國和蒙古等國都是如此。台灣亦然。強硬對強硬，大抵是拳頭大者勝，例如1956年的匈牙利事件，1968年的布拉格之春，1989年的中國，還有1997年阿爾巴尼亞轉型之後的全國戰亂。強硬對溫和，通常是強硬派連連得手，步步緊逼，失利方的溫和派無奈下臺，強硬派登場，回歸強硬對強硬的雙輪格局。中國轉型一百多年，從戊戌變法算起，大抵是強硬派得手，得手之後路徑依賴，持續強硬，掉進強硬陷阱百餘年難以自拔。

杜老這一撥黨內溫和派，與體制內外的溫和派改良派作者合作良好，良性迴圈前景隱約可見，奈何連遭重手打壓，黯然出局，又為中國百餘年轉型史增添了一小段悲劇。不過，作為悲劇的失敗方，

將心比心，我猜杜老的內心是平靜坦然的。謀事在人，成事在天，盡心盡力即可俯仰無愧。即使有機會重活一次，我們，我，還能有更好的選擇嗎？微斯人，吾誰與歸？

2023年9月20日

吳思，歷史學者。著有《潛規則：中國歷史中的真實遊戲》、《血酬定律：中國歷史中的生存遊戲》，《陳永貴：毛澤東的農民》等書。曾任《炎黃春秋》雜誌社常務社長兼總編輯，天則經濟研究所理事長。現已退休，仍然關注中國社會的性質及轉型問題。

偶然性：中國革命問題研究的新視角：

讀周錫瑞《意外的聖地：陝甘革命的起源》

楊宏雨、石一琨

20世紀90年代以來，中國近現代史研究開拓了許多新領域和新話題，社會史、文化史和經濟史研究得到了極大的重視，與此同時，過去占主流的革命史研究逐漸邊緣化。不少學者認為「革命」已塵埃落定，過去的研究已碩果累累，再花力氣，不僅收效甚微，而且對重新理解現當代中國的意義不大。但無可否認的是，中國革命本身就是追求現代化的產物，中國共產黨執政的合法性恰恰建立在革命之基礎上。若要深刻理解「中國道路」「中國奇蹟」之緣由，中國革命問題的研究不僅不能淡出，而且有必要拓寬、拓深。因此，「重提」、「再釋」革命，打破傳統革命史觀的固定架構，重塑新革命史的書寫方式，就顯得十分重要。

延安被稱作中國革命的「紅色搖籃」和「精神聖地」，它見證了中國革命從低潮走向高潮的征程，孕育了奪取全國勝利的紅色政權。延安時期革命史研究是中國革命史研究的重要組成部分，學界對這段歷史的研究可謂汗牛充棟。然而，傳統的革命史研究往往以政治事件和重要人物為切入點進行敘事，對陝甘革命的興起與壯大、中共中央為什麼最終選擇落腳陝北等問題缺乏深入探討。美國

學者周錫瑞的《意外的聖地：陝甘革命的起源》一書，探討了共產
革命如何在陝甘崛起並曲折發展、中央紅軍為何最終選擇扎根陝北
等問題，通過揭示陝甘革命興起與壯大中的種種偶然事件，對陝甘
革命做出了偶然性的解釋，為中國革命的歷史書寫提供了別樣的視
角，是研究中國革命問題的力作，有助於推動學界對中國革命問題
進行重新思考。

一、主題：陝甘的紅色政權何以興起與壯大

陝甘紅色政權是中國革命走出低谷、走向勝利的關鍵，已然成
為新民主主義革命史上的一座精神豐碑。周錫瑞在《意外的聖地：
陝甘革命的起源》一書中探討了「陝甘的紅色政權何以興起和壯大」
這一主題，其中有兩點值得關注：其一，陝甘革命的特殊性在何處？
在中央紅軍抵達之前，陝北蘇維埃何以能在異常艱苦的環境中保存
下來，成為當時碩果僅存的一塊紅色區域？其二，遵義會議後，毛
澤東領導的中央紅軍為何選擇落腳陝北，又為何最終駐紮延安？相
較於之前的研究，周錫瑞將陝甘紅色政權興起與壯大的過程，視為
一種由無數種可能的事件交織而形成的機緣巧合，而非歷史的必
然。[1]

1　中國大陸的學者一般將陝甘革命根據地起源與發展壯大，以及中央
　　紅軍選擇陝北這一過程視為歷史的必然。如歐陽堅：〈陝甘革命根
　　據地何以成中國革命的起承轉合點——「兩點一存」歷史原因分
　　析〉，《中國黨政幹部論壇》2021年第6期；張智全，〈論陝甘邊
　　革命根據地「碩果僅存」的歷史必然性〉，《中共黨史研究》2011
　　年第10期；劉倉，〈毛澤東對長征路線的選擇及落腳陝甘戰略的確
　　定〉，《毛澤東研究》2016年第3期。

　　中國紅色根據地建設並非始於陝甘地區。1927年秋收起義失敗後，毛澤東率領剩餘的部隊向井岡山轉移，開闢了井岡山革命根據地，此後，贛南、閩西革命根據地相繼建立。1933年中華蘇維埃政權在湘贛的所轄面積、人口數量、革命武裝和經濟水平均遠勝於其他各個地區。正如黃道炫所言，「中共革命的幾個重要原則諸如武裝鬥爭、群眾路線、土地革命、社會再造等」，在江西蘇區均有所實踐並「已經牢固確立」。[2]中共還在江西瑞金成立了中華蘇維埃共和國，這裡一度成為中國革命走向勝利的最大希望。與之形成鮮明對比的是，陝甘革命根據地人口、面積、影響力遠不及湘贛蘇區，在很長一段時間內，中共中央甚至不知道它的存在。但是，第五次反「圍剿」失敗後，在中央蘇區和各地蘇維埃政權紛紛覆沒之際，陝甘革命根據地卻出乎意料地被保留下來。遵義會議之後，毛澤東等人率領紅一方面軍同張國燾的紅四方面軍會師，但不久產生分歧並決裂，毛澤東在率部北上的過程中，本想把紅軍帶到中蘇邊境修整，獲得蘇聯的援助，卻意外地從一張報紙上得知陝北有一小塊紅色區域，於是率部抵達陝北。不過，毛澤東此時並不想長期駐紮在陝北這個自然、人文環境都非常不理想的地方，在東征山西、西取甘肅和北進寧夏的計畫失敗後，出於保存實力和抗日的需要，才最終決定駐紮此地。周錫瑞坦言，「如果毛澤東繼續前往中蘇邊境，就不會有『延安時代』，中國歷史的進程也將大不一樣」。[3]可誰又能預料，陝北這一貧瘠之地，竟一變而成為革命的聖地，孕育出已執掌中國70多年之久的紅色政權。周錫瑞把延安稱為「意外的聖地」

2　黃道炫，《張力與限界：中央蘇區的革命（1933-1934）》（北京：社會科學文獻出版社，2011），頁2。

3　[美]周錫瑞著、石岩譯，《意外的聖地：陝甘革命的起源》（香港：香港中文大學出版社，2021），頁380。

正源於此。

　　在掌握大量的地方檔案和口述資料之基礎上，周錫瑞通過細膩的筆觸，生動地描述了陝甘革命的發源、存續與壯大這一曲折發展之過程，揭開了延安成為中國革命史中「意外的聖地」背後的因果邏輯。由於遠離深受西方近代文明影響的沿海地區，陝甘地區仍以小農生產方式為主，落後的工業、農業、交通和不發達的商業貿易，致使該地區難以產生近代轉型之動力，然而，這片貧瘠的土地上，卻誕生出了全面挑戰當時國家權威的工農政權。作為土地革命戰爭後期僅存的碩果，陝甘革命保存了中國革命的火種。抗戰時期，從南方長征來的紅軍老兵、沿海投奔過來的愛國學生與知識分子等「外來者」代替了本地人成為主政者，延安這個閉塞、落後的小城，呈現出勃勃生機，開創了中國革命的新局面，揭開了紅色政權逐漸壯大並走向全國的新序章。周錫瑞認為，這一系列反差說明，套用必然性去解釋陝甘革命的歷史不僅是膚淺的，而且是荒謬的。陝甘紅色政權的興起與壯大實際上「不是必然的，而是人為的，並有很多偶然性」。[4]各種因素的交互影響，甚至是極其偶然的事件、人物和環境，都會對歷史走向起很大作用。「陝北成為長征的終點完全出於歷史的偶然」，[5]「其間充滿著各種戲劇性的插曲：盲目的熱情、尖銳的衝突和代價高昂的勝利」。[6]周氏的這一著作突破了中國大陸學界革命史研究中占主導地位的必然性之分析框架，關注到了「陝甘的紅色政權何以興起和壯大」的敘事主題，並將陝甘革命乃至中

4　周錫瑞，〈關於中國革命的十個議題〉，董玥主編，《走出區域研
　　究：西方中國近代史論集粹》（北京：社會科學文獻出版社，2013），
　　頁200。
5　[美]周錫瑞著、石岩譯，《意外的聖地：陝甘革命的起源》，頁380。
6　[美]周錫瑞著、石岩譯，《意外的聖地：陝甘革命的起源》，頁14。

國革命過程的解釋納入了偶然性的分析框架之中。

二、線索：特殊的革命與意外的聖地

　　《意外的聖地：陝甘革命的起源》一書按照時間序列，描述了從「清黨運動」到「西安事變」期間陝甘革命興起與發展的曲折過程，以及毛澤東和中央紅軍到達陝北前後的策略選擇。除「前言」與「結語」外，全書一共分為六章，第一章「歷史溯源」、第二章「陝西共產主義運動的興起」、第三章「土匪和布爾什維克」、第四章「革命的崎嶇之路」，這四章介紹了陝甘紅色政權的起源與存續的歷史過程；第五章「意外的聖地」、第六章「延安時代的開端」，這兩章講述了中央紅軍為何選擇陝甘根據地，並逐漸壯大的原因。書中所講述的陝甘革命興起、存續與壯大之過程，環環相扣、引人入勝。下面筆者對該書中的敘事線索稍作整理，以便更好地向讀者呈現陝甘革命中受偶然性因素支配的一面。

（一）興起：貧瘠之地微弱的革命火種

　　地理環境因素對歷史演進有著重要的影響。周錫瑞在第一章介紹了陝甘地區閉塞的地理環境，並追溯了該地區從明末以來落後的社會、經濟狀況。以延安為中心的陝北，既是「貧瘠的邊疆」，又是「天災人禍多發地」。一方面，惡劣的自然環境限制了陝北地區的農業發展；另一方面，陝北偏居一隅，路況複雜，交通因素直接阻礙了陝北的商業發展；此外，頻繁發生的旱災與匪患叛亂更加劇了此地的貧困與落後。一直到20世紀初期，土地貧瘠、交通閉塞、民智未開的陝北在「帝國的近現代化進程中繼續扮演『落後一角』

的角色」。[7]這樣一個「近代化邊緣」的地區，實際並不具備發動現代革命的因素：陝北既沒有發達的商品經濟，也不存在明晰分化的社會結構，更遑論新文化思潮的興盛。然而，在反滿情緒的支配下，陝西成為最早回應辛亥革命的省份。陝西的革命表現出了與南方諸省迥然不同的特點：陝西的革命者人單力薄，需要倚靠哥老會成員發動起義，換言之，陝西的革命是在哥老會的領導下完成的革命，新興的革命政權也由哥老會的首領與地方官紳共享。革命後的陝西，貧窮、落後的境況並沒有得到改變，相反，在軍閥的統治下，哥老會各個幫派紛爭不斷，大大損傷了陝西的元氣；為了擴充武裝力量，籌措軍費，軍閥們開始推廣鴉片種植；同時，兵與匪之間的複雜關係，使得陝西匪患更加猖獗。軍閥、土匪、鴉片共同構成的惡劣環境，讓陝北越來越落後於沿海地區。然而，長期惡劣的生存環境之下卻湧動著「意欲革命」的暗流，變革的力量正在醞釀，接受過新式教育的年輕學生的返鄉、新式學校的建立、社會新思潮的傳播……，逐漸為共產革命的興起積蓄了力量。

    作為中國共產革命的一部分。「在很多方面，陝西的共產主義運動與中國其他省沒有什麼不同：菁英學校的年輕學生受到了新思想和激情澎湃的愛國主義鼓動，與同氣相求的朋友聚在一起，出版刊物，就社會改革和民族復興表達日益激進的思想」。[8]一些具有革命信仰的陝西籍青年，紛紛提出了改變本省落後面貌的方法：反對軍閥統治，改革土地關係和民風習俗，倡導發展工業經濟、農業生產。國民革命時期，國民黨左派于右任曾在三原縣積極宣傳革命、開辦學堂。魏野疇、李子洲和井嶽秀等人開辦新式學堂，創辦新式

7　[美]周錫瑞著、石岩譯，《意外的聖地：陝甘革命的起源》，頁65。
8　[美]周錫瑞著、石岩譯，《意外的聖地：陝甘革命的起源》，頁71。

雜誌，宣傳進步思想。陝西的共產黨組織也在榆林、米脂、綏德等地區的學校發展黨員，在鄉村建立農會。陝甘的共產勢力借著國民革命的東風順勢成長起來。從以上來看，陝西共產革命運動的興起似乎同當時中國其他省份一樣，並無實質性的不同，但其活動範圍狹窄、活躍程度有限，明顯不及京津和東部沿海地區蓬勃、熱烈，也無法和聲勢浩大的廣東、兩湖地區相提並論。

（二）存續：僥倖與抗爭的結果

　　若要準確地理解陝甘革命的偶然性，必須把握陝西「迥異於他省的特點」。[9]1927年「清黨運動」後，一度活躍的中國共產革命岌岌可危。幸運的是，馮玉祥及其領導的國民軍雖然跟蔣介石、汪精衛站到了一個陣營，但馮念及舊情，並未對陝北共產勢力展開血腥鎮壓，而是將中共驅逐出境，這為日後陝甘革命再度崛起提供了條件。[10]

　　渭華起義失敗後，陝甘革命面臨著兩個關鍵抉擇：對洋派布爾什維克所主張的城市暴動路線究竟是「服從」還是「悖逆」？是建立階級純正、紀律性強的軍隊，還是利用當地民間資源，組建鄉村游擊隊？時任陝西省委負責人杜衡堅決執行共產國際的指示，將游擊隊視為布爾什維克「叛逆者」，要求在沒有工業基礎的城市發動起義，結果卻導致了軍事上的潰敗，陝甘地區的紅軍力量遭到重創，革命陷入低潮。劉志丹、謝子長等人認為，陝西省委太過於「順從」共產國際的指示，未能結合中國具體的實際來開展革命。在他們看來，要拯救形勢危急的陝甘革命，必須「從省委和黨中央不切實際

9　[美]周錫瑞著、石岩譯，《意外的聖地：陝甘革命的起源》，頁71。

10　[美]周錫瑞著、石岩譯，《意外的聖地：陝甘革命的起源》，頁93-96。

的指揮下解放了出來」，[11]探索出一條獨立自主、符合客觀實際的
「反教條主義」的革命道路。「八七」會議後，陝西革命已然呈現
出兩種不同的面貌：一為活躍於較為富裕的渭河流域和關中平原的
革命軍隊，他們聽從於共產國際的指令，企圖在城市開展武裝暴動，
但成效甚微。一為陝北由土匪、貧民和哥老會成員等組成的山區游
擊隊，他們同共產國際和陝西省委的路線主張相背離，獨立在農村
鬧革命，頗有成效。周錫瑞用大量的筆墨描述了劉志丹等人依靠私
人網路關係中的民兵團、土匪、哥老會、鄉紳，團結民間力量，壯
大鄉村游擊隊的具體做法。正是得益於「放開手腳去探索出自己的
生存之道」，[12]陝北革命根據地才得以倖存。「此後幾年，是出沒
於陝北群山中的那些難以馴服的游擊隊，而不是坐鎮西安的陝西省
委，找到了革命的新方向」。[13]

　　地方士紳和國民黨左派的暫時庇護、中央—地方關係、黨內不
同政治力量的博弈、植根於地方基層的哥老會勢力、複雜的地理環
境和剽悍的風土民情……種種因素促成了陝甘地區早期的共產革命
勢力的崛起及其在大革命失敗後的幸運保留。因此，若將目光放置
於陝甘地區的地理環境、經濟和社會狀況，聚焦其共產革命運動區
別於全國其他地方之特殊原因，便不難理解陝甘革命存續背後的歷
史偶然性。

（三）聖地：意外地發現與無可選擇的選擇

　　同陝甘革命興起、存續是受偶然性因素的支配一樣，周錫瑞認

11　[美]周錫瑞著、石岩譯，《意外的聖地：陝甘革命的起源》，頁179。
12　[美]周錫瑞著、石岩譯，《意外的聖地：陝甘革命的起源》，頁121。
13　[美]周錫瑞著、石岩譯，《意外的聖地：陝甘革命的起源》，頁120。

為，中國大陸的研究者大多將中共對延安的選擇視為歷史必然，但
實際上這也是一個充滿偶然性的過程。

陝北最初只是紅軍長征過程中暫時的休憩地。毛澤東抵達甘南
之後，在一份國統區的報紙上了解到陝北存在著游擊隊和蘇維埃政
權，於是便改變紅軍北上路線，計畫先到陝北稍作休整。[14]雖然史
學界對毛澤東從哪個報紙獲得陝北紅軍的消息尚未有定論，但有一
點可以肯定的是，這一消息讓毛澤東、中共中央和疲憊不堪的紅軍
喜出望外。可以說，這一偶然的發現改變了長征方向，「並最終改
變了中國歷史的進程」。[15]

中央紅軍到達陝北之後，毛澤東對這裡的自然和人文環境感到
失望，多次萌生過「另尋新所」的想法。周錫瑞通過大量微觀的事
件，勾勒出毛澤東為「另尋新所」所做出的一些嘗試。中央紅軍落
腳陝北後，毛澤東和中共中央先後採取了包括結交新的盟友、取得
蘇聯援助、貫徹抗日民族統一戰線、打通晉冀軍事要道，以及聯動
張學良、楊虎城給國民黨施壓等措施，希望走出貧瘠、落後的陝北。
但隨著紅軍東征、西進和北上計畫失敗，以及日本加緊侵華、兩廣
事變和西安事變等因素，延安和陝北最終成了毛澤東和中共中央無
可選擇的選擇。

通觀《意外的聖地：陝甘革命的起源》全書，周錫瑞在實地考
察之基礎上廣泛搜集檔案、口述資料，聚焦於微觀社會史敘述，力
圖為讀者提供一個新穎、清晰的邏輯：陝甘革命的興起、發展與壯
大，完全是出於歷史的偶然，延安是「意外的聖地」。該著作的出

14　參閱楊奎松，《西安事變新探：張學良與中共關係之謎》（南京：
　　江蘇人民出版社，2020），頁22-25。

15　[美]周錫瑞著、石岩譯，《意外的聖地：陝甘革命的起源》，頁182。

版挑戰了中國大陸學界長期流行的必然性解釋，拓展和加深了人們
對中國革命的多維認知和理解，更引發了學者對治史方面的思考：
偶然性解釋對史學研究的意義如何？

三、探討：偶然性解釋之于史學研究的意義

　　《意外的聖地：陝甘革命的起源》一書最大的特色，是把陝甘
革命，特別是毛澤東等人落腳陝北，延安成為中國革命的聖地，看
作一連串偶發性事件的意外結果。為了防止讀者忽略或者誤讀，周
錫瑞清晰地把這一特色標識在書名上。周錫瑞說：「陝北成為長征
的終點完全出於歷史的偶然」，[16]「我更願意強調『偶然』、『意
外』（accidental）因素在歷史中的重要作用。需要澄清，『偶然』、
『意外』並不意味著隨機或不明所以，它們也是有原因的」。[17]如
同許多重大歷史事件一樣，中共革命的發生及其結果並非一兩個重
要因素就可以概括其因果關係，「革命不是必然的，而是人為的，
並有很多偶然性」。[18]「革命本身是一個很長的歷史過程，在這個
過程中偶然事件的時空交錯限定並最終決定了革命的結果」。[19]

　　周錫瑞的這些提法挑戰了中國大陸學界長期流行的歷史決定
論、革命必然論，不可避免地會引起一些讀者的困惑，周氏的這一
著作是不是「對中國革命的誤讀」或「近現代史的錯誤書寫」？為
了讓更多的讀者理解偶然性研究在史學中的價值，了解偶然性解釋
背後「假設史學（the history of hypothesis）」或「反設事實（counter-

16　[美]周錫瑞著、石岩譯，《意外的聖地：陝甘革命的起源》，頁380。
17　[美]周錫瑞著、石岩譯，《意外的聖地：陝甘革命的起源》，頁396。
18　周錫瑞，〈關於中國革命的十個議題〉，頁200。
19　周錫瑞，〈關於中國革命的十個議題〉，頁193。

factual）」的意義，筆者對歷史研究中偶然性解釋的價值作些探討。

　　第一，歷史演進是必然與偶然的統一，不研究偶然性，就無法把握歷史的必然性。所謂歷史的必然性，是歷史演化過程中注定要出現的大趨勢，這種必然性有時又被稱為歷史規律。歷史的偶然性則是指社會歷史發展中可能出現或可能不出現，可以這樣發生也可以那樣發生的情況。對於歷史究竟有沒有規律，西方學者有著不同的看法。一些學者，如波普爾、雷蒙・阿隆等認為，歷史發展根本不存在什麼規律和必然性。波普爾在《歷史決定論的貧困》書中將歷史決定論斥責為「貧困」，他認為，人類社會的發展存在大量偶然性因素，是獨特的、不可預測和把控的，人的意志、活動為歷史的發展提供了更多隨機性。「歷史決定論者在被稱為歷史的那些事件連續中所看到的『方向』或『傾向』並不是『規律』。」[20]雷蒙・阿隆說：「無論是有關一部完整的歷史，還是有關歷史總體的週期性變化同樣具有不確定性。」[21]一切「企圖消除歷史系列中的多元性和各種偶然性的任何解說，最終都只能是假說性的，而且歸根到底是枉然無益的，因為它們只是反映了主張宿命論的預言家們的意圖。」[22]另一些學者，如維柯、湯因比等人則認為歷史是有規律和必然性的。維柯把歷史看作是證實「天神意旨」的科學，是「一部天神意旨在沒有人類認識或意圖而且往往違反人類計謀的情況之

20 [英]卡爾・波普爾著，杜汝楫、邱仁宗譯，《歷史決定論的貧困》（上海：上海人民出版社，2009），頁95。
21 [法]雷蒙・阿隆，〈歷史的規律〉，張文傑等編譯，《現代西方歷史哲學譯文集》（上海：上海譯文出版社，1984），頁72。
22 [法]雷蒙・阿隆，〈科學和歷史哲學〉，張文傑等編譯，《現代西方歷史哲學譯文集》（上海：上海譯文出版社，1984），頁80。

下，頒布給人類這個偉大城邦的一些制度的歷史」[23]。湯因比則說：「一個歷史學家像其他幸而抱有人生目的任何人一樣，在回應神的召喚中，發現他有職責去『體會神』，從而去『找到神』」。[24]維柯和湯因比這裡所說的神，實際上就是歷史必然性和規律性的另一種說法而已。

馬克思主義認為，歷史的演進是偶然性和必然性的統一。一方面歷史發展具有必然性，「歷史進程是受內在的一般規律支配的」[25]；另一方面，這種必然性、規律性又是通過大量的偶然性、或然性表現出來的。「在歷史的發展中，偶然性起著自己的作用」，[26]「如果『偶然性』不起任何作用的話，那末世界歷史就會帶有非常神秘的性質。這些偶然性本身自然納入總的發展過程中，並且為其他偶然性所補償。」[27]馬克思主義非常重視偶然性在歷史發展中的意義：其一，一切具體的歷史都是偶然性的歷史。「歷史是這樣創造的：最終的結果總是從許多單個的意志的相互衝突中產生出來的，而其中每一個意志，又是由許多特殊的生活條件，才成為它所成為的那樣。這樣就有無數互相交錯的力量，有無數個力的平行四邊形，而由此就產生出一個總的結果，即歷史事變，這個結果又可以看作

23　維柯著、朱光潛譯，《新科學》（北京：商務印書館，2017），頁166-167。

24　湯因比著、曹未風等譯，《歷史研究》（下）（上海：上海人民出版社，1997），頁424。

25　恩格斯，《路德維希·費爾巴哈和德國古典哲學的終結》，《馬克思恩格斯選集》第4卷（北京：人民出版社，1972），頁243。

26　恩格斯，《自然辯證法》，《馬克思恩格斯選集》第3卷（北京：人民出版社，1972），頁545。

27　馬克思，〈致路·庫格曼〉，《馬克思恩格斯選集》第4卷（北京：人民出版社，1972），頁393。

一個作為整體的、不自覺地和不自主地起著作用的力量的產物。」[28]
其二,歷史的必然性是通過無數偶然性的歷史事件呈現出來的。「一
種社會活動,一系列社會過程,愈是越出人們的自覺的控制,愈是
越出他們支配的範圍,愈是顯得受純粹的偶然性的擺布,它所固有
的內在規律就愈是以自然的必然性在這種偶然性中為自己開闢道
路」。[29]其三,偶然性直接影響著歷史進程的速率。「發展的加速
和延緩在很大程度上是取決於這些『偶然性』的,其中也包括一開
始就站在運動最前面的那些人物的性格這樣一種『偶然情況』。」[30]

　　從馬克思、恩格斯對歷史的必然性和偶然性的相關論述中,可
以得到兩個很明確的結論:其一,不能把所有的歷史事件、歷史結
果都看作是歷史的必然或歷史的選擇。所謂歷史的選擇或歷史的必
然,是指歷史發展的大趨勢,是歷史發展的內在邏輯,譬如馬克思
將人類社會的發展歷程概括為人的依賴關係、人對物的依賴關係,
和個人的自由而全面的發展三個階段;再如進入近代以後,中國從
封閉走向開放,從專制走向民主,從人治走向法治等等,這些是歷
史的必然。但不能把戊戌政變、庚子事變等等非常具體的歷史事件,
都一律看作是歷史的必然,如果真是那樣,歷史偶然的自由選擇未
免太少了,歷史研究一定會走入一種無聊和貧困的窘境。其二,無
論是世界歷史,還是中國或某個具體國家的歷史;無論是一個長時
段的歷史,還是一個較短時間的歷史;無論是和平時期的歷史還是
戰亂時期的歷史,都不是一個條理非常分明、因果鏈非常清晰的線

28　恩格斯,〈致約·布洛赫〉,《馬克思恩格斯選集》第4卷（北京：
　　人民出版社,1972）,頁478。

29　恩格斯,《家庭、私有制和國家的起源》,《馬克思恩格斯選集》
　　第4卷（北京：人民出版社,1972）,頁171。

30　馬克思,〈致路·庫格曼〉,《馬克思恩格斯選集》第4卷,頁393。

條或網路，而是一堆扯不斷理還亂、充滿了各種各樣偶然性的事件，
歷史研究的任務不是用快刀斬亂麻的方式砍掉歷史發展中的枝枝蔓
蔓和各種細節，而是通過抽絲剝繭的方式儘量還原歷史，從而找到
歷史事件之間真正的、多維的聯繫。只有用科學的精神充分研究各
種複雜而偶然的歷史事實和歷史事件，分析「偶然的人」「偶然的
事件」對歷史的作用機制，才能揭示歷史表像背後的客觀規律，正
確地把握歷史的必然。若忽視了歷史的偶然，學術研究就會淪為歷
史演進線性公式的注釋，自以為是以史為鑒，走在真理的大道上，
卻渾然不知自己已經偏離人類文明的正道，步入了邪路和歧途。換
言之，忽視了歷史的偶然性，人類對歷史的認知永遠不可能從困惑
中走向理智、清醒。

　　第二，加強對偶然性的研究，有利於豐富歷史敘事，讓歷史著
作變得生動、鮮活而富有溫度。歷史是一種事實，同時也是一種敘
事方式。作為事實的歷史，已經消失在歷史的長河中，是客觀的、
固定的、永恆不變的，而後人研究和敘述出來的歷史，是帶有主觀
性的，是帶有敘事者的情感、思想意識等主觀性特點的，所以在這
個意義上說，歷史研究，特別是歷史寫作，就是一種再創造。「橫
看成嶺側成峰，遠近高低各不同」，不同的人、不同的學者以自己
的眼光從不同的角度去觀察那些表現為偶然性的歷史，然後再以自
己的話語或方式，按照一定的因果、邏輯、線條或網路呈現給讀者，
這是歷史科學走向繁榮的前提。自20世紀70年代開始，西方史學界
出現微觀史、新文化史研究的熱潮，在「敘事的復興」背景下，史
景遷、孔飛力等研究者，通過拼湊偶然性事件的碎片，以生動活潑
的敘事方式展現自己的研究觀點，湧現了像《王氏之死》、《叫魂》
等既有人文關懷、又能雅俗共賞、故事性與學術性兼備的史學作品，
獲得頗多追捧。但對於中國來說，中國史學家自古以來就強調「究

天人之際，通古今之變」的社會責任感，體現在研究中，學者們往往從大處著眼，將寫作目的放在尋找歷史必然性規律上，把複雜的中國革命的歷史概括為幾次鬥爭、幾種路線、幾座大山等，在此種目的支配下完成的著作，研究者與被研究物件的個性色彩被抹殺，千篇一律、枯燥無味。生動、清新、親切、可愛、可讀是歷史著作的生命，《史記》被稱為無韻之離騷，成為史學的範本，除了實事求是、秉筆直書的精神外，文字優美、語言生動，充滿了趣味性和故事性也是重要原因。一部語言枯燥、味同嚼蠟、沒有個性和特色的史學著作，其生命力也不會長久。豐富多彩是史學進步發展的前提。

　　第三，加強對偶然性的研究，是尊重歷史的表現，是還原歷史的要求。恩格斯指出：「人們自己創造著自己的歷史，但是到現在為止，他們並不是按照共同的意志，根據一個共同的計畫，甚至不是在某個特定的局限的社會內來創造這個歷史。他們的意向是相互交錯著的，因此在所有這樣的社會裡，都是那種以偶然性為其補充和表現形式的必然性占統治地位。」[31]歷史研究是對過去已經消失的人物、事件、場景等進行還原或重構，無論是還原還是重構，都離不開具體的史料，傅斯年說：「近代的歷史學只是史料學」。「利用自然科學提供給我們的一切工具，整理一切可逢著的史料」，[32]是史學研究的基本任務。這裡的史料當然包括那些試圖站在歷史前沿、引導歷史發展趨向的偉人的思想和決策，某個政黨或集團、群體制定的共同行動計畫，但光有這些遠遠不夠，還必須整理大量的

31　恩格斯，〈致瓦‧博爾吉烏斯〉，《馬克思恩格斯選集》第4卷（北京：人民出版社，1972），頁506。
32　傅斯年，〈歷史語言研究所工作之旨趣〉，《傅斯年文選》（成都：四川文藝出版社，2010），頁64。

帶有偶然性的材料，只有充分占有了這些材料，才能比較真實地還
原歷史。而重構歷史，除了需要轉換視角以外，也非常需要發現新
的資料，新資料的發現往往是重構的前提。英格蘭的民謠說：「失
了一顆馬蹄釘，丟了一個馬蹄鐵；丟了一個馬蹄鐵，折了一匹戰馬；
折了一匹戰馬，損了一位國王；損了一位國王，輸了一場戰爭；輸
了一場戰爭，亡了一個帝國。」杜牧在〈赤壁〉中寫道：「折戟沉
沙鐵未銷，自將磨洗認前朝。東風不與周郎便，銅雀春深鎖二喬。」
偶然性對歷史的影響，在這些地方體現得淋漓盡致。研究赤壁大戰
的歷史，若只關注曹操、劉備、孫權等重要人物的思想動機，交戰
雙方的兵力配置、布陣布局，忽視了地理環境和突然發生的氣候變
化，那麼，在此基礎上構建出來的赤壁大戰史就不夠真實，就要打
問號。蘭克把史學的任務界定為「對可靠資料的批評考證，不偏不
倚的理解，客觀的敘述，所有這些應結合起來，目的是再現全部歷
史真相」。[33]伯里（J. B. Bury）相信「人類歷史中全部最細微事實
的集合終將說話」。[34]歷史研究最終要達到「不是我講歷史，而是
歷史通過我的嘴來講」。雖然這些客觀主義史學大師對史料的重要
性強調的有點過度，但豐富的歷史資料的確是史學走向科學的前
提。一部建立在大量偶然性史料基礎上的歷史，總比那些掛一漏萬，
用一鱗半爪的資料構建起來的所謂敘述歷史必然性的著作要強百
倍。

　　第四，加強對歷史的偶然性研究，有利於發揮史學鑒往知來、
資政育人的功能。歷史是人類已經走過的路，是過往的故事。人類

33　轉引自劉昶，《人心中的歷史：當代西方歷史理論述評》（成都：
　　四川人民出版社，1987），頁49。

34　轉引自[英]傑弗裏‧巴勒克拉夫著、楊豫譯，《當代史學主要趨勢》
　　（上海：上海譯文出版社，1987），頁10。

之所以要記載、研究自己走過的路，就是為了避免重犯歷史的錯誤，是希望當前和今後走得順一些、穩一些、快一些。所以歷史研究的物件是過去，指向卻是將來。宋神宗將司馬光主編的《資治通鑒》視為「鑒於往事，有資於治道」的君王教科書，認為閱史可以「鑒前世之興衰，考當今之得失」，梁啟超在《中國歷史研究法補編》中曾言「歷史的目的在將過去的真事實予以新意義或新價值，以供現代人活動之資鑒」[35]，他所提倡的「史學革命」主張更加關注現實社會和人本身。胡克說：「歷史是深入研究過去的，歷史可以非常有助於洞察行動計畫的各種選擇的將來結果。」[36]科林武德在《歷史的觀念》一書中也將史學視為對過去發生事情的檢視，以實現人類「自我認識」的一門科學。[37]這些觀點均強調了歷史對現實社會的借鑒意義。歷史是人的歷史，是一個個活生生的人在特定舞臺上的演出，若不接觸具體的人和具體的事，只是抽象地談規律和必然性，又如何能反思過去、總結經驗、汲取教訓，獲得讓人類更好地走向未來的智慧？羅素說：「從歷史中可以學習到許多東西，但是這些東西並不是一般簡單的公式，是可以忽略具體事實而隨意加以解釋的。」[38]克羅齊說：「一切歷史都是當代史」，「當代性不是某一類歷史的特徵，而是一切歷史的內在特徵」，「應當把歷史跟

---

35 梁啟超，〈中國歷史研究補編〉，《梁啟超全集》第14卷（北京：中國人民大學出版社，2018），頁65。

36 [美]胡克，〈歷史的客觀性與重建〉，涂紀亮編，《當代美國哲學論著選譯》第1集（北京：商務印書館，1991），頁74。

37 [英]柯林武德，《歷史的觀念》（北京：商務印書館，2009），頁38。

38 田汝康、金重遠選編，《現代西方史學流派文選》（上海：上海人民出版社，1982），頁208。

生活的關係看作一種統一的關係」。[39]「歷史絕不是用敘述寫成的，它總是用憑證或變成了憑證並被當作憑證使用的敘述寫成的。可見，當代史固然是直接從生活中湧現出來的，被稱為非當代史的歷史也是從生活中湧現出來的，因為，顯而易見，只有現在生活中的興趣方能使人去研究過去的事實。因此，這種過去的事實只要和現在生活的一種興趣打成一片，它就不是針對一種過去的興趣而是針對一種現在的興趣的。」[40]克羅齊的這段話很繞，朱光潛結合克羅齊的思想，為克羅齊「一切歷史都是當代史」這一哲學命題做了一個比較清晰闡述：一切過去的歷史「到我有需要須整理它們，思索它們時，這些所謂的過去史對於我所生的問題，恰如我現在所遭遇的戀愛問題和衣食問題一樣，和我的生活密切相關……沒有一個過去史是真正的歷史，如果它不引起現時的思索，打動現時的興趣，和現時的心靈生活打成一片，過去史在我現時思想活動中便不能復蘇，不能獲得它的歷史性。」[41]而能引起思索、打動興趣，並和現時的人的心靈生活打成一片的歷史，自然是有血有肉的，有特色、有個性的，充滿偶然性的歷史，而不是連篇累牘、不厭其煩地談論必然性和規律性，僅把歷史人物和事件當成實踐工具的歷史。

　　第五，加強對歷史的偶然性研究，有助於推進、拓寬和加深學界對中國革命問題的探索。歷史的偶然性解釋會經常受到一些學者的詬病，他們援引恩格斯的話——「恰巧某個偉大人物在一定時間出現於某一國家，這當然純粹是一種偶然現象。但是，如果我們把

39 [義]克羅齊，《歷史學的理論和實際》（北京：商務印書館，2009），頁3。

40 [義]克羅齊，《歷史學的理論和實際》，頁2。

41 朱光潛，〈克羅齊哲學述評〉，《朱光潛全集》第4卷（合肥：安徽教育出版社，1988），頁366-367。

這個人除掉，那時就會需要有另外一個人來代替他，並且這個代替者是會出現的——或好或壞，但是隨著時間的推移總是會出現的。」[42]在他們看來，正如古人理解的「天命」一樣，歷史的發展是單向度、必然的，「點」和「線」早已被決定好，沒有也不可能有別的路向。因此，深挖再多的偶然因素也改變不了歷史決定論的因果鏈條，過多地述說歷史的偶然性，除了滿足讀者獵奇的心理，無助於認識歷史的必然和規律。但筆者上文所引的那段被無數人拿來說明歷史必然性的話，頂多說明中國古老的一句俗語——「時勢造英雄」，當時代需要和呼喚英雄的時候，總會有這樣那樣的「偉人」產生。但是不要忘了中國還有「英雄造時勢」這一句俗語，曹操、劉備、孫權、袁紹、袁術……同處東漢末年，他們的知識、能力、個性、眼光以及各種因緣巧合，不僅決定了他們個人命運，而且決定了當時中國歷史的走向；孫中山、袁世凱、載灃、奕劻……則影響了清末民初的中國政治；毛澤東、張聞天、張國燾、陳昌浩和錢壯飛等人的個性、稟賦、心理和歷史出場時序，乃至長征中的氣候、軍隊的給養等各種問題，直接或間接地促成了紅一方面軍和紅四方面軍的分分合合，決定了許多人今後的命運，更影響了長征和今後中國革命的歷史。可見，歷史發展雖然是有規律的，但每個歷史人物、歷史事件，每個歷史人物在重大歷史事件中所扮演的角色，都有各種偶然性的成分，而這就或左或右、或急或緩、或積極或消極地影響著整個歷史進程和面貌。中國近現代的革命是一個有著百年進程的歷史，每個重大歷史事件，固然有其因果邏輯，但也都充滿了各種偶然性的巧合，探尋各種偶然性因素對中國革命的影響，並

42　恩格斯，〈致瓦·博爾吉烏斯〉，《馬克思恩格斯選集》第4卷，
　　頁506-507。

不是要否定中國革命的內在邏輯，更不是否定中國革命本身的歷史
意義，而是希望通過研究這些偶然性的因素，通過假設歷史，探尋
歷史發展進路中的不同可能，從而避免把各種偶然性的結果加以絕
對化，一概當作歷史的必然性和必由之路，進而更好地揭示中國革
命的內在邏輯。這樣做不僅有助於還原歷史的絢麗多彩的面貌，而
且也是對歷史的一種拓寬研究和縱深研究。只有進行這種拓寬和縱
深研究，即對微觀的各種影響歷史的偶然性因素進行充分、細緻地
研究，才能真正找到歷史發展的內在邏輯，才能把握歷史的必然性
和規律性。

四、結論

　　可見，歷史的偶然性是歷史研究中非常重要的內容。加強對偶
然性的研究，不僅不會帶來前文中所談到的「誤讀」、「錯誤書寫」
的問題，反而會讓我們更加深刻地把握「歷史是偶然性與必然性的
統一」這一原理，進而更加真實、生動地呈現歷史的本來面貌。回
到對中國革命問題的探討，過去學界大量的研究過分關注歷史的必
然性，導致了中國革命史研究的粗疏和僵化。周錫瑞意識到過去「一
些已有的模型」已經「不足以拆解歷史的複雜經緯」。在《意外的
聖地：陝甘革命的起源》一書中，他有意識地從方法論層面打破中
國革命史研究中長期存在的必然性的思維定勢，通過對偶然性因素
的研究和呈現，來還原中國革命歷史全景應有的曲折和被有意無意
熨平的褶皺。這一做法不僅不是「對中國革命的誤讀」，反而為我
們研究中國革命史提供了一個新的範式──「通過對於細節及歷史

的『偶然』、『意外』進行實實在在的分析」，[43]展現中國革命問題的複雜性與機緣性，從而豐滿、立體、真實地還原中國革命史。與過去那些僵化、教條的研究相比，這一範式顯然更科學、更辯證。

歷史學科同任何學科一樣，在長期的發展過程中，必然會建立起某種範式，這種範式在推動學術進步的同時，又會束縛它的進一步發展，因此，在歷史研究中不要任何範式和固守某種範式都是錯誤的。正確的態度是把自由精神和實事求是結合起來，在尊重前人學術成果的基礎上大膽創新，嘗試和構建新的研究思路和研究範式。自由討論、學術創新是學術進步的生命。人類歷史發展的進程是極為豐富多彩的，治史者只有從單一的研究框架或範式中解放出來，採用不同的分析視角對歷史的複雜面貌做出合理、多元的詮釋，「言他人之未言」、「言他人不能言」、「言他人之不敢言」，才能推動學術研究的進步與發展。

楊宏雨，復旦大學馬克思主義學院教授、博士生導師，主要從事中國近現代思想文化研究。

石一琨，復旦大學馬克思主義學院博士生，主要從事中共黨史研究。

43　[美]周錫瑞著、石岩譯，《意外的聖地：陝甘革命的起源》，頁396-397。

致讀者

　　新冠肺炎侵擾世界三年之後，終於逐漸遠離。這場疫情帶給人類的傷害之廣泛與嚴重，是承平時代難以想像的。據統計，全球死亡696萬人，其中美國117萬，巴西70萬，印度53萬，台灣1.9萬人，中國大陸則據說只死亡5千人。統計數字的可靠與否姑且不論，不過按人口比例來說，新冠疫情在中國大陸造成的直接死亡顯然比較輕微，可是在中國的獨特體制和管理文化之下，每個角落裡每個人切身承受的高昂社會代價和生活干擾卻獨步全球，在其他災情嚴重的國家裡反而罕見。疫情過後，這麼切身而沉重的一場集體經驗，特別值得留下記錄，吸取教訓。

　　這正是本期甄彥先生的長文格外有價值之處。他選擇性地描寫了幾個地區跟城市的防疫景觀，讀起來亦幻亦真，幻的是切斷了常態生活之後的失重感，真的則是舉國體制的強制性和滲透力無所遁逃。這篇文章除了為中國三年的防控歷程作了見證，也是一個留下集體記憶的範例，適用於中國大陸，也可以供台灣乃至於其他社會的寫作者參考。

　　本刊編委周保松先生專攻政治哲學，但他的政治哲學跟政治關懷一體兩面，是在公共環境中進行的公共思辯，不取現代學院著眼於靜態經典的高頭講章。本著這種認識，他邀約了另外兩位同道撰寫文章，探討政治哲學的「公共性」。其實政治哲學的公共化，意思即是公共生活也是一種受哲學鼓動的生活，時時企圖對社會的種種現象有所理解、評價，以及改變。

從這個角度看，林毓生與張灝兩位先生所從事的思想史研究，也是典型的公共哲學。兩位先生在2022年先後去世後，從各地中文知識分子的眾多悼念文字，可以看出他們針對現代中國巨變所發展出來的一些問題意識，對我們這一代人的政治觀念和文化想像，產生了莫大的塑造效應。我們的政治思考，幾乎是在他們的啟發跟層層詰問之間轉折進行的。本期的專輯集中探討他們二位的思想遺產，讀者閱讀其中的各篇文章，立即可以驗證他們二位著作中的各個關鍵概念，對這個世代的思想濡化極深，當代的中國學人大概難有其他人可以比擬。《重訪張灝與林毓生》清點了他們的思想遺產，也寄望後來者繼續推進。

關心中共歷史的讀者，對本期寫康生以及杜導正的兩篇文章一定倍感興趣。康生在中共核心扮演一個奇特的角色：40年代延安整風的執行者，以及60年代文革的樞紐人物。這兩個角色，使他成為中共各級幹部既怕又恨的整人王。

杜導正先生雖然也是中共的高級老幹部，但在各個方面都跟康生構成強烈的對比。他是改革開放的功臣，自由化的推手，退休之後主持《炎黃春秋》雜誌25年，形成了黨內民主派的言論平台，留下了許多老人的歷史見證。

兩篇文章的作者最後都著眼今日，丁學良認為康生雖死卻能再生，令人不寒而慄；吳思則相信剛慶百歲壽辰的杜導正雖挫敗但於心無愧，似乎總是有點壯志未酬的遺憾。我們讀者如何想呢？

編者
2023年寒露之日

思想48
重訪張灝與林毓生

2023年11月初版　　　　　　　　　　　　　定價：新臺幣360元
有著作權・翻印必究
Printed in Taiwan.

編　　　　著	思想編委會	
叢書主編	沙　淑　芬	
校　　　對	劉　佳　奇	
封面設計	蔡　婕　岑	

出　版　者	聯經出版事業股份有限公司		副總編輯	陳　逸　華	
地　　　址	新北市汐止區大同路一段369號1樓		總編輯	涂　豐　恩	
叢書主編電話	（02）86925588轉5310		總經理	陳　芝　宇	
台北聯經書房	台北市新生南路三段94號		社　　長	羅　國　俊	
電　　　話	（02）23620308		發行人	林　載　爵	
郵政劃撥帳戶	第0100559-3號				
郵撥電話	（02）23620308				
印　刷　者	世和印製企業有限公司				
總　經　銷	聯合發行股份有限公司				
發　行　所	新北市新店區寶橋路235巷6弄6號2樓				
電　　　話	（02）29178022				

行政院新聞局出版事業登記證局版臺業字第0130號

國家圖書館出版品預行編目資料

重訪張灝與林毓生/思想編委會編著 . 初版 . 新北市 .
聯經 . 2023年11月 . 352面 . 14.8×21公分（思想：48）
ISBN　978-957-08-7154-8（平裝）

1.CST：張灝　2.CST：林毓生　3.CST：學術思想
4.CST：中國哲學　5.CST：文集

112.07　　　　　　　　　　　　　　　112017548